捧月掬花 守望童心

朱 垚 ◎ 著

上儿童喜欢的语文课

河海大學出版社
·南京·

图书在版编目（CIP）数据

捧月掬花　守望童心：上儿童喜欢的语文课／朱垚著. — 南京：河海大学出版社，2024.7. — ISBN 978-7-5630-9246-8

Ⅰ．G623.202

中国国家版本馆 CIP 数据核字第 2024G2Q091 号

书　　名／捧月掬花　守望童心——上儿童喜欢的语文课
书　　号／ISBN 978-7-5630-9246-8
责任编辑／杜文渊
文字编辑／管彤
特约校对／李浪　杜彩平
装帧设计／徐娟娟
出版发行／河海大学出版社
地　　址／南京市西康路 1 号（邮编：210098）
电　　话／（025）83737852（总编室）　（025）83722833（营销部）
经　　销／江苏省新华发行集团有限公司
排　　版／南京月叶图文制作有限公司
印　　刷／广东虎彩云印刷有限公司
开　　本／787 毫米×1092 毫米　1/16
印　　张／15
字　　数／270 千字
版　　次／2024 年 7 月第 1 版
印　　次／2024 年 7 月第 1 次印刷
定　　价／78.00 元

不忘初心　不畏前行

于永正老师走了。他的书，他的课，他的"儿童的语文"教育思想，他醉心于教育的精神永远与我们同在，宛如灯塔，引领我们前行。

在我读师范时，于老师就是我和同学们的偶像。那时，老师常以他的录像课作为我们语文教法学习的范本。课堂上他与学生的心意融合，教学过程的张弛有度和情趣盎然，让我们这些尚未走上讲台的大孩子们顶礼膜拜。工作以后，我成了一名小学语文老师，于老师更成为我教学上的灯塔。只要有于老师的课堂教学、讲座，我都一遍一遍地学习、咀嚼，尔后模仿、反思。虽未得于老师亲传要义，但这些已让我收获颇丰。我成了于老师不认识的虔诚弟子之一。

我多么想见一见于老师呀！这一天终于来到了！2016农历新年正月初三的大清早，我随师父特级教师宋运来，驱车赶往徐州，给于老师拜年。想到终于要见到景仰已久的于老师，一时心潮难平。

"于老师得了白血病，正在调理中。"宋老师轻叹道。我怎么也不敢相信自己的耳朵，怎么可能？两年前我还在徐州淮海堂听他老人家上课，他慈祥而有风度，谈笑融融间旁征博引、自然贴切，春风化雨般不着痕迹。他很自然地俯下身来，手把手教学生写字，神采飞扬地教学生读书……这么开朗、睿智的老人，病魔怎么会找到他？我的心隐隐作痛。

于老师家在云龙湖岸边。敲门后，于师母把我们引入客厅。客厅不大，映入眼帘的是西面墙上张贴的京剧脸谱，电视墙右前方立着琴架，上面挂着京剧曲谱。简单朴素，浓郁的文化气息润人肺腑！

"楼上小姐下楼来了。"我正手足无措之时，伴着一声京剧念白，于老师下楼来了，脸上带着春风般的微笑。"楼上小姐下楼来了。"他又戏说了一遍，逗

得我们呵呵地笑,顿时不觉拘谨了。

"于老师新年好!"我恭敬地给于老师鞠了一躬。

"师傅好!这是朱垚,这是林敏。"宋老师介绍道。

于老师握住我的手笑说:"新年好,谢谢小朱大老远来看我。坐下歇会儿,坐下歇会儿!"我们靠窗坐下,窗外就是云龙湖,湖光旖旎。

宋老师开门见山请教于老师一个问题——写作和口语交际哪个更为重要?我寻思,不应该先问候一下老人家的身体吗?转念又想:于老师神采奕奕、精神矍铄,哪里像个病人?或许于老师根本就没把自己当病人。想到这,我心里宽慰了许多。

"语文就是听说读写,一个都不能少。"于老师郑重地说。然后,他就打开了话匣子:"一次,我去青海上《乌鸦喝水》,上课的孩子是青海互助县下面一个乡镇的孩子。当时我就对张庆老师说:'我做好最坏的打算,不行就一句一句地教孩子读书。'结果不出我所料,一节课,'看我的嘴,看我的表情,学着老师读''再加个表情,表情一配上,连上动作读就更有声有色了,跟着老师读'……最后,随便找个孩子来读课文,都读得有声有色,课文全都会背了。课前预设的'渴'与'喝'的比较、写字指导等等,统统都不要了。孩子要先会读,书读好了,课文讲什么都明白了。学会读书,是成长的第一步。"

"小朱,你说是吧?"于老师慈爱地看着我。

"是,是,于老师您说得太有理了。"我连连点头。

"还有一次在南方一个城市上完课我出来溜达,突然发现城墙上长了四棵香樟树。我非常奇怪:为什么城墙上能长四棵树,还长这么茂盛呢?回到宾馆,我就写了一篇散文。这几棵树被很多人看到,却只触动了我的心灵,因为我从小就喜欢写作。上中学时,语文老师表扬我的文章有老舍的文风,老师的话我一直牢记于心,从那以后就喜欢上了写作。"

"一个班级,学生智力参差不齐。如果我们教育好了,孩子们都喜欢读书、喜欢写作,那孩子将来一定会了不起。咱们的毛主席可是个博览群书的大作家、大诗人呐!当老师,喜欢写就与名师有缘。我喜欢写,就成了于永正。"于老师爽声大笑。

不忘初心　不畏前行

"军事家、科学家、教育家,但凡成名成家的人都是会写作的人。如果不会写作,多是难成大器的,至少他的发展会受限。一旦喜欢读和写,都会成为口头表达、语言组织能力的佼佼者,无论从事什么行业,都会做得更好。当然,这是我们教育者的理想,不可能每个人都喜欢写作。所以,我希望学生能喜欢写作。写作是个好习惯,会使你的精神世界不荒芜,会让你凡事做得尽善尽美。"

"文字是存在的家。我就对我的孩子说,你爸爸在书里,那是我的存在,看爸爸的书,我永远活着。"我想,唯有大家才能将生与死,理解到这般的高度。"

"作为一名语文老师,自身要有良好的语文素养,一手好字、一篇好文、良好的言谈举止等等,都会对学生产生深远的影响。当孩子喜欢写作,喜欢语文,你就成功了一半。"说起语文教学,特别是说起作文教学,于老师总有说不完的话。"

"我们是教育工作者,一切都要着眼于'人'的教育。我没本事,就需要勤动脑筋,到底这样的教育怎样才能发挥更大的教育价值?要不断思考,做每一件事都要把它的价值实现最大化。光教不研就会眼低手低,边教边研才叫理论联系实际。只要为孩子好,再苦再累我都不怕。我做教研员的时候,还带了两轮一到五年级的班级(那时是五年制),我带孩子们参加了很多活动,钓鱼、慰问五保户和军属、游泳、摘苹果、爬山、参观工厂……一次活动搞好了,能收获很多:钓鱼、慰问写两篇记叙文,怎样钓鱼写一篇说明文;到军属家怎么说,到五保户家怎么说,这是口语交际。"

"和运师附小的班级结对通信,同样写植物,写在信里就不一样了。'我喜欢什么样的植物,它怎么样……那你喜欢什么样的植物,告诉我。'都不是老师事先安排好的,临场发挥,更有创造性。同样写作文,信里写就不一样,是情感的倾诉,而且字要好好写,不然人家会笑话。这些活动不仅是言语交际,更是人与人之间的相处,情感的交流,教育要发挥育人功能。"

"每年春节,我都带学生去慰问老教师。他们很感动,对我说:'年轻的时候不会教,等到会教的时候就老了。'我真正会教书也是40岁以后,取得的成绩大多在45岁后。人生很短,一眨眼就过去了。我今年七十六岁了,现在我愿意和年轻老师交流,很想把我的经历、感悟、做法、想法和年轻人一起分享。你们有大好的时光,要珍惜时间,好好干。"言语之间,激励之余,尽有不舍。

宋老师邀请于老师春天去南京给工作室的老师们上课,于老师爽快地答应了。"就你能,等你女儿回来,哪儿都不让你去。"于师母心疼地埋怨,"今天女儿不在家,若是她在,才不会让老于说那么多话。每次看到张庆老师,他就和人家唠叨语文教学。张庆老师也劝他,先把语文放一边,身体调理好再说。"可是,离开了语文教育,他于永正就不是于永正了。那是他的存在,他的生命……

临别前,宋老师拿出了自拍杆,于老师像孩子一样好奇,仔细询问使用方法。睿智的他自是一学就会,且乐于尝试:"来,小朱,我们一起照一张。"我像小学生一样听话地坐到于老师身边,把头靠向他的肩头,突然间有了父亲般的依赖。"啪",于老师用自拍神器记下了这温暖的瞬间。"小朱真像我的女儿,我女婿也是睢宁人呢!"听于老师那么一说,我心里更是暖暖的。"小朱,你看,这是我孙女,7岁了。这个是我外孙女,10岁了。她们钢琴弹得都很棒。"于老师把手机里的视频播放给我看,脸上溢满了幸福。

叨扰了于老师将近两个小时,想想老人家带病的身体,实在不忍,我们起身告辞。于老师坚持把我们送到门口,到了门口,又坚持把我们送到车前。风,吹在脸上有些寒意,我们紧张他的身体,劝他快些进屋,他却笑着说:"你们走了,我就进屋。"我们走了,于老师一直站在门口向我们微笑、挥手……

到了车上,我噙在眼眶的泪水终于滚落下来,一半儿是感动,一半儿是不舍。春天来了!我在心底对自己说:自信、乐观的于老师,您在的每一个日子,都是春暖花开。来年,再去看您!

2016年12月30日,我有幸参加了"于永正习作工作坊"。一群和我一样景仰爱戴于老师的老师,如饥似渴地学习和践行着于老师的教育教学理论。课堂上,我们尝试把"儿童的语文"的精髓贯穿始终,课后,大家一起研讨教学中的得失,中肯地提出自己的建议,只为了更好地打磨一节"儿童的语文"课。讨论前,我们认真研读于老师的专著,记笔记、梳理思路写反思,笔耕不辍;讨论时,我们争先恐后,各抒己见,汇报所思所感。

不忘初心　不畏前行

　　我们一起努力着,想着这样就能离于老师更近一些,想着有机会要再去拜访于老师,给他汇报一年的学习和收获……可是,我们没有等到那一天。2017年12月8日,我们最最爱戴的于老师永远地离开了我们。

　　于老师一生勤拙守正,天然真挚。而今斯人已逝,但其精神不灭,与我等同在。时过境迁,须臾七年,竟无太多伤悲,愈发觉得,最好的纪念,是好好传承于老师的衣钵。

　　三人行,必有我师焉,为人师者,必先正其身。纵使自身愚钝,难以望其项背,愿在追随的道路上,虽千万难,吾往矣!

　　于是就有了这本书,致敬于老师,致敬自己28年的教学生涯。仰望星空,心怀志向,脚踏实地,一直前行。

目 录

独立思考，成就独立人格：阅读，我思故我在 ………………………… 1

  我们主导设计，亲知亲身得 ………………………………………………… 3

    新课标下比较文学的文学阅读与创意表达任务群教学初探

      ——以统编教材四年级下册第八单元的教学为例 ………………… 3

    新课标下儿童立场革命文化教育课堂教学策略

      ——以王崧舟《十六年前的回忆》课例为例 ……………………… 10

    涵泳关键词句，捕捉古诗意象

      ——《六月二十七日望湖楼醉书》教学实录及评析 ……………… 15

    情境任务群　感受艺术美　传承知音情

      ——《伯牙鼓琴》学案设计 ………………………………………… 21

    让看不见的心情看得见——《盼》第二课时教学设计 ……………… 28

  主动参与，知行合一 ……………………………………………………… 34

    "让学"：对语文课堂的几点追问与设想 ……………………………… 34

    "让学"："生本"语文课堂之我见 ……………………………………… 42

    "让学"：依据文体特点进行有效小组合作探究的策略研究 ………… 46

    "让学"：小学高段语文课堂学习策略初探 …………………………… 52

  共同成长，求学求真 ……………………………………………………… 56

    上好见面课 ………………………………………………………………… 56

    语文课堂"五要" ………………………………………………………… 59

    语文课这样上 ……………………………………………………………… 61

一语天然万古新,繁华落尽见真淳:写作,我写故我在 ········ 65

创设情境,真实写作 ········ 67
让五月不再"飞雪" ········ 67
生活习作　本真表达——《那一刻,我长大了》习作教学设计 ········ 75
童年趣事之人在"囧"途教学实录 ········ 81
放飞想象　编写童话故事 ········ 90

共情故事,有声有色 ········ 97
童漫作文　得言育人——从有趣好玩到向善向美 ········ 97
白板笔的厄运 ········ 102
我们习作课,不走寻常路 ········ 106

思维进阶,创意表达 ········ 112
作文不知道写什么怎么办 ········ 112
写作,垚垚老师有妙招 ········ 121
跟着课文学写作 ········ 126

素养融合,立德树人 ········ 133
"童画童话"——还孩子习作"童话"的世界 ········ 133
指向核心素养的真实习作课程构建
　　——于永正老师《认识苹果》课例分析 ········ 143
"主题式微型写作课程校本开发"的实践与探索
　　——以"舌尖上的家乡"为例 ········ 147
构建有效的写作支架策略——以统编教材四下习作为例 ········ 152
让习作评价真实发生 ········ 158
将习作评价落实在当堂——跟于永正老师学评价 ········ 163
文以载道　习作育人——于永正老师习作育人谈 ········ 168
基于阅读的口语表达能力训练策略初探 ········ 173

博学而日参省,知明而行无过:反思,我评故我在 ········ 179

课堂思素养,言意德共生 ········ 181
让阅读教学"贴地而舞"
　　——听宋运来老师执教《少年王冕》 ········ 181

朗读 想象 悟情 表达
　　——现代诗歌教学策略初探暨听课有感 ················· 187
定准目标 开展活动
　　——听《搭船的鸟》························· 190
坚守文本意识,做一个会讲故事的人
　　——听《厄运打不垮的信念》《卢沟桥烽火》有感 ··········· 193
读书思自我,教学创意生 ····························· 201
阅读浸润人生
　　——读书让我和孩子们一起成长 ····················· 201
我的作文教学革命从此扬帆起航
　　——读管建刚《作文教学革命》有感 ··················· 204
依托文本,课内小练笔策略探究 ···················· 208
和学生一起读写的日子 ························· 216

独立思考，成就独立人格：
阅读，我思故我在

新课标颁布，语文教学指向学生核心素养的养成，发生了很多变化。崔峦老师说："语文教学要守正创新。""守正"就是要守信根基，坚守语文教学的规律和儿童学习的规律；坚守学生是学习的主体；坚守语文学习的主要任务是语言的积累、迁移和运用。坚持让学生在听说读写的语文实践活动中积累语文经验，发展思维力、想象力、理解力和表达力，坚持培养学生语感，培养学生良好的学习习惯；坚持打造识字、学词、熟读、好问的语文课堂，为学生终身发展打下坚实的、可持续发展的语文基础。

我们主导设计，亲知亲身得

新课标下比较文学的文学阅读与创意表达任务群教学初探

——以统编教材四年级下册第八单元的教学为例

"文学阅读与创意表达"是《义务教育语文课程标准（2022年版）》（以下简称《新课标》）新创设的发展型学习任务群之一，"旨在引导学生在语文实践活动中，通过整体感知、联想想象，感受文学语言和形象的独特魅力，获得个性化的审美体验；了解文学作品的基本特点，欣赏和评价语言文字作品，提高审美品位；观察、感受自然与社会，表达自己独特的体验与思考，尝试创作文学作品。"[1]

基于比较文学，如何在统编教材的基础上，从任务群视角出发，开展"文学阅读与创意表达"学习任务群教学呢？笔者拟以统编教材四年级下册第八单元的童话教学为例进行探索。

一、梳理目标，分析教材，制定学习目标

"文学阅读与创意表达"学习任务群中，"创意表达"是一项重要的学习内容。统编教材四年级下册第八单元是童话单元，以"感受童话的奇妙，体会人物真善美""按自己的想法新编故事"为语文要素，编排了三篇课文：精读课文张天翼的《宝葫芦的秘密（节选）》选自长篇童话《宝葫芦的秘密》；王尔德的《巨人花园》，选入课文时有改动；略读课文安徒生的《海的女儿》（著名童话故事《海的女儿》的开头部分）。习作编排了《故事新编》，从龟兔赛跑的结局开启创新故事创作之旅，对应了第二学段"感受纯真美好的童心，学习用口头或者图文结合的方式编写儿童诗和有趣的故事"的创意表达形式。本单元隶属"文学阅读与创意表达"任务

群,学生阅读童话,体会童话想象奇特的特点,感受童话故事人物真善美的形象之后,调动生活经验想象,通过场景、对比等描写塑造不同的人物形象,编写精彩的童话故事。

关于童话故事的创编,学生并不是零基础,统编教材第二学段习作共安排了五次。在此次习作之前,他们经历了四次编写童话故事的习作实践,三年级上册第三单元"我来编童话"使他们学会了根据角色、时间、地点等提示,试着自己编写童话,这是学生第一次编写一个完整的童话故事;三年级下册习作单元"奇妙的想象",使他们学会了根据题目的提示,发挥想象写故事,创造自己的想象世界;三年级下册第八单元"这样想象真有趣",使他们学会了以动物为主角,大胆想象动物变化来编写故事;四年级上册第四单元"我和_____过一天",使他们学会了展开想象,写一个自己和书中人物的故事。本次习作在前四次习作的基础上,让学生继续发挥充分的想象,按自己的想法新编故事。由于单元主题是"中外经典童话",笔者定位本次习作为"新编童话故事"。

习作安排	习作要求
三上第三单元:我来编童话	根据词语(国王、黄昏、厨房;啄木鸟、冬天、森林超市;玫瑰花、星期天、小河边)想象故事中的角色、故事发生的时间、地点、主人公们在做什么,发生了什么故事,自己编童话、写童话。
三下第五单元:奇妙的想象(习作单元)	根据题目(最好玩的国王、一本有魔法的书、小树的心思、躲在草丛里的星星、手罢工了、滚来滚去的小土豆、假如人类可以冬眠)提示,展开想象,创作属于自己的想象故事。
三下第八单元:这样想象真有趣	一旦所有的动物失去了原来的特征或变得完全相反,它们的生活会有什么变化?又会发生哪些奇异的事情呢?选一种动物作为主角,编一个童话故事。
四上第四单元:我和_____过一天	展开想象,与书中人物过上一天,你会选择谁?你们会一起去哪里?会做些什么?会发生什么故事?
四下第八单元:故事新编	选择一个熟悉的故事,按照自己的想法创编新故事,可以由新结局创编新人物、新地点、新情节。

以比较文学"渊源学"的思路,纵向对比中段五次编写童话故事,故事的编写范围逐步扩大,题材越来越丰富,要求也逐步提高,从无拘无束地想到奇思妙想到创编新故事。教师引导学生发现了创意表达的规律,有利于学生更好地阅读童话、编写童话。

基于以上认知,以任务群理念为指导,确定本单元的学习目标为:

1. 自主学习,认识单元22个生字,读准1个多音字,会正确、美观地写26个生字、20个词语。初步梳理故事的主要内容。

2. 运用与原文、整本书比较等方法阅读童话故事,感受童话故事想象的奇妙,体会人物的真善美形象。

3. 能根据真实的任务群"参加学校'童话大王'争霸赛"的活动,学习用口头或图文结合的方式,加入丰富的想象创编新故事,塑造真善美的人物形象,培养学生创造美的能力,发展想象力。

二、创设情境,设计任务,展开学习活动

从小就听着童话长大的小学生,对童话故事并不陌生。统编教材第一学段和第二学段安排了大量的童话故事,推荐了共读的童话书《叶圣陶童话》《安徒生童话》等。听童话、读童话、讲童话、思童话、写童话,浸泡在童话里近十年的学生,已然明晰"童话"这个大概念:语言浅显鲜活,直白易懂,充满童真、童趣;结构比较简单(反复结构、循环结构、对比结构),与儿童日常不断反复的行为比较接近;想象丰富有趣,"幻想是童话的主体、核心、灵魂和生命,没有幻想就没有童话"(汤锐语);道理浅显易懂,帮助儿童逐步认识自然、社会等。"童话"的意蕴,是创意表达的一部分,也是课程育人的重要资源。

了解了"童话"的大概念后,结合学校阅读节创设"参加学校'童话大王'争霸赛"的真实情境,基于比较文学的阅读,笔者设计了"创编新童话故事"的学习任务,开展系列学习活动。

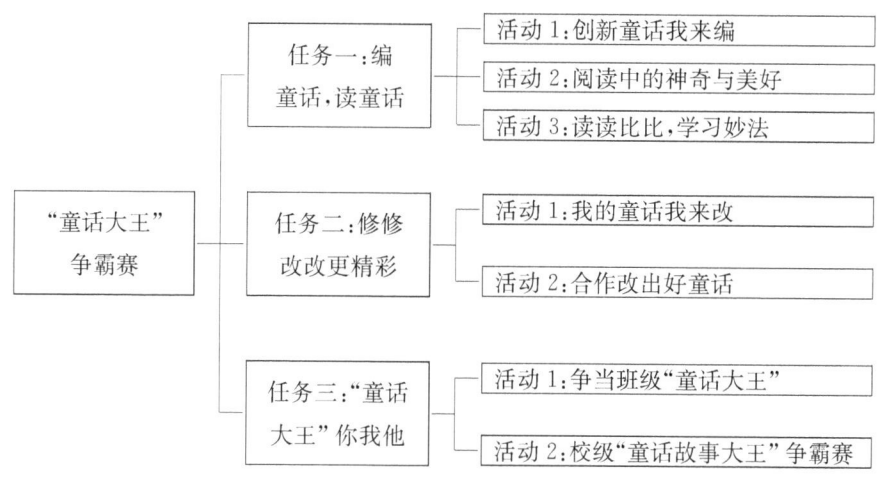

整个单元围绕真实的情境,统整目标、内容、资源、方法等多个学习要素,在

对童话的人物形象和情节一次又一次深入地认识的基础上,完成创编新童话故事。下面具体阐述第一个学习任务是如何基于比较文学有效落实的。

(一) 前后学情比较,明童话新编目标

在进行童话故事新编前,要全面了解学情才能有的放矢地将旧知识与新知识进行连接,进行比较阅读和童话创作。

"小孩喜欢吗?""小孩需要吗?""小孩有发展吗?"童话新编作前指导过多,会限制学生想象,容易写出千篇一律的故事。教师不做指导,让学生先写,然后梳理归纳学生创作难点,再进行童话故事阅读教学,助力学生的创新故事的编写。笔者班级共45位学生,他们新创编的童话故事情况统计如下表:

新结局	乌龟赢了 (32人)	兔子赢了 (9人)	乌龟兔子 都赢了(4人)	乌龟兔子 都输了(0人)
新情节	借助工具(9人):宝葫芦、滑板、弹弓、飞鞋、高速列车、火箭、百变滑板(变成越野车)、背包(变成超音速战机)、不睡觉药等。	路遇不测(7人):陷阱(4人),树桩(3人);急中出错(2人):抄近路。	遇到诱惑(15人):菜地、萝卜地。	赛道变化:小河(15人),山坡(9人)。
新困难、新方法的数量	2个(10人)	1个(31人)	3个(1人)	4个(1人)
新人物	帮忙(2人):双胞胎兔子。		裁判(5人):小熊、大象、小狗、小狐狸、牛。	
讲道理	(4人):做事不能大意,慎重小心,什么事都能做成;小心驶得万年船;强者不一定每次都赢,弱者不一定每次都输;每个人都有优缺点。			

本单元习作内容为新编童话故事,要求能借助熟悉的故事展开丰富的想象,创编新故事,并给故事配图与同学分享故事。分析表格中数据,发现学生在创编新故事时难以写出新意的原因:第一,情节无新意。新情节基本上是书中提示的情节"萝卜地""小河""山坡",只有一人写到了"百变滑板"和"背包"。第二,故事无波折。平铺直叙,不能吸引人。第三,人物的真善美形象不鲜明。对学情有了全面把握后,带领学生在童话故事阅读学习中,聚焦难点,重点突破。

(二) 中外童话故事比较阅读,知童话"大概念"

通过中外童话故事的比较阅读,总结出童话故事的"大概念",促使学生深刻地理解童话作品。《宝葫芦的秘密》是中国童话故事,《巨人的花园》和《海的女儿》是国外童话故事,通过比较,让学生自主发现中外同类童话故事的文体,不同的结构,不同的表现手法和表达方法,启发学生从多个角度去分析、把握不同童话的独特性,在同中求异,深入思考和分析,在重新梳理知识的过程中内化新知,逐步提高创编新童话故事的能力。

在教师的引导下,学生讨论发现:童话的主人公形象各具特色,有和我们一样的普通人,有巨人,有动物、植物等;童话的情节奇妙,《宝葫芦的秘密(节选)》奶奶讲的故事奇妙,《巨人的花园》花园的变化奇妙,《海的女儿》海底世界景色奇妙;童话的结局也不尽相同,有感人的结局(巨人和孩子们一起玩耍,巨人的花园变成了孩子们的乐园),有凄婉而又美好的结局(海的小女儿化作了泡沫,但她拥有了灵魂——牺牲了自己的幸福使别人幸福),有出乎意料的结局(王葆抛弃了宝葫芦,奋发努力学习)。

童话故事	主人公	奇妙之处	结局
《宝葫芦的秘密(节选)》			
《巨人的花园》			
《海的女儿》			

(三)课文前后段落对比阅读,学夸张、奇特的想象

"文学作品的鉴赏评价离不开文学知识的参与,需要学生了解文学作品的基本特点,揣摩语言文字作品的思想内容、表现形式、写作风格等,立足已有的知识储备、生活经验等与阅读对象进行对话。"[2]一些文章的前后段落,表达方法有区别,表达内容有差异,比较阅读,同中求异,异中求同,使得学生明晰文中描述的内容,领悟作家的情感,学习表达的方法。

《巨人的花园》中对花园的两次描写,形成巨大反差:巨人外出旅行时,孩子们都喜欢去那里玩,花园是个可爱的大花园;巨人回来后,赶走了孩子们,花园成了荒园。引导学生在反复朗读中比较,感受到童话夸张与奇特的想象。

《海的女儿》课文中关于"宫殿""花园"的两段描写,引导学生对比人类的"宫殿"和"花园",感受作家笔下海底世界的富丽堂皇和多姿多彩,惊叹童话想象的夸张和奇妙。

(四)课文与整本书的比较阅读,学情节曲折、结局反转

课文与整本书的比较阅读,是在深挖教材资源的基础上,通过有针对性地进行阅读贯穿及细节对比,直指重难点内容,使得学生在短时间内获取核心信息。

《宝葫芦的秘密(节选)》节选自张天翼的童话故事书《宝葫芦的秘密》,学完课文后,教师引导学生猜想:王葆日思夜想的宝葫芦来到了他的身边,现在他想要什么就有什么,他的生活变得怎么样了呢?学生猜测王葆有了宝葫芦后生活一派祥和、幸福。教师接着追问:你是不是也想拥有这个宝葫芦?如果拥有宝葫芦,你最想做什么呢?学生畅所欲言,他们都想拥有宝葫芦。教师留下悬念:宝葫芦真的就能给我们带来幸福吗?它给王葆带来幸福了?以此来激发学生读整本书的兴趣。阅读整本书,学生围绕"有宝葫芦的王葆幸福吗?有哪些事情的发生是不可思议的?"针对这些问题展开讨论,对比之前他们的猜想,发现王葆得到宝葫芦,虽然是心里想要什么就有什么,比如他和同学下棋想吃掉对方棋子,棋子马上就飞到他嘴里……可见宝葫芦不但没有给他带来幸福反而带来了痛苦。这些情节和他们之前猜测是不一样的。后来王葆毅然地把宝葫芦抛弃了,这个情节也是他们没想到的。"轰"的一声后,王葆发现原来这是自己做的梦,从此,他改正了缺点,认真学习,争做一个好学生,这个结局也是出乎意料的。学生在阅读整本书的过程中,做到了深度阅读,真切感受了童话故事情节的曲折、结局的反转,再来修改自己的童话故事,就水到渠成了。

(五) 课文与原作的比较阅读,学人物至真至善至美

有的文章很长,课文只是截取了其中一部分,因此学生对于文章缺乏整体的认知。通过与原作的对比阅读,可以让学生对文章有更加全面的理解。

《海的女儿》是故事的开头部分,学完课文后,教师适时拓展故事的结尾,让学生预测:她如此向往人间,有没有去往人间?为什么她最后变成了泡沫?在学生充分预测后,出示原作让学生阅读,对比自己的预测和原著的写作,发现作家构思的奇妙,然后再次聚焦人物讨论:"你喜欢小海公主吗?为什么?"学生对小海公主的初步印象是:美丽、对人类世界充满向往、沉默不爱说话、有个性。在读完原作后,小海公主的形象更加丰满了:小海公主狭隘的爱转变为博爱、大爱,她用善良、牺牲获得了永恒的灵魂,虽然肉体不在了,精神却永久驻存,这是大爱、至善,是生命的意义和人生价值的升华,是人生的至高境界。

此时,再进行一次比较阅读,异中求同,通过分类、筛选和分析,找到童话的共同特点,勾连新旧知识,进一步提高理解力和思维力,总结规律。对比三年级学的安徒生童话《卖火柴的小女孩》及整本书《安徒生童话》,讨论:安徒生童话中的主人公有什么共同点?学生发现,安徒生童话中的主人公卖火柴的小女孩、海的小女儿、拇指姑娘等等,都是充满童真、善良、美丽的形象。这样广泛地、反复地与原文对比阅读,有助于学生深入体会作者塑造的人物形象,学习认识更多

独立思考，成就独立人格：阅读，我思故我在

童话的写法，既能丰富学生的阅读经验，又能丰富学生对童话写作的认识，使得学生习得举一反三的能力，为修改创编新童话故事奠定基础。

第一个学习任务圆满完成，接下来完成第二个学习任务：学生和伙伴一起合作，根据星级童话大王评价标准修改自己创编的新故事，个性化地迁移应用，充分发挥奇特、夸张的想象，塑造真善美的故事主人公，选择曲折有趣的情节，书写反转、出乎意料的故事结局，创编的故事有新意、有创意，读写得到真正整合。（以《新编龟兔赛跑》评价标准为例）

星级童话大王			
	1星	2星	3星	5星
主角	真实	真诚	真诚善良	真诚善良美好
新结局	乌龟赢了	兔子赢了	乌龟兔子都赢了	乌龟兔子都没赢
新情节	小河、山坡等（1个）	小河、山坡等（2、3个）	小河、山坡等+自创（3个）	自创（3个）
新人物	无	裁判	超能力人物	其他人物（亲人、朋友、助手等）

最后进行班级童话故事发布会，选取"班级童话大王"，参加"学校童话大王"争霸赛，有了这些铺垫，学生自然能一举夺魁。

将"文学阅读与创意表达"任务群的理念落实于童话单元的教学中，我们采用比较文学的方式带领学生阅读童话，自主习得方法进行创编新童话。同时，学生在反复的文学阅读实践中，不断体验、反思，日益丰富审美经验，涵养健康良好的审美情趣。

参考文献

[1] 教育部制定.义务教育语文课程标准（2022年版）[S].北京：北京师范大学出版社，2022：26.

[2] 王爱华,管贤强.关于"文学阅读与创意表达"学习任务群的几点思考[J].教育研究与评论（小学教育教学）,2023(1)：22-26.

新课标下儿童立场革命文化教育课堂教学策略

——以王崧舟《十六年前的回忆》课例为例

2022年版新课标提倡:"将社会主义先进文化、革命文化、中华优秀传统文化、国家安全、生命安全与健康等重大主题教育有机融入课程,增强课程思想性。"革命文化明确地在新课标中提出,课程内容中的"主题与载体形式"板块又提出革命文化的对应教育内容:"围绕伟大建党精神,确定革命文化内容主题,注重反映理想信念、爱国情怀、艰苦奋斗、无私奉献、顽强斗争和英勇无畏等革命传统。"再次彰显了革命文化教育的重要性。

小学语文统编教材中革命文化类题材的课文有40多篇,如单篇课文:《吃水不忘挖井人》《朱德的扁担》等;如一组课文:四上第七单元《为中华之崛起而读书》《梅兰芳蓄须》《延安,我把你追寻》等;如主题单元:六下"志向与心愿"单元,选编了表达诗人志向的三首古诗及《十六年前的回忆》《为人民服务》《金色的鱼钩》等;如阅读链接:四上《难忘的一课》,四下《祖国,我终于回来了》等。有"快乐读书吧":《童年》《小英雄雨来》等。这些课文包括"老一辈无产阶级革命家和革命英雄人物的代表性作品及反映他们生平事迹的传记、故事等作品,反映党领导人民革命的伟大历程和重要事件的作品,有关革命传统人物、事件、节日、纪念日活动等方面的作品,阐发革命精神的作品"[1],占到统编教材课文总量的10.67%,足见国家对革命文化教育的重视。

要运用好这些丰富的资源,将革命文化教育落实到具体的教学工作中,"用好统编小学语文教材的关键在于寻求教材在语言文字、价值与教学取向之间的结合点和着力点,以及体现国家意志与学科自身规律之间的平衡点,力求实现'文与道的统一',以便更为充分地体现语文学科自身的规律,提升统编语文教材的育人价值"[2]。

笔者具体以《十六年前的回忆》为例来谈一谈。这是统编教材六年级下册第四单元"理想和信念"主题单元的第一篇课文,是李大钊同志的女儿李星华于李大钊遇难十六周年之际写的回忆性散文。课文从女儿的视角,刻画了一位革命先烈在危难时刻为了民族解放和人民幸福从容赴死的感人形象。这篇课文讲述了老一辈无产阶级革命家的先进事迹,依据学生学情、学段目标及单元要素,设定本课文最能凸显育人的目标:1. 能说出自己印象最深的事,通过朗读表达自己的情感。2. 关注人物外貌、神态和言行的描写，感受李大钊同志的革命气概。3. 查找资料，了解其他先辈的革命事迹。

革命文化离学生生活比较久远，和学生之间存在着时间上的距离、认知上的距离和情感上的距离。可基于学情、立足儿童立场，拉近距离，消除对革命文本的陌生感，可以这样落实新课标第三学段教学目标："感悟老一辈无产阶级革命家的英雄气概、优良作风和高尚品质，体会捍卫民族尊严、维护国家利益和世界和平的伟大精神"，有效实现"文道统一"的育人教学目标。笔者以王崧舟老师执教的《十六年前的回忆》为例，浅谈革命文化教育课堂教学的策略与路径。

一、补充资料，拉进时空距离

时空距离，即生活在21世纪的学生对革命时代背景不了解，产生了距离感。补充资料可以有效地帮助学生了解那个时代特有的背景，拉近他们与历史之间的距离。

片段一：

师：课前，我请你们查过资料，对李大钊你们有哪些了解？来，简单地汇报一下。

生：他是伟大的马克思主义者。他是杰出的无产阶级革命家。

……

师：老师也给你们带来了一段资料。中国共产党的几代领导人是怎么评价李大钊的（课件出示）：

李大钊同志是我真正的老师。——毛泽东

……

（生齐读）

上课伊始，为了让学生走进革命时代，拉近学生和人物之间的时空距离，王老师提示学生用一句话说出自己课前了解的李大钊。但是，简单的几句话介绍不能让学生对人物有全面的了解。此时，他适时地出示了助读资料——中国共产党几代领导人对李大钊的评价，学生对李大钊这个人物就有了立体的深入的了解，崇敬之情油然而生，也激发了学生探究人物品质的好奇心。

片段二：

师：课前，我也请你们查过资料，对1927年的中国发生过哪些重大事件，你们应该也有所了解。来，我们继续交流，每人说一件。

生：1927年发生过秋收起义。

师：谁领导的？

生：毛泽东。

师：最后创建了什么根据地？

师：井冈山革命根据地。

生：1927年蒋介石发动了"四一二"反革命政变。

师：是的，蒋介石在上海发动了"四一二"反革命政变，大肆屠杀中国共产党人。第三件谁来说？

……

为了拉近学生与近百年时间之间的距离，王老师布置学生课前搜集了1927年的重大事件等相关资料，但学生搜集的资料是零散的、不全面的，此时他的丰富补充，使学生对那个时代的背景有了充分的认识，有知识和情感打底，才能走进那个革命年代。

在指导学生关注人物的动作、神态、言行，体会人物品质时，王老师出示了李大钊从被捕到遇害度过的22天非人的生活材料，对比他"平静而慈祥的脸"的神态，学生真真切切地感受到李大钊坚贞不屈、大无畏的革命精神，体会到他对党的无限忠诚，对革命事业无比坚定的信心等高贵品质。

中国革命文化不仅仅指革命战争时期的文化，还有社会主义建设和改革开放时期的文化。课结尾处，王老师以"孩子们，这样的革命精神，不仅在李大钊一个人的身上体现着，看——"激情过渡，随机在课后习题三的基础上拓展了红四团、刘胡兰、董存瑞、邓稼先、人民子弟兵等共产党员的代表，证实了不管在什么年代，共产党人都在践行革命精神，他们为了国家和人民的利益，奋不顾身、舍生忘死的精神是永恒的。

王崧舟老师这节课上共有五处资料的补充，有学生课前自主查阅的资料，有教师直接提供的资料，也有学生提供、教师补充的资料。他很好地利用了搜集资料、补充资料这个教学策略，帮助学生了解革命故事背景、理解革命人物形象，充分体会革命文化思想感情。王老师根据教学需要，链接的多是文字图片资料。在日常教学中，教师根据教学的需要，精选视频资料更有利于学生对时代背景产生直观的了解。

二、链接生活，拉近认知距离

"它（革命文化认同）是学生通过阅读革命传统作品，对中国共产党在百年历史进程中……而不懈奋斗所形成的政治觉悟、革命斗争精神、高尚品质和优良作风的体认、接受并践行的过程。"[3]革命事件距离学生很久远,革命文化承载着国家意志,渗透着正确的价值观,蜜罐里长大的小学生的价值观还没有形成,与革命价值观体认之间尚存在很大的距离。链接生活,可有效拉近学生的认知距离。

片段三:

师:4月6日被捕,已经过去十几天了。十几天没有见到自己的父亲,今天是第一次见到。如果,你是李大钊的女儿,你在法庭上一眼看到父亲这样的穿着、这样的外貌,你难道就没有什么疑问吗?

生:父亲到底经历了什么?头上乱蓬蓬的,为什么没戴眼镜?

生:父亲被捕后,被带去了哪里?

师:看着李大钊的外貌,谁还有疑问?

生:那些可恨的敌人究竟对父亲做了什么?

……

为了引领学生价值观向革命文化价值观靠近,王老师让学生化身李大钊的女儿,扮成故事中的角色,走进英雄人物的内心世界,学生因此与人物产生了情感共鸣,链接自己真实的生活,学生有了心理基础,能感同身受、设身处地地去想、去说。学生代入情感入文本,与文本、与自己对话,理解不断走深,自然而然地感受到人物高贵品质和大无畏的革命精神。

王老师很好地利用了链接生活这一策略,让学生进入故事情境中,链接自己生活经验去体会。学生主动链接自己和他人的生活,去体会"十六年啊、192 个月、5 840 个日子。这要是换了一般人,别说十六年前的回忆,就是六年前的回忆,都可能会怎么样?"感受李星华对 16 年前的回忆如此清晰准确,不是希望学生们记住这个日子,而是要记住"将革命的事业完成""对于革命事业的信心"和"无私无畏的革命精神"。让学生链接当代的共产党人的生活——人民子弟兵、钟南山等,让学生感觉到英雄并不遥远,就在我们身边,就在现今,是我们可以学习的。

三、读写结合,拉近情感距离

情感距离,就是学生对革命文化文本蕴含的抽象意义和深刻情感不能产生共鸣,不能有发自内心的真实情感的流露。情感的熏陶和价值观的引领,如果不能有效唤起学生的情感共鸣,就会变得苍白而空洞。革命文化的教育,不是直接灌输道理,不是大喊口号,一定是在大量的语言文字的读赏中自然地渗透、润泽。基于语言文字,王老师带领学生诵读语言,品味语言,感悟语言,聚焦"李大钊的反常表现"展开"入情入境"读、"补白文本空白"读。读进去、写出来的读写教学活动设计,在文本与学生之间搭建了一座桥梁,拉近学生因阅读水平、生活经历和认知水平有限而造成的情感距离。

多遍读、配乐读、师生配读、生生合作读、表演读、入情入境地读,读得多种多样,文本蕴含的革命情感就在一遍又一遍的朗读中植入学生心田。王老师在引导学生品读第二个时间点——李大钊反常言行的时候,在男女生和老师分角色诵读后,紧接着还原了真实的现场情境,"我们一起来模拟一下。短短的一段新闻还没看完,就听见——"带领学生走进李大钊的家,亲临现场去听那枪声,调动学生已有的经验,想象"这纷乱的喊叫是从哪里传来的?你仿佛听到敌人在喊什么?",引导他们揣摩语言的情感和意义,反复用感情朗读,以课文之境、人物之情感染学生,让学生对革命文化与精神感同身受。

片段四:

师:孩子们,庭审就要结束了。李星华清晰地记得,父亲说完了最后一段话,又望了望我们。那一刻,李大钊有多少心里话想对女儿说啊!而李星华呢,又有多少心里话想对父亲说啊。孩子们,请一、二两组同学进入父亲李大钊的角色,三、四两组同学进入女儿李星华的角色,把各自最想说的心里话写下来。

写出来,角色转换代入式文本补白,使得学生在迁移运用课文语言的同时,学会了有目的地运用搜集的资料表达内心情感,提升了言语表达能力,润物无声地渗透了革命精神教育。化身李大钊的学生,感受到李大钊的心被一种神圣的力量占据着,那就是对革命事业的信心,坚信革命定会胜利的信心。化身李星华的学生,感受到作为英雄的女儿,一定要坚定地继承父亲的衣钵,把革命进行到底的决心。这样的言语训练方式,引发学生的共情与共感,使得革命精神深深地刻在学生的生命里。

王老师《十六年前的回忆》是两课时完整的课堂教学,笔者仅仅管中窥豹,学习其教学策略的一二。

最好的革命文化教育是"知行合一",将革命精神内化于心,外化于行。在2022年版《新课标》"任务群"思想的指导下,教师可以尝试和学生的生活紧密联系,采取"大单元、大情境、大任务"的学习方式,依据新课标中规定的"实用性阅读与交流"任务群中段的学习内容:"学习革命英雄和劳动模范的事迹,尝试用多种媒介方式记录、展示、讲述他们的故事,表达自己的崇敬之情"的安排,整合单元教学,以"我们的理想和信念"为主题,创设"革命英雄故事我们来传讲"的真实学习情境,开展云上参观英雄纪念馆、革命英雄故事传讲人、读《可爱的中国》说家国情怀、"我"的革命心愿等主题学习活动。通过"大单元、大情境、大任务"真实情境下的综合性实践学习,不仅把"红色基因""革命精神"深深地播在学生的心中,根植于学生的生命,还赋予革命精神新的时代意义和内涵,实现新时代少年理想和志向的新建构,增强学生的使命感和责任感。

参考文献

[1] 中华人民共和国教育部. 义务教育语文课程标准(2022年版)[S].北京师范大学出版社,2022.

[2] 陈先云."文道统一"原则下教材选编特点及教学建议——以统编教材中革命文化题材类文本为例[J].江苏教育,2019(73):7-10,13.

[3] 薛法根,吴永军,李伟平,等."统编教材中的革命文化教育"主题沙龙[J].七彩语文.2021(32):12-17,20.

涵泳关键词句,捕捉古诗意象

——《六月二十七日望湖楼醉书》教学实录及评析

执教:朱垚 评析:尹逊才

【教学目标】

1. 在正确、流利、有节奏地诵读古诗的基础上,了解有关平仄的知识,学习吟诵古诗。

2. 在自主先学的基础上,通过品读诗句和关键词语,大胆想象,丰富对古诗意境的感受,并用自己的语言表达出来。

3. 在反复吟唱的基础上,初步感受诗词文化的魅力,并产生对传统古诗词继续学习的愿望和兴趣。

【设计理念】

《六月二十七日望湖楼醉书》是统编教材六年级上册第一单元《古诗词三首》中第二首诗,诗人苏轼写出了夏日西湖瞬息万变的景象,"云翻""雨跳""风卷""天晴",此为实的意象,构成了诗歌的氛围,形成了画面感,学生可视可感。本单

元的语文要素"阅读时能从所读的内容想开去",聚焦关键字词,反复涵泳,以生为本,"点"在学生"不透"处,"拨"在学生"不明"处。在反复诵读中,激活学生思维,充分想象,层层分解意象,慢慢拉近镜头,走进诗的情境,走进诗人内心,同时激发学生对传统古诗词学习的热情,受到优秀诗词文化的熏陶。

【教学过程】

一、课前交流

师:你们知道我是谁吗?认识我吗?

生:刚才听主持人介绍,您叫朱垚。

师:你是个会学习的孩子,特别会倾听。我这个"垚"字,是山高的意思,父母希望我能站在山的顶峰。

师:一个汉字就有那么多的学问,中华民族五千年历史,文化源远流长。老师这儿还有一个"𧥺"字,这是秦始皇统一六国时统一的文字——小篆。猜猜看,它是什么字?

生:唱。

生:试。

师:看看你们猜得对不对?这是隶书"诗",这是草书,这是楷书,原来是"诗"字,你猜对了吗?中国古典文化是世界的瑰宝,古诗更是古典文化中一颗璀璨的明珠。咱们炎黄子孙都是诗的传承人,这节课我们一起走进古诗。

二、揭题解题,读出诗韵

(一)解诗题

师:今天这节课,我们一起学习一首古诗。

生:六月二十七日望湖楼醉书。(齐读)

师:诗题很长,读好停顿很重要,请你来再读一遍。(出示:六月二十七日|望湖楼|醉书。)

师:从朗读中,你听明白了什么?

生:六月二十七日是诗人"醉书"的日子。

师:这是写诗的时间。

生:诗人是在望湖楼上写的。

师:交代了写诗的地点。

独立思考，成就独立人格：阅读，我思故我在

生：诗人是喝醉酒时写的。

师：这是写诗时候的状态。再读诗题，把你的理解读出来。

(二) 知诗人

师：课前，同学们已经预习了这首诗是谁写的，你觉得苏轼是一位怎样的人？

生：苏轼是个大文豪，诗词书画样样精通，唐宋八大家他们苏家就占了三位，他、他弟弟苏辙、他父亲苏洵。

生：苏轼两次在杭州做官，西湖的苏堤就是他修建的。他也曾经在徐州做过知府。

师：掌声送给会学习的同学。苏轼是大文豪，一家三人都是了不起的诗人。(出示：望湖楼图片)这就是西湖边的望湖楼。当年的六月二十七日，苏轼与友人泛舟湖上，赶上了一场大雨，苏轼乘兴写下五首七言绝句，难怪说他是大文豪啊！今天我们学习的是其中的一首。

(三) 读诗味

师：读好了诗题，能不能把古诗的每个字音读准确，诗句读通顺？

(生读)

师：字正腔圆，声音响亮。读诗还要读出诗的韵味，读出节奏。(出示：划好节奏的诗)谁再来试试？

(生读)

师：这样读诗就有了诗的味道。读诗啊，要注意声断气连，听老师读。

(生练习读，指名读)

师：这样读，诗的味道就更足了。

三、理解诗意，感知意象

(一) 解诗意

师：我们学习古诗，除了要诵读，还要干什么？

生：正确理解诗的意思。

师：课前同学们已经自己预习了解了古诗的意思，同桌之间交流一下自学情况。还有不懂的地方，待会我们一起讨论。

(小组内交流自学情况，理解词语诗句的理解。)

师：谁来汇报你们预习的成果？

(生集体交流汇报)

(二) 感意象

1. 自主先学

师：理解了诗意还不够。老师大概梳理了同学们的预习单，发现大家对下面这个问题都特别感兴趣：苏轼看到了怎样的景象呢？他为什么要写这首诗？俗话说"诗中有画，画中有诗"，苏轼的这首诗写得特别妙，一句诗一处景，一句诗一幅画。每一句写的分别是什么景？

生：云、雨、风、水。

师：（PPT出示：选择你最喜欢的一两个景，反复读读诗句，哪个词语跳入你的眼睛，让你想到了怎样的景象，圈画并作简单批注。）

（生自主学习）

2. 品析"黑云翻墨未遮山"

师：下面我们就来聊聊，你关注了哪个词语，看到了怎样的景象？

生：我从"黑云翻墨"看到天空的黑云就像打翻的墨汁。

生：我看到墨汁一样的乌云在天空翻涌。

师：我们就先走进这幅画面。"黑"，有"突然而猛烈"的意思；说到"黑风"，我看到突如其来的暴风；说到"黑浪"，我看到了滔天的海啸来势汹汹，席卷了天地间的一切；那么"黑云"让你看到了什么样的云？

生：我看到了急速涌来的云，来势汹汹。

生：我看到了乌云来势凶猛，云层非常厚。

师："黑云"为什么会翻墨呢？

生：比喻，形容急速而来势汹汹的乌云跟打翻的墨汁似的涌来。

师：原来这里是一处生动的比喻。带着自己的理解，好好读读这四个字。

师：你还听到了什么？

生：轰隆隆的雷声。

师：同学们，欣赏写景的诗，就应该这样，调动所有的感官，用眼睛去看，用耳朵去听，用心去感受。

3. 品析"白雨跳珠乱入船"

师：你还关注哪个词，看到什么景象？

生：我从"白雨跳珠"，看到白色的雨点像珍珠一样跳跃。

师：白色的雨？难不成还有黑色的雨？结合书上的插图思考，"白雨"是什么样的雨？

生：大而急的雨。突降的急雨。

师：没错，苏轼是四川眉山人。"白雨"是四川方言，四川人称短暂的、来得快去得快的暴雨为"白雨"，我们徐州人称"车辙雨"。这里也有一处生动的比喻，把什么比作什么？

生：把暴雨比作车轮的压痕。

师：从"白雨跳珠"，你看到了怎样的画面，听到了什么？

生：突降的白雨像珍珠一样降落在湖心，肆意地拍打着船篷，船篷发出"噼里啪啦"的响声。

生：突降的暴雨像珍珠一样跳跃，落入湖中溅起一朵朵美丽水花，落在船上，发出悦耳动听的"噼啪"声。

师：举起你的手，现在你的手就是白雨，我们来跳一跳。

师：多么动听欢快，怎一个"乱"字了得！谁来读读这样的雨！

（生读）

师：真是有声有色。

3. 品析"卷地风来忽吹散，望湖楼下水如天"

师：你还看到了怎样的景象？

生："卷地风来"使我看到了一阵大风把乌云和大雨吹跑了。

生：从"水如天"我看到风停雨住，望湖楼下碧波如镜，水天相连。水映着天，天照着水，水和天连成一片。

生：风雨过后，碧蓝的湖水和天相连，水天一色，水与天都更美了。

师：雨过天晴，水面复归平静，天更蓝了，水更宽阔了，空气更清新了，水天一色。动静浑然一体。变化如此之快，再来读。

（生读）

师：眼界有多宽，心有多宽，水天就有多宽。你再来读。

（生读）

4. 明诗境

师：整首诗给你留下了什么印象？

生：快！"黑云翻墨"云来得快！"未遮山"呢，雨就来了，雨来得——更快。

生：快！风来得也快。从"忽"能感受到风来得快。疾风骤雨。

师：能不能用朗读表现出"快"呢？

（生读）

四、走进诗人，体验诗情

师：一切景语皆情语。诗人往往用古诗来表达自己的心情或思念，如苏轼的"但愿人长久，千里共婵娟"；或诉说友情，像王勃的"海内存知己，天涯若比邻"；或表现孤独，如柳宗元的"孤舟蓑笠翁，独钓寒江雪"。当你了解了诗人的身世经历再来读诗，一定能读懂诗人的心情。

（PPT出示：走近苏轼。1057年，二十岁，高中进士入朝为官，后来成为太子老师。1071年11月，三十四岁，准备以满腹的才学为国家建功立业，但与宰相王安石政见不和，受到排挤，被迫离京到杭州做了通判。1072年6月，写下《六月二十七日望湖楼醉书》。）

生：我看到了苏轼人生的坎坷，官场不如意。

生：我觉得苏轼的人生应该也是充满疾风骤雨的，我从这里感受到，苏轼写这首诗是在暗指自己的人生。

师：你有一颗诗心，已经走进了诗人。在苏轼眼中，这突如其来的疾风骤雨不仅仅是自然界的疾风骤雨，还是人生的暴风骤雨。面对人生的"疾风骤雨"，他没有自暴自弃，没有因为生活失意而怨天尤人，而是期待人生的暴风雨快速远去，期待迎来"水如天"的人生美景。

生：苏轼是在告诉我们，人生不管遇到什么挫折，不要畏惧，要勇敢去面对。

师：说得太好了，"天有不测风云，人有旦夕祸福"，人生难免会有——（生读"黑云翻墨未遮山，白雨跳珠乱入船"）

师：但终会——（生接"卷地风来忽吹散，望湖楼下水如天"）

师：不管是自然的暴风骤雨，还是人生的疾风骤雨，（板书：疾风骤雨）都是——

生：来去匆匆。（板书：来去匆匆）

师：不经历风雨，怎么见彩虹。请你把我们带进这个美丽和宁静的世界。

（生读诗）

师："非淡泊无以明志"，在豪放淡然的苏轼眼里，人生即使（生："黑云翻墨未遮山，白雨跳珠乱入船"），终究会（生："卷地风来忽吹散，望湖楼下水如天"），就是这样的苏轼才会写出"但愿人长久，千里共婵娟"的千古佳句。

师：六月二十七日望湖楼醉书，苏轼真的喝醉了吗？

生：他是被这美景陶醉了。

五、吟唱古诗,传承经典

师:想学古人读诗吗?古人是吟诵古诗,吟诵的声音是世界上最美妙的音乐。平声长,仄声短。我们在四年级学习《春联》一课,已经了解了平声字是第一声、第二声,仄声字是第三声、第四声。这里面还有两个入声字"白""入",也要读得短促。想不想试试?看老师的手势,跟着老师读第一行试一试。(师示范读)

师:自己打手势读一读。

(生练读)

师:这么快就学会了和古人一样吟诵,真了不起。古人吟诗可不像咱们这样齐整,他们呀,用自己的家乡话,想怎么吟就怎么吟。谁能用咱们的家乡话来吟诵这首诗。

(生用家乡话吟诵)

师:这样吟诵更是有滋有味。想听睢宁话版的吗?(师吟诵)

师:古人是这样吟诗的。古人是怎样写诗的?(出示:古体诗)

生:我们写诗是从左往右写的,古人写诗是从右往左,从上往下写的。

生:老师,我知道这是楷体,这是草书,这是小篆体。

师:你还认识小篆体的诗吗?能读读看。

(生读)

师:诗歌还是可以唱的,想听吗?(师吟唱,生跟着一起唱)

师:这节课,我们一起学习了《六月二十七日望湖楼醉书》,情由景触,诗自心生。你们读诗诵诗都能和作者苏轼心意相通,看作者所见,想作者所念,让我非常感动。你们触动了我心中的诗意,我就斗胆以原诗的韵作一首诗:"娇山湖畔读诗篇,时空隔断情相连。吟咏尽解苏子意,文脉传承有少年"。诗歌,是中华民族瑰丽的宝藏。作为一个中国人,我们要把这瑰宝一代代传承,让诗歌陪伴你们长大,成为有根的人!

情境任务群　感受艺术美　传承知音情
——《伯牙鼓琴》学案设计

【教材分析】

《伯牙鼓琴》是统编教材六年级上册第七单元"艺术魅力"的开篇《文言二则》

第一则故事,选自《吕氏春秋·本味》,短短83字,精炼地讲述了"伯牙子期""高山流水"的文化典故,展现伯牙和子期心心相印、志念相投的真挚情意,是"知音"的经典代表。教学中创设真实情境,化课后习题为情境问题,在学生已有学文言文的经验基础上反复诵读,读懂文言文,讲好文言故事,想象画面,感受伯牙"善鼓琴"、锺子期"善听之"的艺术魅力,培养学生对传统知音文化的认同和传承的情感。

【教学目标】

1. 认识"哉、巍、弦"3个生字,能正确美观地书写,注意"哉""巍"的写法。
2. 正确、流利地朗读课文,读准"少""为"等多音字字音,读出古文节奏,并能熟读成诵。
3. 借助注释、资料、插图、结合生活实际等方法理解词句意思,能用自己的话讲述故事。
4. 在反复诵读中,想象画面,感受艺术魅力,传承创新知音文化。

【教学重点】

反复诵读,想象画面,感受艺术魅力,传承创新知音文化。

【课前预学】

网上云游知音故里、汉阳古琴台等。

【设计理念】

《语文课程标准》指出:语文课程是一门学习语言文字运用的综合性、实践性课程。语文的实践活动和学生的日常生活有紧密的联系,是综合性的体现,设计实践活动必定将书面的学习和日常生活的语文融为一体。"高山流水"与知音文化相伴相生,引起古往今来人们的精神共鸣。王崧舟老师强调过"语文不是简简单单的传授语言文字,它传授的是隐藏在文字背后的中华民族伟大基因。更进一步的是养成对传统文化的兴趣"。本设计努力实现薛法根老师提倡的"转化'知识为纲'教人做题的设计理念为'素养为本'教人做事的教学理念",创设真实的"小小知音宣讲员"的情境,设计语文学习任务(素养导向的语文实践活动,即真实情境下的语言文字运用——崔允漷),激发学生"我要学"的内驱力,在自主理解与宣讲文言文故事的过程中,培养重友情、讲诚信、志向高远等高尚品德,建立正确的价值观、人生观、世界观,激发继承和发展"知音文化"的兴趣。

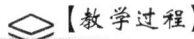

一、情境导入,聊"知音"

1. 课前同学们云游了知音故里、古琴台,联系你的生活说一说,你是怎么理解知音的?

2. 你们理解彼此、心心相通,牵挂着对方,这样的朋友就是"知音"(板书:知音)。知音文化最早源于2 000多年前的《伯牙鼓琴》这个故事,(板书:2 000多年前),猜猜看(出示课本中插图),谁是伯牙,谁是子期?

3. 知音故里汉阳正在大力推广知音文化,想让知音文化走向世界,作为中国人,每一个人都有义务传承并推广中华传统文化。今天我们就来做一个"知音文化小小宣讲员",把知音文化介绍给身边不知道的人。

3. 师生共同板书课题,指名解题。

> **设计意图**
>
> 课前利用网络资源让学生云游知音故里、古琴台,对"知音"有初步了解。上课伊始,结合生活经验交流主题阅读感受到的"知音",唤醒学生情感体验。设置真实的情境"知音文化小小宣讲员",目的是让学生在真实的做事中获得语文素养的发展。

二、诵读文言,讲"知音"

1. 当个合格的宣讲员可不容易,先要讲清楚知音的来源,讲好这个故事。讲好故事,先要读好故事。这是一篇文言文,读好文言文你有哪些好的方法呢?

2. 同学们很会学习,读好文言文先要读通顺,接着借助注释、插图、资料、联系生活实际等方法,用自己的话讲故事,最后读出文言文的节奏和停顿。课前大家已经预习了,会读了吗?要不要再练习练习,相信大家会读得更流利。

(出示)学习任务一:我是小小宣讲员,我来讲"知音"

1. 自由朗读课文,读准字音,读通句子,难读的地方多读几遍。

2. 借助注释、插图、联系资料,用自己的话讲一讲这个故事。

3. 谁愿意展示一下你的朗读。

(1) 声音响亮,读得很流畅。这句话中有个多音字"少",老师查了字典,读"shǎo"意为"数量少",读"shào"意为"年纪轻",这里的"少"读哪一个音呢?

(2) 你对照注释知道"少选"指的是极短的时间,"少"在这里是"数量少"的意思,应该读"shǎo",真会学习,请你带着大家读一遍。

(3) 最后一句话中两个"为"你读得很准,以为("wéi")世无足复为("wèi")鼓琴者,你为什么这么读?

(4) 你能根据意思来判断多音字的读音,会学习。"以为"是"认为"的意思,所以读第二声;"复为鼓琴者"的"为"是"给"的意思,所以读第四声。你能试着说说整个句子的意思吗?

(5) 说得真好,"认为这世界上再也没有值得他为之弹琴的人了"。理解了意思,相信你能读得更好,请你当小老师带着大家读。

4. 读文言文要注意停顿,当我们理解了故事意思就能读出节奏和停顿。刚才大家用自己喜欢的方法理解了故事,谁能用自己的话讲一讲这个故事?

(1) 这么短的时间说出了故事的大意,了不起。看来大家已经掌握了文言文学习的方法。故事理解了,读得一定会跟刚才不同。再练习练习,停顿难不倒你们。

(2) 同学们读得真投入,谁愿意读给大家听一听。

(3) 理解了意思,断句停顿读得多自然呀。老师也想读一读,可以吗?

(出示) 伯牙/鼓琴,锺子期/听之。方鼓琴/而志在太山,锺子期曰:"善哉乎/鼓琴,巍巍乎/若/太山。"少选之间/而志在流水,锺子期又曰:"善哉乎/鼓琴,汤汤乎/若/流水。"锺子期死,伯牙/破琴/绝弦,终身/不复/鼓琴,以为/世无/足复为鼓琴者。

(4) 同学们发现了老师的停顿和你们哪里不一样?我为什么这么读呢?

(5) "哉"和"乎"都是语气助词,相当于现在的"啊",表示赞叹和赞美,停顿要略长些。你真会听,相信你一定能读好。你来试一试。(指名读、同桌读)

(6) 现在你就是锺子期,我是伯牙,我弹琴的时候心里想着高山——我弹琴的时候心里想着流水——(男女生读,齐读)

设计意图

温儒敏教授特别指出,古诗文教学重在激发学生兴趣,不宜要求太高。《课程标准》对第三学段古诗文教学要求:"诵读优秀诗文,注意通过语调、韵律、节奏等体会作品的内容和情感。"这一环节先是读正确,然后学生根据已有的学习经验简单理解故事、讲讲故事,在理解基础上读出文言文的节奏、韵味。教师适时在难处点拨,引导关注语气助词的朗读,使学生习得文言文诵读的方法。小学阶段的文言文学习,不追求文言知识的传授,让学生初步感受一下文言文的特点,形成文言的语感就可以,为理解知音文化、做小小宣讲员打下语言基础。

5. 读好了故事,我们就要讲故事了。文白对照着把故事印在脑海中,才能讲得流畅。同桌两人,一人说现代文,一人对文言文,试着讲一讲。

(1)同桌互讲,可以看书。

(2)真难不倒你们,不看书,还敢讲吗?指名同桌讲。

(出示) 伯牙( ),锺子期( )。方鼓琴( ),锺子期曰:"( ),( )。"少选之间( ),锺子期又曰:"( ),( )。"锺子期死,伯牙( ),终身( ),以为( )。

设计意图

温儒敏教授说:"古诗文教学最好的办法就是反复诵读,当堂成诵。"《语文课程标准》提出:"评价学生阅读诗词和浅易文言文,重点考察学生的记诵积累……",读百遍,熟成诵,义自见。

三、想象画面,话"知音"

1. 小宣讲员们,不知不觉故事就印在你们的脑海中了,现在我是去知音故里参观的游人,谁给我讲讲2 000多年前的发生知音的故事?

(1)指名讲文言故事。

(2)谢谢你的故事,太精彩了。可是我有个问题想不明白,为什么伯牙子期的故事就能成为知音文化的代表呢?(指名答)

2. 你们不愧是"知音文化宣讲员",博学多才。伯牙是楚国的上大夫,锺子期是位樵夫,伯牙不管弹什么,锺子期都能听得懂,如此心心相通、心心相印,这可不就是知音吗?(指名生板书:心心相通)现在我们穿越一回,到2 000多年前的楚国,你们就是锺子期,去到古琴台,听一听伯牙弹琴,能从伯牙的琴声中听懂什么?

(出示) 学习任务二：我是小小宣讲员，我来话"知音"

1. 默读课文，画出锺子期赞美琴声的语句，反复读一读，想象说一说：我看到了_____的画面。

2. 把看到的画面说给小组同学听，小组内选择一代表汇报。

2. 指名小组代表汇报。

（1）你看到了巍峨高耸的泰山，锺子期就请你再深情地赞一赞，让我们也看到那高山。（指名读、齐读）

（2）你看到了波澜壮阔、波涛汹涌的江河，请你再来深情地赞一赞吧。（指名读、齐读）

（3）你知道太山古代指泰山，流水指江河，古代指长江与黄河。泰山、长江、黄河象征着中国古代文人的志向和气节。为你鼓掌，请你把高山流水之志读出来。（指名读、齐读）

（4）锺子期呀，伯牙善鼓，你善听，你真的是伯牙的知音呀。"凡音之起，由人心生也。"音乐的起始，是人内心的感动产生的。正如你们所说，(播放视频资料，解说太山、流水象征意义)，泰山、长江、黄河象征着中国古代文人的志向和气节。山野樵夫的你读懂了上大夫伯牙的音乐中表现的"高山流水"，是伯牙的高远的志向和博大的胸怀。你和伯牙的纯洁友谊也如泰山般万古长青，如江河般延绵不断，是真正的知音呀。相识满天下，知音能几人呢？再来读一读，让我们感受他们的知音情。（指名读、同桌读）

（5）这段知音情，让《高山流水》成为享誉世界的"绝唱"。

(出示文字资料) 1977年，美国发射了两艘"旅行者"号宇宙飞船，飞船上安装了两张"地球之音"的唱片，这是为"外星人"特意设计的装置，可以在10亿年后仍发出声音。"地球之音"录有27段音乐，《高山流水》古琴曲是首选乐曲。华裔作曲家周文中说："这是一首人类意识与宇宙共鸣的冥想曲。"

（6）这曲《高山流水》也让这段"知音情"成为千古绝唱。必须再来诵一诵，记住高山流水，记住这段知音情。

设计意图

学生是学习的主人，明确学习任务，教师适当点拨，自主深度学习就能真正发生。穿越到2 000多年前，化身锺子期，把自己当作故事中人，深入人物内心，想象琴声中美好场景，借助资料，感受伯牙琴艺的高超、《高山流水》的艺术魅力及伯牙高远志向，引发对"知音文化"做进一步地探究，做一名合格的宣讲员。

四、迁移运用，传"知音"

1. 现在再来讲讲这个文言故事，相信你们会有不一样的体会。又来了一位游客，谁来做"宣讲员"。

（1）指名一男生入情境讲故事。

（2）讲得真好，我被他们心心相印的知音情打动了。可我不明白"伯牙破琴绝弦，终身不复鼓琴，以为世无足复为鼓琴者"？他可是一代琴仙，大家都想听他鼓琴，为了锺子期一个人就摔了琴，从此不再弹琴，这岂不是太可惜了？

（出示）学习任务三：我是小小宣讲员，我来传"知音"。

写一份宣讲词：结合资料袋的资料，谈谈你对"伯牙破琴绝弦，终身不复鼓琴，以为世无足复为鼓琴者"的理解，50字以内。

2. 指名学生朗读自己的宣讲词。

3. 听你们一说，我明白了，作为知音文化的宣讲人，你们不仅了解2 000多年前的知音，伯牙以如此决绝的方式——"破琴绝弦，终身不复鼓琴"，去祭奠唯一精神共鸣、灵魂相契的知音锺子期，从他们身上我们学到了珍重友情、信守诺言的品质；还明白了知音文化传承到今天，早已不再局限于朋友之间的友情，它还代表着理解、认可、尊重与等待。

设计意图

温儒敏先生指出，古诗文教学不可照搬文学史，过分强调字词、主旨理解……针对中高年级，要引导他们会意、感悟，不要给予过多限定，不要提供标准答案。学生结合课前云游所得、资料袋中材料，联系生活实际思考，写出自己独特的见解。阅读最好的方法就是角色进入，学生以伯牙子期的口吻写，有的写（伯牙）："士为知己者死""人生难得一知己"；有的写（伯牙）：那么多人喜欢我的音乐，我要化悲痛为力量，把对锺子期的友情融入到音乐中，让大家都寻到自己的知音；有的写（锺子期）：我不希望伯牙的音乐才华也从此被泯灭了，希望他能找到另外一个知音。不管学生怎样的思考，都值得肯定，从2 000多年前的"知音"发展到当代的"知音"，是对"知音文化"的继承、创新与发展。通过这一学习学生不仅获得了语文素养，责任意识、价值观念和道德品质都得到了提升。

五、课后延学,发展"知音"

1. 主题阅读一:《荀子·劝学篇》《列子·汤问》中"伯牙子期"故事;冯梦龙《俞伯牙摔琴谢知音》。
2. 主题阅读二:文白对读《管鲍之交》《三国演义》中《陆抗和羊祜容》。
3. 实地参观知音故里、古琴台。

设计意图

吕叔湘先生指出,语文教师"心中要有教书育人的蓝图"[1]。学生要做一名合格的"知音文化宣讲人",课后可以继续进行主题项目化研究学习,把文言文中故事、人物和知音故里及其他知音故事联系起来,增强学生的文化自豪感与认同感。伯牙、钟子期不再是虚幻的人,而是现实中有血有肉的人。汉阳古琴台仍在,去看看古琴台,去访一访知音故里,读一读其他的知音故事,以"知音文化故事知多少"为主题,以小组为单位,借助图片、文字、视频等进行生动介绍,使得知音文化在学生的心灵里种下种子,若干年后会生根发芽。

参考文献

[1] 张隆华.中国语文教育史纲[M].长沙:湖南师范大学出版社,1991.

让看不见的心情看得见

——《盼》第二课时教学设计

【教材分析】

《盼》是统编教材六上习作单元第二篇课文,作家铁凝写了"盼变天能穿雨衣""下雨了却没能穿雨衣""终于穿上雨衣"三个事例,一波三折,字里行间皆是"盼",深深牵动读者的心。

【教学目标】

1. 学会围绕"盼"这个中心意思选择不同事例表达的方法。

2. 学会"看不见"的心情用"能看得见的"语言写,让心情"看得见",把事例写具体的方法。

【教学重难点】

利用人物的神态、动作、语言及景物描写来表达"看不见"的心情,把事例写具体。

【设计理念】

"写作能力是从阅读中培养的。"(斯蒂芬·克拉生)统编教材专门安排了习作单元,"精读课文""初试身手""习作例文"等部分的教学都为习作"围绕中心意思写"服务。"精读课文"习得写作技巧、方法;"初试身手"用习得的方法"练练手";"习作例文"接近学生习作水平,便于写作模仿。导语页的"体会文章是怎样围绕中心意思来写的""从不同方面选取不同事例,表达中心意思"两个学习要求,《夏天里的成长》一课完成"从不同的方面选择表达中心意思"的学习,本课学会"选取不同的事例表达中心意思"。第一课时梳理课文主要内容,学生能自主发现选择的事例和"盼"紧密相关,第二课时教学重点放在"怎样把'盼'具体写清楚","看不见的心情"怎么写出来。《盼》是笔者在教材中见到的写心情的"精品",带着学生揭开写作的秘密,学习作家写法非常有必要。写作技巧的教学,要基于学生实际的作文水平、接受水平,学生不仅能接受,还能化为己"用",写成一篇好文,这是教材编者编写习作单元的初衷。

【教学过程】

一、梳理文脉,学会选事

1. 盼,是一种复杂的心情,让人焦急、让人激动、让人期待又让人忧愁。这心情,看不见,摸不着,如果让你去写,你会怎么写?

2. 指名说。

3. 大家的想法与作家不谋而合,有大作家的风范。铁凝是两次获得鲁迅文学奖的女作家,《盼》是她的经典之作,她写了哪些事例表达"盼"的心情?上节课大家做了思维导图,谁愿意交流一下。(指名说)

4. "盼变天能穿雨衣""下雨了却没能穿雨衣""终于穿上雨衣"这三个事例,紧紧地围绕着"盼"的心情来写。一个为了穿上漂亮的新雨衣,盼着下雨,下雨了在家着急不能出门又盼着雨停,雨下了终于穿上雨衣的可爱的蕾蕾活灵活现地出现在我们面前。写文章时,中心意思确定了,要围绕中心意思选取事例,这样不仅不会"跑题",而且会使中心意思更加突出。

> **设计意图**
>
> 　　复习梳理,明确写文要围绕中心意思选择事例,勾起思维的涟漪,知道课文的学习主要是学习作家的写作技法。

二、聚焦文字,学写具体

过渡:看不见的心情,铁凝却写得惟妙惟肖,你有没有疑惑? 是呀,她有什么妙招呢?

1. 默读课文,哪些地方具体写了"盼"这一心情,画出相关语句,圈出关键词,想想:这样写有什么好处,同桌交流。

2. 现在说说你画的句子和发现的秘密。

(1)你关注到"我"和妈妈的对话这一部分,哪些词句最能表现"我"期盼的心情?

(出示)"妈妈!"我嚷着奔进厨房。

"蕾蕾回来得正好,快把头发擦擦,准备听英语讲座!"

"可是……还差半小时啊。"我嘟囔着,心想,你怎么就不能向窗外看一眼呢?

……

"我今天特别特别不累。妈妈,我给你买酱油去吧,啊?"我央求着。

"你看,酱油我下班带回来了。"

"可是…不是还要炖肉吗? 炖肉得放好多好多酱油呢。"我一边说,一边用眼瞟着窗外,生怕雨停了。

"我什么时候说过要炖肉?"

"你没说,爸爸可说过。"这话一出口,我就脸红了。因为我没见过爸,也没人告诉我要炖什么肉。

(2)指名说,随时点拨提升,提醒关注"我"说的话,为了穿雨衣,跟妈妈撒谎,"特别特别不累""不是还要炖肉吗""爸爸说过"体现"我"的着急;关注"我"说话的语气,"嚷着""嘟囔""央求";想象"我"说话的表情"着急""担心""脸红了";关注"我"说话时的动作,"奔进""用眼瞟着窗外",也说明"我"心急如焚。

（3）"我"那么急，妈妈为什么就不懂"我"的心呢，好不容易下雨了，"我"要出去穿雨衣。哪里是妈妈不懂，妈妈是想让"我"的心静下来，听英语讲座。一个着急，一个装傻。同桌两人，一人做蕾蕾，一人做妈妈，表演读，读出"我"的着急、无奈，要注意加上表情动作。

（4）指名两组展示。

（5）听了你们的朗读，我仿佛看到了那个急得快跺脚的"我"。瞧，"盼"就藏在"我"每个细小的动作中，藏在"我"每一句话中，藏在"我"每个表情中，"我"的一举一动、一言一行、一颦一笑，都在"盼"。这是第一招。（板书：言行神藏情）看不见的心情，可以用看得见的动作、神态、听得见的声音写出来，这样，心情就能看得见啦。

3. 你还圈画了哪些词句，发现"盼"藏在哪里？（指名说）

（1）"盼"的心情藏在景物里。读读你画的句子，说说你感受到"我"此刻的心情如何，从哪里感受到的。

（出示） 可是一连好多天，白天天上都是瓦蓝瓦蓝的，夜晚又变成满天星斗。

有一天，快到家时，路边的小杨树忽然沙啦啦地喧闹起来，就像在嘻嘻地笑。

吃过晚饭，雨还是在不停地下着，嗒嗒嗒地打着玻璃窗，好像是敲着鼓点逗引我出去。

……

四周一下子变得安静了。我推开窗子，凉爽的空气扑了过来，还带点儿腥味。路灯照着大雨冲刷过的马路，马路上像铺了一层明晃晃的玻璃；路灯照着路旁的小杨树，小杨树上像挂满了珍珠玛瑙。

我走在街上，甩着两只透明的绿袖子，觉得好像雨点儿都特别爱往我的雨衣上落。它们在我的头顶和肩膀上起劲儿地跳跃：滴答，滴答滴答……

（2）指名说，随机点拨，引导学生发现"天上瓦蓝瓦蓝，夜晚满天繁星"天气越好，反衬出"我"的心情焦急、无奈甚至有些生气；"小杨树也在嘻嘻地笑"要下雨了，"我"高兴，看到小杨树也仿佛在笑；"甜丝丝的雨点"读出"我"的幸福、开心；"凉爽的空气""明晃晃的马路""挂满了珍珠玛瑙"，"我"盼雨停，雨果然停了，心情舒畅，看到的都是美景；"爱往我的雨衣上落""起劲地跳跃"，"我"终于穿上雨衣的兴奋、激动、快乐。

（3）如果把这些句子去掉，可以吗？说说为什么？

(4) 是呀，一切景语皆情语，"盼"藏在景物中，如果去掉就不能很好地表现"我"急切的心情。选择你最喜欢的两句话，反复读一读，读出"我"期盼的心情。

(5) 指名读，随机点评。

(6) 大家还有什么发现吗？（指名说）

(7) 写景的时候，可以让景物和人一样说话、动起来，"小树可以笑、雨点可以勾引人"拟人化的景物描写，能更生动形象地表达作者的心情。这是第二招。（板书：景随心情变）

设计意图

课文中的写作知识、写作奥秘很多，通过一篇课文正常习得两个"点"足矣，多了展不开，即使教了，也只是"教过了"，学生"学会"要大打折扣。这两个"点"教师要精心筛选，学生会的，诸如课文直接写想法"每天放学路上我都在想：太阳把天烤得这样干，还能长云彩吗？为什么我一有了雨衣，天气预报就总是'晴'呢？""我却放慢了脚步，心想，雨点快点打在头上，才是世界上最美的事呢！"的方法，六年级学生，不学；学生怎么学都不会的，不学；学生跳起来就能够着的，诸如"看不见的没法写，就写能看得见的"写作的技巧，要学。教师引导学生聚焦关键词句，循序渐进、一步一步揭开作家把"盼"写具体清楚的秘密，学生某天写作中能自发应用这些方法，进而熟能生巧，慢慢成为自己的能力，语文的"工具性"目标就达成了。

三、迁移运用，尝试写"乐"

过渡：我们读书，要有两双眼睛，一双眼睛看到作家写了什么，一双眼睛看到作家是怎么写的。看不见的心情，作家用看得见的言行神、景物来表达，这样也就把事例写具体写清楚了。现在，我们也能像作家一样写作了。

1. 光说不练不是真把式，看你们笑得开心，那我们就写写"乐"。说到"乐"，你的脑海中马上想到哪件事？

2. 指名说。

3. "今天晚上没有作业""我在群里抢到了38元的红包""我数学考了100分"……开心的事情可真多，用上作家的"言行神藏情""景随心情变"的技巧，让看不见的"乐"人人都能看得见。

4. 学生写。教师指名读，评价。

> **设计意图**
>
> 新课程标准指出:"语文课程是一门学习语言文字运用的综合性和实践性课程。"语文能力、素养要在反复的语文实践活动中形成。学进去了,要用出来(写片段)。片段练习和习作巧妙联结,习作"每个汉字都有着丰富的文化内涵,选择一个印象最深的汉字写一篇习作",片段写"乐"字。少年不知愁滋味,"乐"就是学生的学习和生活,"乐"能很快激起学生的回忆,说"乐"的事,训练了"围绕中心选择事例";运用学过的方法把看不见的"乐"写得能"看见",训练的是"围绕中心意思写具体"。有此铺垫,完成一篇习作易如反掌。用一个方法,是"作文达人";用两个方法,是"超级作文达人"。常给学生"戴高帽子",就不怕写作了。当写作变成学生发自内心的自觉活动,可"做"到极致!

四、留疑课外,拓展提升

1. "盼"还藏在哪里呢,你们猜猜看。

(出示)我的雨衣一直安安静静地躺在盒子里,盒子一直安安静静躺在衣柜里。

我不再说话,也不敢再去看妈妈,急忙背过身子盯住碗架,上边的瓶瓶罐罐确实满满当当,看来不会有外出买东西的希望了。再看看屋里的闹钟,六点二十,我只好打开电视,不声不响地听英语讲座。

2. "我"盼望下雨,雨衣偏偏是安静地躺着,瓶瓶罐罐也很安静,闹钟也跟"我"作对,时间刚刚好。所有周围的一切事物似乎都在跟"我"作对。这是什么方法呢?感兴趣的同学课后可以去思考,这是作家的绝招,学会这第三招,你就成为真正的大作家啦。

> **设计意图**
>
> 学习写作技巧的"点"要恰到好处,要基于学生实际需要,基于学生能接受的水平。但,教育要尊重学生个性,要尊重差异化发展。课始于疑问,终于疑问,学有余力的学生可以继续思考,带着写作思维去阅读,跳起来够到高处更甜的"桃子",实现教育的目标——培养完整的人。

主动参与，知行合一

"让学"：对语文课堂的几点追问与设想

"让学"就是立足学生本位，一切为学生着想，把学生放在核心地位和主体地位加以教育、关心、帮助、爱护。了解学生，立足语文课堂，摸索适合学生学习的教学方法，关注每一个细节，使学生在语文学习中健康成长，应该是每位语文教师努力的方向。我们常说情境教学，作为教师，让我们也走进一种情境——当某一天，有老师上公开课，在学生中间有一个空位子，我们就坐过去，把自己当成学生中的一员，置身于学习的课堂中，面对讲台上的教师，跟着一班学生一起听、说、读、写、思，从学生的角度去体会，一定会有很多新鲜的感受。这些感受也一定会让我们在重回教师身份时，能设身处地地为学生多做些有价值的思考，对语文课堂教学工作做出相应的改变。

一、要求能再明确些吗

【案例一：《少年王勃》教学片段】

师：课文中有哪些地方写出王勃是个有才气的人？用"——"把句子画下来，读一读，从中你能明白什么？再和同桌同学交流一下，并通过朗读把你的感受表达出来。

（学生按老师要求开始学习。学生举手发言。）

生：王勃边看边想，突然回转身来，胸有成竹地说："让我来试试吧！"

师：从你读的这句话里你明白了什么？

生：（思考了一下）我觉得从这儿能看出王勃很有才气。

师：能说说原因吗？

生：（看了一下课文后）在座的人都不敢说，只有王勃胸有成竹地要试试。从这儿能看出王勃很有才气。

师：那你能再读读这句话，让大家从你的朗读中感受到王勃的确很有才气。

（生再读这句话）

在老师一点点地引导下，学生终于说出了自己对所读句子的认识，并把自己的感受读了出来。但原本可以由学生一人一次全部完成的事情变得琐碎。让我们再来看看老师的要求：一是找出能表现出王勃才气的句子，二是说一说从中明白了什么，三是与同桌同学交流以从中实现资源共享获得更丰富的感受，四是把自己的感受读出来。这些要求学生应该能够一步一步地完成，在交流时可以按要求的顺序一次性地汇报完毕，不仅节省了老师再次指导所需的时间，而且学生为完整地完成这一学习任务要把这些要求进行整合，表达、阅读一气呵成，语言的条理性、逻辑思维也因此得到训练。不难看出，问题就出现在老师的要求上——老师把要求说了出来，但流动的语言学生很难一下全部理解和接受，在执行时势必会大打折扣，这就导致他们在汇报时还需要教师再次重复要求。三年级学生因语文能力的限制，说出一段流利、通顺的话并不容易，这也需要教师的帮助，此时若能够出示要求，并提供一定的句式降低难度，学生思考和说话才会有章可循。

一点设想

老师出示自读提示：

> 1. 课文中有哪些地方写出王勃是个有才气的人？用"——"把词语或句子画下来，读一读，从中你能明白什么？
> 2. 用老师提供的句式和同桌同学交流一下，并通过朗读把你的感受表达出来。
> 　　我从＿＿＿＿＿＿明白了＿＿＿＿＿＿＿＿＿，因为＿＿＿＿＿＿＿＿＿＿＿＿。我想这样来读……

师：（给出一定时间使学生自学和同桌同学交流后）哪位同学愿意来说一说，读一读？

生：我从"王勃边看边想，突然回转身来，胸有成竹地说：'让我来试试吧！'"这句话明白了王勃很有才气，因为在座的人都不敢说，只有王勃胸有成竹地要试试。我想这样来读——王勃边看边想，突然回转身来，胸有成竹地说："让我来试试吧！"

二、请慢些好吗

【案例二：《爱如茉莉》教学片段】

师：请大家找一找，从哪些词语、句子能看出爸爸对妈妈的爱？把自己的感受写在词句的旁边。

（学生读课文，圈画字词，写出感受，交流。）

生：我觉得爸爸非常关心妈妈。

师：从哪儿看出来？

生：从"憔悴的脸和布满血丝的眼睛"，能看出爸爸一定没有睡好，因为……（看着书，继续思考下面要说的话）

师：你是说妈妈生病了，爸爸时刻为妈妈操心，担心她有需要帮助的地方，连觉都睡不安，是吗？

（学生点点头）

当学生还在苦苦思考斟酌着语言进行自己思想表达的时候，老师"好心"地代劳了，把学生尚未想好的话说了出来。小学课堂时间只有四十分钟，而需要完成课前预定的教学内容会让教师担心时间不够用、想要加快课堂节奏而打断学生的话，这在不少课堂上是常有的事。教师的这一举动似乎是无可厚非的，不过从发言的学生角度来想很欠妥当。《语文课程标准》指出："现代社会要求公民具备……包括阅读理解与表达交流在内的多方面的基本能力……语文教育应该而且能够为培养和造就一代新人发挥重要作用。"语文是母语教育课程，学习可以在随处进行，但就学生表达交流的指导和得到进一步提升方面来说，语文课堂当然是最好的地方。不仅是因为学生在表达时，优缺点能得到及时的肯定或纠正，而且在一次又一次当众发言的训练中，他们的表达信心得到增强，慢慢变得会说、乐意说，优质的语言才会渐渐形成。这一目标的实现离不开语文教师在每节语文课中对每个学生耐心而有针对性地指导。可"有些语文教师，不但没有成为语文学习的引领者，反而成了扼杀学生独立自由、自我精神的刀斧手，成了独立思维、独立语言的禁锢者！"（韩军）如上面案例中的教师，违背语文学习的规律，忽略语言表达是一个"理解文字——组织语言——表达交流"复杂过程的事实，打断的可能不光是学生的思考和话语，还有对语言表达的热情，甚至产生一种"反正我说得不好，老师会帮我说"的懒惰思想。学生的思维表达训练在这个环节中只是浅尝辄止，那么这个教学环节的作用有多大也就可想而知了。

在一些课堂上,我们还常常会听到老师这样的话语"请大家快速浏览课文……""给大家三分钟的时间……",听起来好像有了这样的要求,学生的学习就会很有效率,可仔细思忖会发现,这些话语无视学生存在的客观差异,而且"快速""三分钟"等字眼的限制,会让学生也浮躁起来,难以静下心去"潜心会文本",势必导致对文本的理解浅薄,说出的话也会苍白空洞,缺少丰富灵性的表达。这当然是教师所不愿见到的,也就难免会出现由教师替代学生表达感受的现象了。所以,语文课堂急不得,师生都慢一些,才会从慢处有收获、从慢处得精彩。

一点设想

师:请大家找一找,从哪些词语、句子能看出爸爸对妈妈的爱?把自己的感受写在词句的旁边。

(学生读课文,圈画字词,写出感受,交流。)

师:先说说自己的批注,再说说是从哪个词语或句子感受到的。按老师的要求同桌两位同学之间交流一下吧。(当同桌两位同学交流后,指名回答。)

生:我觉得爸爸非常关心妈妈。我是从"憔悴的脸和布满血丝的眼睛"这句话感受到的,这儿能看出爸爸一定没有睡好,因为……(看着书,继续思考下面要说的话。)

师:(微笑着、鼓励地看着他。)

生:妈妈生病了,爸爸时刻为妈妈操心,担心她有需要帮助的地方,连觉都睡不安稳。

师:说得多好,真是一个会读书的好学生。那么请你带着对文字的理解来读读这一部分课文好吗?老师相信你会读得很棒。

三、告诉我我做得怎么样,行吗

【案例三:《学棋》教学片段】

师:小朋友,"专心致志"是什么样的呀?

生:"专心致志"就是什么事情他都不去看,一直在非常认真地学棋。

师:(出示"一个学生专心致志,遇到不明白的地方还要问上几句。")那你能读出他的认真吗?

生:(很认真地读,突出了"专心致志""还要问上"这两个词。)一个学生专心致志,遇到不明白的地方还要问上几句。

师：老师也想读这句话，可以吗？

（老师范读）

师：谁能像老师这样读？

……

每一个人的内心都充满被关怀、被鼓励的愿望，对孩子来说尤为如此。当一位学生整理好语言、鼓起勇气站起来面对全班师生发言后，教师既没有肯定，也没有指出存在的不足，就开始进行下面的环节，他心里该多失望啊。要知道，教师及时的激励性评价，不仅是对学生举手发言这一表现的肯定和对发言内容或形式进行有针对地指导，还是"能激发学生内在潜质的，能促进学生深入理解的催化剂"（项阳：《课堂教学中教师理答行为的研究》），让学生感受到教师很在意自己，从而得到心理上的满足，这将在后续学习活动中左右他的听课情绪，在较长时间里能保持学习热情。爱因斯坦说过："如果把学生的热情激发起来，那学校所规定的功课，会被当作一种礼物来接受。"教师要做的就是用自己恰当的语言在学生需要的时候给予他们鼓励，这不是很困难的事情，却能收到这样的效果，又何乐而不为呢？

需要注意的是，在学生发言后教师的评价虽然需要有激励性，但也不能过于夸张，如常会出现在低年级课堂上的"太棒了""老师太喜欢你了"这些语言也许初用时还会调动那些年龄小的学生积极性，活跃课堂气氛，当泛滥使用后，学生听多了自然感到麻木，难以收到预想效果。而且不论发言质量如何，教师总是说同样的话语，会让学生产生"学习太简单了"的自大心理，不利于他们的优秀学习品质的形成。只有那些丰富的、符合不同学生实际情况的、能帮助学生在现有水平上有所提升的评价，才能在课堂中起到向前推进的作用。因此，教师应该加强语言修养、增强课堂应变能力、掌握语言艺术，让教师评价成为提高学生语文学习效率的动力源泉。

一点设想

师：同学们，怎样做才是"专心致志"呀？

生1："专心致志"就是什么事情他都不去看，一直在非常认真地学棋。

师：对，课文中这个认真学棋的学生就是这样的，你多会读书啊。（出示"一个学生专心致志，遇到不明白的地方还要问上几句。"）那你能读出他的认真吗？

生1：（很认真地读，突出了"专心致志""还要问上"这两个词）一个学生专心致志,遇到不明白的地方还要问上几句。

师:(向生1竖起大拇指)读得真好。听了你的朗读,老师仿佛亲眼看到这位学生认真学习的样子了。老师忍不住也想读这句话了,可以吗?

……

四、现在我们只能等待吗

【案例四:《爱如茉莉》教学片段】

出示自学提示:默读课文6～18自然段,从哪些细节中感受到"爱如茉莉"?画下来,抓住其中关键的词语和句子去体会,在空白处写下自己的感受。

学生自学,老师巡回了解,指导。

师:画好了也写好了的同学请坐起来,还有两三个同学没有完成,我们等一等他们。

"九年义务教育阶段的语文课程,必须面向全体学生"(《小学语文课程标准》),在上面案例中,教师看上去照顾到了每个学生。但想想那些认为自己已经完成了老师交给的学习任务的学生,对他们公平吗?特别是班级中为数不多的学习能力、接受能力强的学生,也许早已等在那里。他们毕竟还是孩子,不能深刻理解"学无止境"的道理,对老师的要求他们只是简单地执行,质量如何还需要老师的把关和引导。此时,课堂上的一秒一分就在他们的等待中流逝。而这些时间,原本完全可以在教师的科学安排下,让他们充分利用并有所得,使他们在语文学习上更加优秀!这种在课堂上并不少见的"等待",忽视学生之间存在的客观差异,面对学习能力不同的学生给出相同的目标,阻碍了学优生知识的进步和能力的发展。

古人云,"深其深,浅其浅,益其益,尊其尊。"(《墨子·大取》第四十四)同一节课里,面对同样的学习内容,学生的收获绝不相同。教育的"一切为了每一位学生的发展"(袁振国:《教育新理念》),作为学习引导者的教师有义务为每个孩子"量身"预设学习目标、学习方式及评价,分层教学,在课堂学习过程中不仅要对全体学生给予相同的引导,还要关注每个个体学生,着眼于不同学生的发展情况,提出适合他们的学习要求,激发其学习潜能,使他们得到最大限度地提高,从而真正做到"面向全体学生"。

一点设想

出示自学提示:默读课文6～18自然段,从哪些细节中感受到"爱如茉莉"?

画下来,抓住其中关键的词语和句子去体会,在空白处写下自己的感受。

学生自学,师巡回了解、指导。当有的学生已经完成自学要求时,师提醒画好了也写好了的同学,带着自己的体会再读读画的词语或句子,说不定会有更深刻的发现;也可以与小伙伴交流一下心得体会,一定会对自己有所帮助。

说完新的要求后,教师继续巡回,帮助学困生,了解学有余力学生的自学情况,以此来修正接下来的学习方向。

五、作业非得在课后完成吗

【案例五:《爱如茉莉》教学片段】

即将下课时,教师出示拓展练习:

1. 映儿又会怎样来表达对父母的爱呢?想象一下并写下来。
2. 阅读诗歌《爱如茉莉》,写出读后感受。

时下,"减负增效"政策的呼声一片,但看看我们的课堂,需要考试的学科,几乎每节课,老师都会布置一些让学生在课外完成的作业。这种做法有利于学生的发展吗?本来就不富足的课余时间被完成学科作业瓜分得一干二净,他们在埋头苦做中消耗着原本可以用来玩耍、思考、阅读、发展特长的精力,甚至还得透支睡眠时间。完成作业所得到的和学生因此失去的孰重孰轻,答案十分明了。再看语文教学,很多时候用一节课来进行新课教学,课中鲜见教师组织学生完成配套的课堂作业。

一点设想

"语文是实践性很强的课程",对语言的学习离不开实践和运用,语文课堂就应该给学生提供这样的机会,教师依据文本,在充分考虑学情的基础下,设计训练内容,要求当堂完成,并进行及时有针对性的点评指导,较之课后完成作业,学生的收获会更大。

这并不是说语文就不应该有课外作业。课后适当拓展延伸,或推荐课外阅读,或引导学生进行实践活动,或开展形式多样的练习,使学生在更广阔的天地中学习、运用语文,是非常必要的。为避免学生产生厌恶情绪,教师需要从形式上入手,避免机械性的、占时较长的书面作业,设计灵活多变的、实践性强的、充满趣味性的作业激起他们的兴趣。在明确目标的情况下,教师还应该尊重学生之间的差异性,不妨让学生选择自己喜欢的方式开展学习,使课外作业成为丰富他们课余生活的不可或缺的组成部分。

六、您的声音能自然些吗

【案例六：《高尔基和他的儿子》教学片段】

师出示："要是你无论在什么时候，什么地方，留给别人的都是美好的东西，那你的生活该是多么愉快呀！"

引导理解：这里"美好的东西"是指什么？

生："我觉得这里的美好的东西是指一种帮助。"

生："我觉得高尔基是想让儿子能够学会奉献。"

生："我觉得这里美好的东西是指一种关爱，高尔基希望他的儿子无论在何时何地都能去关爱周围的人。"

老师小结（充满感情地）：同学们说得太好了，"美好的东西"就是爱呀！高尔基将这种爱推而广之，使它更博大更广泛了。"美好的东西"已经不再仅仅是鲜花，它还指对别人、对社会的奉献、帮助、付出、以及关爱呀。

公开课的课堂上，不少执教老师全身心投入，成段成段华丽的语言充满着激情，跌宕起伏，很有些演讲或朗诵的气势，应该也算得上是激动人心的"东西"了，听课者开始时会跟着这声音心潮澎湃，但时间稍久，难免会生烦躁之感，且不说那些有着学习任务的学生，就是听课老师也觉得审美疲劳。再说，课堂是学生的课堂，"教师适度地忘记自己，让自己往后退，把学生往前推。教师在课堂上，要做一个'报春使者'，要做到'俏也不争春，只把春来报'。"（张祖庆）

一点设想

教师不应该过分地表演导致学生本位弱化、师生课堂角色定位本末倒置的后果。这并不是说，教师的语言应当枯燥乏味，相反，合宜的语言渲染能够有效地激发学生对学习内容的兴趣。在此基础上，教师再来尽力营造一种"灵敏的寂静"的气氛：用平常轻柔的语调，用人们之间平常的语言，逐渐把声音放低，学生们会仔细地倾听着每一句话，并在这静谧的氛围中紧跟着教师的思路通过一个一个阶梯走向认识。

《课程标准》指出："学生是学习和发展的主体。"那么在今后的语文课堂上，就真正在时时处处为学生考虑吧，目标再简单些，要求再明确些，语言再自然些，让每个孩子充实地过好四十分钟，得到扎扎实实的训练和提高，学生会在我们的精心引导下茁壮成长。

"让学":"生本"语文课堂之我见

从海德格尔的"让学"、杜威的"儿童中心论"、皮亚杰的"发展认识论"等学说,到《新课程标准》依照我国素质教育要求"面向全体、主动发展、全面发展、个性发展"而提出的"学生是语文学习的主人",诸多理念无不契合了人本主义心理学家罗杰斯的"教学应该以学生为中心"的主张,这使得我们坚定了"学讲"行动中学生在学习中的主体地位。笔者以为,"生本"课堂才是教学的最高境界。

一、"生本"课堂,生命是鲜活的

学生抬头挺胸、充满自信地站在课堂正中央,语言流畅、条理分明地表达自己的见解,成为课堂鲜活的主人,应该是学习活动中最常见的风景。这就要求教师善待学生,发自内心地爱护他们,构建民主、和谐、平等的学习氛围,承认和尊重个体差异,因材施教,不失时机地送上鼓励和赞许,多一些激励性的有语文味的评语,让学生发自内心地喜欢老师、喜欢语文。当我们相信学生的学习潜力,给予及时的、合宜的指导,学生就会逐步学会学习,通过自主构建学习、合作构建学习等过程,发挥自我潜能,教师和学生就会以平等的身份共同开展学习活动,实现学习目标。这时的课堂才能体现出每一个学生的立场,多方面展现个性,情感、思维、想象的翅膀在知识的天空里舒展张扬,心智在愉悦和自信里得到促进和发展。师生间相互信任、相互依存、相互合作的发展关系使得彼此都真实而自然。

二、"生本"课堂,知识是可爱的

教师要反复阅读文本,走进文本,在最大限度地理解儿童的基础上,结合年段目标,从文本所包含的众多知识点中选择适当的教师引导与学生学习的结合点,梳理出问题,进而确定科学的学习方法,搭建一条与学生沟通的最直接的心灵路径,便于学生自主合作探究解决;再以"我是儿童"的姿态投入学习活动当中,将文本语言深入浅出地表达出来,使儿童感到知识是可爱的。这样,通过语文的本身吸引和教师的教学魅力,让学生爱上语文学习,在教师的引导、启发、培养下,主动地参与到学习中来,在积极的情绪中锻炼意志,培养感情,启迪智慧,树立信念。

片段一：

师：恐龙是个大家族，种类可多了。许多同学都想知道（出示）

师：除了课文中写到的恐龙,还有哪些恐龙?

师：现在就让我们踏上寻访恐龙家族的征程。老师知道你们课前主动查阅了资料,和你的同桌同学说一说你知道的恐龙。抓住关键词,也用上"我是什么龙,我怎么样"的句式。如果能用上列数字、打比方、作比较的说明方法就更好了。

（出示）小组合作我们最棒：

我是_____龙,我_____。

反思

文本只是个例子,最终语文要走向生活,走向更远的科学世界。让学生感知知识的世界是丰富多彩、是可爱的,同时也激发了他们恐龙世界探索的兴趣。

三、"生本"课堂,主问题导学是必须的

儿童好问、好奇和好玩,这"三好"正是儿童作为一个天生学习者的基本特征所在。教师时刻激发学生内在的求知欲,把质疑的权利还给学生,课堂从发现问题入手,以学生的问题为教学的主要问题展开讨论学习,以分析问题为主线,真正做到"学生会的不教,学生怎么也学不会的不教,学生一学就会的也不教",为学生搭建学会学习的生态平台,培养学生问题意识、良好思维品质和实践创新能力。

片段二：

（出示）自主阅读我能行：

雷龙、梁龙、剑龙、三角龙、鱼龙、翼龙、霸王龙各有什么特点?又有什么共同点?默读课文,一边读一边想,划出相关的语句,圈画出关键词,选择你最喜欢的一种或两种恐龙,完成表格。

我最喜欢的恐龙	特点（样子、本领等）	恐龙共同点

> **反 思**
>
> 上课伊始,依据学生上节课提出的问题,提炼出主问题"每种恐龙长什么样子?有什么本领?它们有什么共同的特点呢?"明确本节课就来解决这个问题,其他的问题也就迎刃而解了。依据主问题,学生先展开自主学习,然后集体讨论交流。

四、"生本"课堂,方法是好玩的

儿童文化的核心是"好玩",充分发挥儿童的各种自然感官,或读或演或思或说,快活有趣。在学生学习有困难时,教师适时搭建桥梁,化难为简;利用儿童的好胜心,引入比赛,竞争带来的激情会使他们投入全部的精力来战胜困难,享受登上顶峰的幸福感;把课文读成了一部立体的图画,绘声绘色地表演出来,课文的难点在兴致盎然地读、演过程中不攻自破了;把自己当作课文中的角色,抓住关键词语,联系生活,边读边想象,在脑海中呈现一幅幅画面,每一幅看似简单的画面背后,有着那么多无穷的韵味。有趣且适于实现课堂学习目标的学习方法越多,学习就会变得更快乐一些。

片段三:

师:班里有个同学想把这些恐龙介绍给他的小弟弟,可是不知道怎样说才能让小弟弟喜欢听。大家一起帮忙想想有没有好办法呢?

生:我们可以变成恐龙,向小弟弟做自我介绍。

生:可以拿着图片,一边指着图片一边介绍。

生:还可以拿恐龙模型介绍。

师:接受你们的建议。咱们把自己当作恐龙介绍给小弟弟听,他一定更喜欢。

(出示)自主说话我能行:

1. 反复地读一读描写你最喜欢的恐龙的句子,读出你对它的喜爱之情。

2. 用"我是_____龙。我_____。"的句式介绍最喜欢的恐龙。

师:老师魔法棒一挥,你们现在变成了恐龙。说的时候尽量用书上的语言,对照表格,抓住关键词,你会说得更精彩。自己开始练习吧。

师:说好了,可以说给同桌同学听一听。

反思

把自己当作恐龙,介绍给大家,不仅自然地让学生心甘情愿、愉快地把自己的所学讲出来,还能证明自我存在的价值。这样的说话训练是好玩的,也是最有效的。

五、"生本"课堂,发展是主动的

课堂的精彩,是学生主动建构的精彩,教师退居"二线",站在学生背后关注他们问题的生成与解决,培养自主合作探究学习的能力。为了实现儿童的自主、自立、自知、自省,培养自主学习、合作学习、展示对话、问题生成和团队评价等新学习能力,教师要最大限度地提供施展新学习能力的机会和空间。

片段四:

师:评评他们讲的怎么样?先表扬。再有什么好的建议吗?

生:他把梁龙的样子讲得很清楚。如果把恐龙的共同点加上去就更好了。

生:他也把霸王龙的样子讲得很清楚,但是我没看出霸王龙很凶猛,我想小弟弟一定也不喜欢听。

师:这个建议好,想想怎样介绍才能让小弟弟想象到霸王龙凶猛的样子呢?加上什么动作?什么表情?你来给大家示范一下。

(学生绘声绘色讲述)

师:真是只凶猛的霸王龙。谁还能像他这样说,如果能把恐龙的共同点加上就更好了。你再来,一定有进步。

生:老师,我们小组每个人都能向像他这样抓住关键词,加上表情、动作,想象着恐龙的样子,看恐龙模型介绍恐龙呢。

师:是吗?真是了不起,那请你们到前面来给大家介绍一下。

反思

指导学生说清楚的基础上,要再"跳一跳",学生就能摘到更大的"桃子"。集中了大家的智慧,在两位学生的示范下,学生自主习得了"说生动,吸引人"的方法,有了自主表达的欲望。

六、"生本"的课堂,评价是多样的

有效的评价,关注的是每一个学生,把评价与学生的个性气质、实际发展水

平以及当下需要紧密结合起来,使学生对成功机会和成功诱因价值的预期始终处于有利于激发学习动机的良好状态。教师评价,生生评价相结合,对个体学生在学习活动中取得的成功的激励,树立榜样以激励同一层次学生,帮助每个学生建立起稳固的自我效能信念,时时体验学习成功的快乐;对小组合作成功的赞赏,"你们小组配合得很默契。""你们分工很明确,值得我们学习。"提升小组合作学习的积极性、有效性。

"生本"课堂教学的起点不是知识,最终目标也不是学生的成绩,而是他们的健康持续的发展和幸福地成长。一言以蔽之,小学语文要保护儿童,呵护儿童的生命发展,润泽儿童的精神世界!生本,以生为本,辅以教师的导学,师生相得益彰,使小学语文学习自然而然地呈现童态之美。

"让学":依据文体特点进行有效小组合作探究的策略研究

文体,就是文章的话语体式和结构方式。不同文体写法存在着明显差异,为学生特定年段、时期的语文学习服务,正如崔峦老师所说,"……使所上的课是那个年段的,符合那一类课型的,符合那一种文体特点。"小学生在小学阶段要阅读的文体,课程目标中有着明确规定:阅读浅近的童话、寓言、故事,诵读儿歌、儿童诗和浅近的古诗;复述叙事性作品,诵读优秀诗文……阅读叙事性作品、诗歌、说明性文章、简单的非连续性文本……欣赏文学作品,阅读简单的议论文、新闻和说明性文章……从中可见,小学教材是有文体区别的,小学中年级语文教材中有诗歌、记叙文(写人、写景、写事)、议论文、说明文等等。语文课堂教师因材施教,在学习语言文字运用的实践中要有文体意识,确定合宜的学习活动,通过有效地开展小组合作学习,将会有效地促进学生语文素养的提升。

一、诗歌类

统编教材四下第 4 课《秋天》是一首现代诗歌。对于诗歌的教学,中年级主要任务是让学生想象画面,在有感情的诵读当中积累语言,感受诗歌的韵律美及语言的精妙。在这节课的教学中,教者一共就安排了两个小组学习的活动。

小组学习活动一：我会说

1. 发言的同学尝试用"我画的段落是＿＿＿＿＿＿，我喜欢的理由是＿＿＿＿＿＿"的句式，使自己表达得更具条理。
2. 每个人都要发言。

建议：倾听别人发言时，要注意他们的想法，用关键词记下来。

小组学习活动二：我会读

练习有感情地朗读课文，选择自己喜欢的段落，让同桌同学提建议，你会读得更出色。

> **反思**
>
> 这两个学习活动，完成了诗歌教学两个最主要的任务，一是体会诗歌中描绘秋天的美，感受作者喜悦的心情；二是诵读积累。两个小组学习的形式也各不相同。前者是在自主学习"自读课文2~6节，选择你最喜欢的段落，在旁边写下喜欢的理由，练习朗读自己喜欢的段落，读出喜爱之情"的基础上，进行的一个分享交流的小组学习。这样的学习，真正实现了思维火花的碰撞，组员之间认真倾听，提出意见，因此有了更大的收获。后者练习有感情朗读，是在学生体会了秋天的美好，学会了如何读出诗歌的韵律美，如何表达自己情感的基础上，进行两人小组合作读；这是一个展示的环节，读给同桌同学听，展示后听取同桌同学的建议。这样的小组学习面更广，有利于基础稍差的学生快速地提高自己的朗读水平。而四人一组的小组学习方式因为人多，读、听、评相对分散，则难以达到以上的效果。

二、故事类

统编教材四上第6课《徐悲鸿励志学画》讲述了徐悲鸿励志学画的故事。故事类文本主要任务是学生会读、会讲故事，从中体会故事要传达的人文精神。本节课的教学主要安排了两个小组合作学习。

小组学习活动一：说一说

1. 尝试用上"因为……所以……"的句式说一说徐悲鸿为什么要励志学画。
2. 把自己画的有关他励志学画过程的句子在小组内读一读，再说一说，你读这句话的感受，然后试着通过你的朗读再现他学画的情景。
3. 读读故事的结尾，说说读完故事的想法。

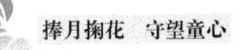

建议：尽量做到每个问题每个同学都发言，互相补充学习，并在组内为每一个问题推选一位出色的发言人。

小组学习活动二：讲一讲

小组合作按照故事的起因、经过、结果的顺序，把故事完整地讲出来，可以加上自己的想象。比一比，哪个组的故事讲得最精彩。

> **反思**
>
> 两次小组学习目标很明确。第一次小组学习依然是在学生自主学习"带着'徐悲鸿为什么要励志学画？怎样励志学画？结果怎样？'这三个问题默读课文，并画出相关的语句"的基础上进行。因为学习任务较多，教者细心地提出建议，一个问题一个问题地解决，每个问题组内成员都要发言，然后每个问题选取一个发言人，有条理地表达小组成员的共同意见。这正证明了孙锋老师的"人们一般认为思维产生了对话，事实上是对话引起了思维"的观点——在教学中最能激起学生本体意识的不是听课，而是在同学之间的对话、辩论。语文教师用好教材，唤醒学生的本体生命意识，互相启发，在思维上实现智慧共享，才能带着学生向语文课堂外的更深处漫溯。第二次小组学习就是合作把故事讲出来。讲故事对于四年级学生来说不是难事，在课堂上完成讲完整故事的任务，小组合作，故事能讲得更完整、更生动、更有趣，也能增强组内成员之间的凝聚力。

三、写人类

统编教材四下第23课《黄河的主人》介绍了黄河上羊皮筏子上的艄公凭着勇敢和智慧、镇静和机敏，战胜了惊涛骇浪，在滚滚黄河上乘风破浪，如履平地的故事。第二课时的主要任务就是感知"为什么说艄公是黄河的主人？""为什么写黄河的主人？""作者是怎样描写的呢？"本节课安排了一个小组学习活动。

小组学习活动：说一说，读一读

1. 同伴交流阅读感受，讨论：课文是怎样通过对黄河、筏子、乘客等方面的描写突出艄公是黄河的主人的？

2. 选择相关的段落练习朗读。

> **反思**
>
> 本次小组学习是在学生完成之前的自主学习任务"1.默读课文,画出直接写艄公的句子。2.画出描写黄河、筏子、乘客的关键词,想一想:从这些方面的描写中,你能看出艄公是黄河的主人吗?将自己的感受简单批注在书上。"的基础上进行的小组交流讨论。主问题提出来,线索明确了,从学生的认知心理出发,先让学生关注黄河的主人,找到中心句,接着读课文感受用词的精妙,思路从读薄到读厚,继续探究作者描写的秘密。这一学习过程一定要小组讨论,才能有更多更新的发现。这样的小组学习,把主问题解决了,就是"学讲"的课堂。

四、写景类

统编教材四下第9课《泉城》描写济南的珍珠泉、五龙潭、黑虎泉、趵突泉的奇特。写景主要让学生感受景色的美、奇,通过朗读表达对景色的热爱之情。本节课安排了两个小组学习活动。

小组学习活动一:读一读,说一说

1. 在组长的带领下,选择自己最喜欢的泉,抓住关键词,想象画面,反复地读一读,读出你的喜爱之情。

2. 对照表格,介绍你最喜欢的泉,尽量用书上的语言。

小组学习活动二:议一议

读读写泉水流动的句子,为什么同是泉水,作者用不同的词语表示泉水的流动?

> **反思**
>
> 第一次小组学习在学生自主学习"默读课文2~5自然段,边读边想:这些泉有什么特点,圈画出关键词,完成表格。"的基础上进行小组说一说、读一读的训练,交流、讨论、提升、朗读、讲述,小组合作的效率最高。学生因为依靠集体的智慧,集思广益,真正体会用词的精妙,进而得言得法。

五、说明文

苏教版三、四年级的教材中《跟踪台风的卫星》《云雀的心愿》《我应该感到自豪才对《小稻秧脱险记》《小露珠》等,属于说明文的一种——科普童话。它们通过一个个有趣的童话故事告诉孩子们一定的科学知识,这些文章的内容都很简单。教学的主要任务,不仅让学生会读故事,更重要的是要让学生了解科学知识,了解作者的说明方法。

以《跟踪台风的卫星》一课为例。这篇课文主要以对话描写介绍了跟踪台风的卫星的作用,语言活泼生动,内容浅显易懂。小组学习活动有两次。

小组学习活动一:读一读

1. 同桌合作,两人分角色练说对话,用心揣摩角色对话的语气、表情、动作和心理,读出卫星和台风的特点。

2. 对照表格,介绍你最喜欢的泉,尽量用书上的语言。

小组学习活动二:演一演

每个小组的二号成员选择扮演下面一种角色,讲述自己的经历,其他成员提出改进建议:

我是气象卫星,我的作用是……当台风……

我是台风,我可厉害了,……当我……

反思

> "授人以鱼,不如授之以渔。"小组第一次学习活动是同桌同学的合作学习。在教师引导学生读好《跟踪卫星和台风》的第一段对话的基础上,学生已经习得了读好对话要揣摩人物说话的语气、关注标点、体会人物心情、想象人物说话的情景,加上表情动作等等读好对话的方法后,再进行同桌朗读对话的练习,学生自然是能读好对话的。第二次学习活动,进行角色转换,一个人讲述,三个人倾听并提建议,这样的学习既省时又高效。

还有一类简单的说明文,如《海底世界》《恐龙》,说明方法体现得更明显。苏教版三年级下册《恐龙》是一篇科普说明文,主要介绍恐龙的种类、特点、生活环境及它们是如何繁衍后代的。本节课教学任务不仅让学生了解恐龙的种类、特点及共同点,还要让学生把自己了解到的知识转化为自己的语言表达出来。本节课的小组合作学习一共有两次活动。

小组合作"我们最棒一":

1. 任选用一种句式:

① 我是_____龙,我_____。
② 我_____ ____。猜猜我是什么龙?

2. 组长分配好任务,可以看书上的插图,或是恐龙模型,保证每个组员都要说。

小组合作"我们最棒二":

除了课文中写到的恐龙,我们组同学课前收集了资料,我们还会说:

我是_____龙,我_____。

反思

第一次小组合作学习是在学生自主学习、完成表格掌握了每种恐龙的特点及恐龙的共同点的基础上,抓住关键词,选择自己最喜欢的一种龙,用"我是_____龙,我_____"句式练习说话的基础上,进行的小组合作学习。主要是小组内分享课前搜集的资料,介绍更多的恐龙。第二次学习任务是在习得了作者用打比方、作比较、列数字的说明方法,生动形象地把恐龙的特点表述出来的基础上,梳理课前搜集的资料,把学习活动延伸到课外,进行把话说生动丰富的言语训练。课前组长就收集材料的作业做了明确的分工:有条件的学生收集,组内其他同学分享。这样的合作学习,真正体现了共享。

不管怎样的文体教学,一定要以主问题引路。课程标准倡导"自主、合作、探究"式学习方法,也就是今天学讲课程所呈现的学习方法。问题是思维的起点,思维是从意识问题开始的,没有问题,思维难以进行,更无谓深化和创新也就难以引导学生在自我探究和合作探究的过程中积极思考、努力发现,难以激发学生探究文本的兴趣和强烈的问题意识。有了主问题作为思维的动力,可以促使学生去发现问题,解决问题,直至构建新的对话空间。带着问题走进文本,先自读,然后小组讨论交流,最后集体汇报。学生在经历了三个轮回的阅读之后,才能真正地走进文本,实现与作者之间的深度对话,揣摩文本的深层内涵。

当教师有了文体意识,再指导学生进行小组合作学习,给不同层次、不同学业水平的学生提供的交流时间和空间就有了更明确的学习与实践的方向。作为不同的学生个体,只要听了,思考了,就有了属于自己的不同层次的理解。组内学生因为有了想说的内容,交流也少了几分拘束和畏惧,心情得到放松,思维的火花因此夺目耀眼了许多,言语的闸门自然被开启,语文的目标就在孩子们畅所欲言中得以实现。

"让学"：小学高段语文课堂学习策略初探

著名哲学家海德格尔在他的《人，诗意地安居》一书中说道："教难于学，乃因教所要求的是：让学。实际上，称职的教师要求学生去学的东西首先是学本身，而非旁的什么东西。"如何有效地激发高年级学生语文学习兴趣点，点燃学生的意志、感情、智慧、信念、潜能，让他们照亮自己，是教师进行教学实践的重点关注点。近年来，笔者以"对高年级'让学'课堂教学策略研究有初步的探究"为课题，一边学习相关理论，一边在教学中不断实践，这里简单谈谈"让学课堂"的策略。

一、质疑问难

儿童好问、好奇和好玩，这"三好"正是儿童作为一个天生学习者的基本特征所在，作为教师的我们应该放手，适时为儿童"好问"提供时间和空间。

根据课题质疑，读文质疑，教师激发学生内在的求知欲，把质疑的权利还给学生，以学生的问题为教学的主要问题展开讨论学习，真正做到"学生会的不教，学生怎么也学不会的不教，学生一学就会的也不教"，这样的教，问题就应该来自学生，要大力培养学生质疑问难的精神，培养学生的创新精神。

片段一：《望月》

师：老师先写一个古代的字，猜猜是什么字"🦅"（一个人侧身站在土堆上，瞳仁突出。）

生：望。

师：真聪明，这就是"望"（板书）字。今天我们就来学习一篇当代作家赵丽宏的作品：望月（补齐"月"）。

师：看到课题，你的脑海中一定有几个问题。

生：作者望见是什么样的月亮？

生：作者为什么要望月亮？

生：作者望见的月亮和我们看到的月亮有什么不同吗？

……

师：这些问题相信也是大家心中的疑问。这些疑问只要解决一个，其他问题也就迎刃而解了。

生：作者望见了什么样的月亮。

师：真了不起。老师告诉大家，作者望见月亮不是一个，是三个，哪三个月亮呢？答案在哪里？

生齐：书上。

师：接下来，我们就走进课文解决这些疑惑。

反思

上课伊始，从一个象形的古体字聊起，有效地激发和调动学生学习的兴趣，体现了学生本位的教学思想。紧接着，让学生根据课题质疑，师生共同梳理提取主要问题，学生自己发现问题，进而思考问题、解决问题，课堂会呈现有效、热烈、灵动的场面。在交流互动中，让学生各抒己见，倾听别人的见解，碰撞智慧的火花，进行创造性的阅读，体现真读、真思、真练的学习过程。

二、因学设导

《语文新课程标准》指出："遵循学生身心发展和语文学习的规律，选择教学材料。"当教师拿到一篇课文，站在学生的角度细读文本后，首先要思考的是：学生已有的基础是什么？需要提升的是什么？学生感兴趣的是什么？学生易发生错误的是什么？当这些问题得以解决，教师眼中就有了学生，才能把握学生学习的起点，上出学生喜欢的好课。

1. 依据学生已有水平，取舍学习内容

苏教版六年级上册《草原》一课是篇散文，记叙了老舍第一次访问内蒙古大草原时的所见、所闻、所感，字里行间描写着浓郁的草原风情：一草原风光、骑马迎客、把酒联欢、依依话别的动人情景，赞美了草原的美丽风光，表现了蒙古族同胞的纯朴、热情好客，以及蒙汉两族人民团结互助的深情厚谊。

文章很美，但草原对孩子们来说是陌生的。拿到这篇文章，我想孩子们最感兴趣的是什么？对于六年级的学生来说，他们已有的基础是什么？他们还会遇到什么困难？顺利地读通文本，理清课文条理，已有的有关草原的古诗词、经典名句的积累，这些都是孩子们已经具备的技能和知识。孩子们最感兴趣的，应该是迫不及待看到草原的美，感受草原人的热情，享受作者带来的文字大餐。基于以上的解读，我设定了带领学生走进草原，品读语言文字，有感情地诵读，引领学生感悟草原独特的美丽：景美，美在草原的绿、辽阔、寂静等；人美，美在热情。学生在交流中认识得到不断提升，丰富语言学习。本课教学还有一大亮点——

联系古诗词理解文本中含义深刻的句子,在降低了理解难度的同时,让学生受到了中华民族优秀传统文化的熏陶,同时也是他们自主学习的充分体现。而对"渲染"一词的理解,对六年级的学生来说是一大难点。于是,我事先预设,课堂上采用动画让孩子们亲眼看见"渲染"的过程,这个词语的意思也就定格在他们的心中了。

老舍先生在《草原》一文中运用了很多种表达方法:按照方位写景的方法,矛盾对比的写法,动静结合的写法,情景交融的写法等等。有些写作方法,学生之前已有不同程度的接触和运用,这些是六年级学生已有的基础。针对学情实际,我只选取了"情景交融"这一写法教给学生。

三、直面生成

教师除了选择让学生"跳一跳能摘到桃子"的有价值的问题外,面对预设,学生的理解出了意外和偏颇怎么办? 笔者觉得,教师应该舍得在这些模糊点、生成处花时间,坦然直面生成,升华成课堂上的亮点。

片段二:《七律长征》

讨论总结,继承精神。

师:后人这样评价长征:

(出示:"长征,是宣言书;长征,是播种机;长征,是宣传队。")

它向谁宣言,在宣言什么? 又播种什么?

生1:红军打不垮! 我们战无不胜!

生2:播种精神:英勇无畏、勇敢顽强、乐观、不放弃、不退缩、勇于挑战。

师:这种精神今天的我们还需要吗?

生:不要。

师:哦? 为什么不需要?

生:长征是我爷爷的爷爷那辈子发生的事情,因为红军将领指挥的失败,才导致了长征,这一路上红军战士吃了那么多苦,牺牲了那么多战士,我们今天可不想死,我要好好活着。

生:我也认为不需要。我们今天的生活这么幸福,根本不需要什么英勇无畏,勇于挑战,我们只要好好学习就行了。

师:其他同学同意他们的意见吗?

生:不同意,虽然长征已经离我们远去,但是爷爷和爸爸常跟我说今天的幸福生活来之不易。没有毛主席,就没有我们今天的生活。我们当然要好好活着,不要牺牲,但我们要学习红军战无不胜的精神,勇敢乐观地面对学习上的任何困难。

生:我也不同意※※的看法,红军的精神我们要代代相传,在以后的生活学习中,遇到挫折,我不会再退缩,我要像红军学习,英勇无畏,勇于挑战,不退缩。

师:是呀,与他们相比,我们遇到的一点点困难算什么呢?我们要继承和发扬红军英勇无畏、勇敢顽强、乐观、不放弃、不退缩、勇于挑战的精神,这样的我们才能有更美好的明天,将来的中国才能屹立在世界之林。

> **反思**
>
> 课文结篇,在培养一种爱国精神,一种面对困难勇往直前、乐观向上的精神。可是有的学生的理解产生了偏颇,这是教师没有预设的,若是在这上面产生分歧,教学任务势必完成不了。难得的是教者并没有放弃这个很好的生成机会,以学定教,直面生成,把问题又抛给了其他学生,和学生一起研究讨论,解决疑惑。因为有了这份不曾预设的生成,让老师和学生都有了意想不到的收获。本来懵懵懂懂的他们,或许只能记住一点,咱们红军了不起,咱们的毛主席了不起。可是现在,红军那种顽强不屈的精神相信已经扎根在他们的心里了。

四、灵活评价

语文课堂上,教师不仅要有面对生成的语文智慧,更要适当灵活掌握评价的标准,把它与学生的实际发展水平和需要紧密结合起来,使学生对成功机会的预期始终处于有利于激发学习动机的良好状态。对学生学习成功的训练、同等层次学生榜样的激励,能帮助学生建立起稳固的自我效能信念。因此教学评价标准要因人而异,要多一把尺子来评价学生,让他们时时体验到学习成功的快乐。

《新课程标准》提出:学生是语文学习的主人。语文教学应激发学生的学习兴趣,注重培养学生自主学习的意识和"未来社会的文盲将不是不识字的人,而是不会学习的人。"的观念。语文教学需要再次回归儿童本身,关注儿童的真正发展。小学语文教师要把语文课堂打造成真正意义上的"语文课堂",就应该高举"让学"的大旗,追寻和践行"让学"的语文课堂。

共同成长，求学求真

上好见面课

我来深圳后，听了很多年轻教师见面课，基于于永正老师"儿童的语文"的视角，想和年轻教师聊聊上课那些事。

魏本亚教授指出，"儿童的语文"教学的核心是：尊重，依赖，成就。尊重，就是把儿童当儿童；依赖，就是相信儿童；成就，就是教师要成就儿童。在核心素养导向下，"儿童的语文"就是要唤醒儿童学习的主体意识，把课堂还给学生，用儿童喜欢的方式教语文、学语文。

一、尊重儿童，练就扎实的基本功

尊重儿童，要知道"儿童的一切学习都是从模仿开始，模仿是儿童的天性。"（于永正）这就要求教师有过硬的基本功，才能以身示范。

于永正老师说："老师就是一本教科书——一本学生天天看的'无字书'。仪表，是我这本书的'封面'。翻开我这本书的'封面'，学生会看到我的'第二张脸'——字。我这本'书'里，有生动的、绘声绘色的朗读。打开我这本'书'，学生们会看到我写的作文。"年轻教师，先练好基本功：写一手漂亮粉笔字，绘声绘色地朗读，能写精彩的下水文，流畅自然地表达，然后再走进课堂。小学教师对学生的影响是言传身教，怎么教——示范，怎么学——模仿。小学教师没有一手好字，不会朗读课文，学生怎么能写好字、读好书呢？

于老师曾心痛地说："写字没有按照描红、仿影一步步做，看到孩子写字乱七八糟，我心疼，有一种负罪感。"年轻教师上好课的第一步，就是把粉笔字写好，把课文读好。

二、依赖儿童,关注学生课堂习惯

依赖儿童,相信儿童,先要帮助他们养成课堂学习习惯。读书习惯、自主学习习惯、回答问题习惯、小组学习习惯等等,只有有了良好的学习习惯,才能真正地唤醒学生学习主体意识。

学生放声朗读时,书要立在桌上,双手握住书角,大声朗读。尽量避免齐读,每个人读书都有自己不同感受和体验,自己读自己的,才能读出自己的感受。

学生自主学习时,最好是默读,读书要思考,思考要留痕,默读更有利于思考、留痕。带着问题默读要拿起笔批注圈画,教师一定要给学生留足学习的时间,让学习真正发生。谨记,学生提笔就是练字时,只要提笔就要提醒写字姿势,直到学生养成良好的写字习惯。

学生回答问题时,离座站在过道上,大声响亮地回答,让同学和老师都能听到。回答问题时,如果需要看书,切忌将书摊放在课桌上,弓着腰脸朝下回答,要把书本捧在手中,呈站立姿势回答。

小组讨论时,每个人要明确自己的角色,组长、发言员、记录员、补充员要各司其职,组长负责着眼于讨论分配、协调学习任务。这样就能避免"组员不说话,真冷场;组员聊闲话,假热闹"的尴尬"讨论"局面。

习惯的养成不容易,养成了却会受益终身。年轻教师一定要有帮助学生养成良好学习习惯的意识,每节语文课上要树立榜样、表扬鼓励、反复叮嘱,让好习惯伴学生成长。

三、成就儿童,课堂生活化、游戏化

成就儿童,教师心中要记住你面对的是儿童,课堂教学要基于儿童、贴近儿童,尽量生活化、游戏化、活动化。学生兴趣盎然、兴致勃勃,小手直举,小脸发红,两眼发光,思维飞扬,这是"儿童的语文"课堂最理想境界。这也正是于老师课堂的精髓:"儿童的生活方式是游戏,课堂教学要顺应儿童的生活方式,尽可能地和他们的生活方式有某些相似。因此,在我的课堂上,我会时不时和学生'游戏'一把,让课堂教学充满生机与情趣。"

古诗教学,可以生活化、游戏化。于永正老师教学古诗《草》,他先后扮演了学生的妈妈、哥哥和奶奶,学生扮演孩子,师生合作扮演,开展背诵古诗活动,三次扮演,同中有变化,顺便复习了"诗人",巩固了字音,强调了诗人写作的意义。

词语教学,可以生活化、游戏化。于永正老师教《爱如茉莉》中"眸子",先问:"什么意思?"学生答:"眼睛"。他进一步解释:"本意是瞳孔,瞳孔又叫什么?"学生答:"瞳仁"。于老师追问:"哪个 rén?"学生答:"仁。"于老师又说:"这个'仁'还可以写作'人',两位同学对视,你在他的瞳孔里看到什么?他在你的瞳孔里看到什么?瞳仁里能看到人,还可以写作'人'。"到此还没结束,让学生用"眸"组词,说说"回眸一笑"从哪儿来的,让学生对他回眸一笑,男孩举手,于老师摆手:"不行,这是形容杨贵妃的,只能用在女孩身上。"一女生做,于老师说:"这就是回眸一笑。"

朗读教学,可以生活化、活动化。"朗读"有情有趣,有表有演。于永正老师教《第一次抱母亲》,护士两次喊大妈"大妈,你真了不起。""大妈,您就让他抱一回吧。"表达的意思不一样,情感不一样,于老师通过他的语气、语调、动作、表情的演读,帮助学生入情入境,读出对大妈的赞颂,对大妈的祈求。

教无定法,但要符合每个阶段儿童认知的规律,每堂课都可能不一样,要让学生学有所获,有生长感,有成长体验、有成功体验。

四、爱护儿童,随时给学生戴上"高帽子"

"没有赏识就没有教育。"(周弘)"应当像尊重上帝一样尊重孩子。"(夸美纽斯)随便翻开于老师任何一个课例,都能找到数百顶"高帽子"。

《翠鸟》一课"你真是个有礼貌的孩子。""都很自觉地学习呢!""我认真看了同学们的表情,听了同学们的声音,从你们的表情和声音,我看出来了,你们把这篇文章读熟了,而且还很喜欢读。""好!自发地鼓掌了,真好!""嗯!真不错!读错的句子也改过来了。""啊!你读得太好了!一个比一个好啊!我都不敢读了。真不敢读了。谁还敢来读?""你读得太好了,表情比声音更好!你把对翠鸟的喜爱都写在脸上了,真好!现在让我们都把对翠鸟的喜爱写在脸上。""啊呀,水波还在荡漾呢。我听他们读,我心里也痒痒,也想读。""你介绍得太好了!你瞧,同学们都被你的介绍吸引了,你能不能告诉大家,你为什么能把这些翠鸟介绍这么好吗?"……

于老师的赞许,不是虚无缥缈、虚情假意,而是发自内心的真情流露,恰如其分地点出学生的优点,又不着痕迹地给予其他同学以方法的引领和指导。

语文教学要尊重儿童的哲学,顺从儿童天性,遵循儿童特性,蹲下来看儿童,静待花开。朱家珑先生评价于永正老师:"'儿童的语文'是个开蒙教育,是儿童的,对蒙童的教育。他的每个课例,少不了读书、写字、习作的指导。他的课,是实实在在地对蒙童的教育,他说:'让学生做对终身发展有益的作业,读书、写字、作文;不做让学生生厌的练习册。"跟着于老师学习,上好每一节"儿童的语文"课。儿童在先,语文在后;儿童学在先,老师的支持在后。儿童的语文会更加开放、灵动。

语文课堂"五要"

这两年,听了不少新教师的课,新教师的课堂有几个共同点:一、眼中无学生:不了解学情,课堂缺少情趣,满堂包讲,学生成了听众。二、心中无教材、无目标;不了解教材,课文被解读得支离破碎,每个年段的教学目标不明确,不知道教什么。

于永正老师说:"就语文教育而言,我得给学生留下语言,留下能力,留下情感,留下兴趣和习惯。""每堂课让学生有所收获,才能感到上课有意思。"语文课堂要"有意思",努力做到"五要"。

第一要:少讲

少讲,与满堂讲相对,教师少讲对应的是学生多讲。学生是学习的主人,教师的角色是学生学习的助手。教师研读教材,根据单元语文要素的要求,结合课后问题,师生共同提炼出主问题。教师从主问题出发设计两三个学习活动,课堂上学生开展学习活动,或读(默读、朗读、诵读),或画(画关键句、关键词),或批注(简单地写下感受、想法、发现、疑问等),或讨论(同桌互动、小组活动、集体活动、师生互动),或讲述(讲故事、讲学习方法、讲收获)。

教师少讲,也不是不讲,在学生感悟不到之处,联系上下文、联系学生生活等方法巧妙地点拨,精炼而富有感染力的语言,起到"四两拨千斤"的作用;在学生理解不到之处,让学生联系已知,创设情境,带领学生深入文本,在文本中走个来回,进入深度学习;在学生读不好的地方,教师动情示范读,用朗读带动课文的理解。教师的讲,是为提升学生的言语表达力、思维力、想象力、审美力服务的。

关于朗读,徐世荣教授说:"讲解是分析,朗读是综合;讲解是钻进文本中,朗读是跃出纸外;讲解是推平、摆开,朗读是融贯、呈现;讲解是死的,如同进行解剖;朗读是活的,如同赋予作品生命;讲解只能使人知道,朗读更能使人感受。因此,从某种意义上讲,朗读比讲解更重要。"把课文读好了,也就把课文读懂了,理解了,教师不需要烦琐的讲解。

第二要:多动

多动,多动用肢体语言,多和学生互动,多到学生中走动。于永正老师教学时,经常对学生说:"看老师读,看老师的表情,看老师的动作。"于老师经常扮作课文中的人物,和学生一起朗读,一起表演,学习变得趣味盎然。教师适当的肢体语言,唤醒学生学习的内省力,使得语文学习也变容易了。学生学习的时候,教师多到学生中间走一走,蹲下来看学生,才能真正地走进学生的心中,了解他们的想法,给予他们最需要的帮助,或鼓励(及时点赞会合作的小组,点赞有创意的想法,点赞有疑问的同学等),或帮助(和学生一起攻克难题、一起讨论等),和学生打成一片,让他们感受到老师对他们真心的尊重,真诚的爱,从而爱上语文。

第三要:多思

多思,学而不思则罔,思而不学则殆。课前备课要思,课上要思,课后更要思。备课思,要思教材,思课标,研读教材,每一位新教师手中都要有一套完整的小学六个年级的语文教材,对教材要有个整体的把握,知晓语文要素是如何螺旋上升安排的。研读课标,才能更好地定位每节课的教学目标,不超标,也不降标,扎扎实实地完成听说读写的任务。课上思,要跟随学生一起思,一起学。课后思,反思课堂上的成功、失败之处,找寻同一文体教学的规律。

多思,逼着教师多学、多读,身教胜于言教。多思、多读、多学,教师才能用自己的文化修养去影响学生,"驯养"学生。

第四要:多练

多练,教师要勤练朗读,勤练粉笔字,常练写作。

商友敬老师说:"朗读文章——这是语文老师最见功底最显才情的事。读得好,文章就成老师'自己的'了。学生就能把老师看成是作者,这是语文教学成功的一大秘诀。"于永正老师说:"如果说我的语文教学取得了一点成功,那首先得归功于我的朗读。"儿童的学习是从模仿开始的,教师会朗读,学生才会朗读。

"当老师(尤其是语文老师),能写一手好字,第一节课就能赢得学生的好感。""我每接一个班,少则半年,多则一年,学生的字就会发生变化,有些学生写的字很像我的字体。为什么？影响使然,引导使然,'向师性'使然。"（于永正）教师能写一手漂亮的粉笔字,学生才会写漂亮的钢笔字。

"我要求学生写的作文,我几乎都先'下水'。一'下水',心里什么都明白了,什么难易深浅、起承转合,都在我心里了。"（于永正）教师会写文章,学生才能成为写作高手。

每日每月的熏陶,学生一定也是会朗读、会写字、会写文的高手。

第五要：多夸

多夸,教师要会夸赞学生,多给予学生赞美。"教学艺术的本质,不在于传授本领,而在于鼓励、唤醒和鼓舞。"（第斯多惠）课堂上,教师有一百顶高帽子随时送给学生,有引领性的鼓励（树立榜样,其他学生参照此生方法思考、读书等）,有针对性的鼓励（表扬不空洞：你读得像说话一样自然,真好听；这个字注意了穿插避让,左窄右宽,比老师写得还漂亮等）；夸大性的鼓励（表扬学困生：不会读书的学生把书读正确了——这读书的声音像百灵鸟一样好听,朗读能手非你莫属；从不举手的学生举手了——你的智慧与大家分享就变成了大家的智慧了,谢谢你哦！等等）心中有爱,就会有很多鼓励表扬的语言如泉涌出。

写下这些,窗外已经是万家灯火,看着窗外的圆月,心里很恬静,很满足,不由地对自己说：今生为"儿童的语文"的传承人,跟着于老师教语文,真好。

语文课这样上

昨日听了一节二年级上册第四单元《黄山奇石》一课。这一单元安排了《望庐山瀑布》《黄山奇石》《日月潭》《葡萄沟》四篇文章,编者的安排意图是让学生跟着课本去旅行,感受祖国风景的美如画。听完课后,对照着于永正老师"儿童的语文",笔者来谈谈这节课。

一、"儿童的语文"是模仿的语文

"儿童的一切学习都是从模仿开始,模仿是儿童的天性。""怎么教儿童学语文？示范。"（于永正）利用儿童的模仿心理,写字、读书、写作都要示范,说话也要示范。低年级的课堂,教师的引导示范更是举足轻重,示范写、示范读、示范说,学生的学习过程就是模仿迁移的过程,跟着教师读,学着教师写。

上课伊始,教师已经把写好课题的板贴贴在黑板上。笔者看课:揭示课题后,师生共同板书课题。低年级的课堂教学,教师要谨记时刻为学生做示范,工整规范地写字示范从写课题开始,教师的示范,是学生学习模仿的最好范本。

课堂上,读书活动一共安排了两次:第一次,品读重点,探奇:小小朗诵家上台展示朗读2～5自然段。教师指定了四位学生上台读书,此过程中没有任何指导。第二次,默读2～5自然段,用"——"画出能体现出石头奇特的句子。

"'儿童的语文',就是朗读的语文,熟读成诵的语文。"(于永正)

低段课标指出:"学习用普通话正确、流利、有感情地朗读课文,学习默读。"低年级的课堂应该是书声琅琅的,课堂上仅有的两次读书活动,一次是放声读,一次是默读,课堂上给学生读书时间太少。放声读只是四位同学的朗读,学生朗读过程中,教师也没有给予指导,学生只是原有水平的展示。学生围绕主问题"黄山石头奇在哪里?"默读画出相关语句,很多学生是小声地读,说明他们不知道怎样读是默读,低年段课标要求"学习默读",教师提出默读的要求后,先唤醒学生的已有的知识经验:"你会默读吗?"帮助学生明确默读就是不出声的读,然后学生才能开展有效的学习活动。如果学生确实不会,需要教师的示范、引导。

二、"儿童的语文"是儿童在学语文

"儿童的语文",儿童是学习的主人,是儿童以自己的力量在学习语文。教师要相信学生,要让学生学习,让全体学生参与到学习中来,自己思考、感悟、探究,让每位学生在课堂上都有成长。

上课伊始,教师创设情境化身导游带领学生去黄山看奇石,出示词语读的时候,只是齐读了两遍,学生会读了吗?未可知。接下来学生默读课文画出最能体现石头奇特的句子,没有让学生汇报,教师直接出示了答案,让学生对照老师的答案看是否一致,学生没有经历思考的过程。后来,老师让班级小小朗诵家朗诵,其他学生东张西望、摇头晃脑,不知道该做什么。

教师化身导游不如让全体学生做导游,给远道而来的老师们介绍一下奇石,这样才能激发唤醒学生学习的积极性、主动性、探究性,主动去思考、感悟,学习才真是学生的事。

词语只是读了两遍,就算是巩固了旧知,为新课学习打好基础了?齐读是否大多数学生在滥竽充数?是否全都掌握了呢?不如换成全班听写词语,听写完及时反馈、订正。接下来,词语归类积累。这样的复习巩固,才是有效的。

学生默读思考圈画后,先让学生汇报自己学习收获,这是对学生起码的尊重。学生汇报自己画的语句,感受奇石样子的奇,教师指导学生读好石头的奇。学生读得不好之处,教师要示范朗读,课文读好了,才能真正感受奇石的奇。学生汇报,教师给予表扬鼓励,调动学生的学习热情,积极参与到学习中来。

小小朗诵家展示的环节,要给其他学生布置任务:"你们都是小评委,认真听,谁读得好,给她掌声。如果字音读错了,待会你来当小老师教他读。"课堂不是个别优秀学生的舞台,是全体学生学习的主场。

三、"儿童的语文"以儿童为本位

陶行知先生说:"我们必须会变成小孩,才配做小孩的先生。"以儿童为本位,教师要把自己当作儿童,站在儿童的角度,心里装着儿童,指向儿童、尊重儿童,处处为儿童着想。

没有开启新课学习前,老师用课件呈现本节课的学习任务:一、复习导入,识奇:请问文章写了黄山的哪些奇石?请按从前到后的顺序依次说出来。二、品读重点,探奇。三、观察图片,说奇。四、发挥想象,写奇。

学习任务、学习要求要简单清晰。课件是辅助学生学习的,不是给听课老师看的,本节课教师呈现的学习任务,明显是给听课老师看的。学习任务可以这样呈现:我来读;我来说;我来讲;我来写。简洁明了,学生一看就懂,一看就知道干什么。"请问文章写了黄山的哪些奇石?请按从前到后的顺序依次说出来。"这样的学习要求可以改为"课文写了哪些奇石?请你用横线画出来。"这样的学习要求,学生才能知道自己要做什么、怎么做,才能全身心地投入学习。

课堂上教师用小组加分的方式激励学生,却很少有针对性地表扬。小学教师要有一颗童心,用儿童喜欢的语言激励他们,吸引他们,让他们爱上老师,爱上语文,这样的课堂教学不需要靠小组加分这样外界的奖励来激励学生,"生字带着它的好朋友一起来了,我们快点和他们打招呼吧。""黄山的奇石可喜欢你们啦,瞧,这块石头在和你们打招呼呢。""谢谢你呀小导游,听你这一说,我觉得黄山的石头真的很奇特哦,下回我要把一家人都带来看看。"小组加分虽然一定程度上维持课堂纪律,但忽视了学生是"人",一个独立的"人",激励少数而伤害了多数,十岁的孩子,不该承受这样的竞争,教育应该是完整的"人"的教育,通过教育让儿童诚实、友善、宽容、阳光、向上。

年轻的教师呀,你面对的是那么多双求知的眼睛,那么多个鲜活的生命呀。童年是精神的故乡,年轻的教师们,用一颗童心、爱心、耐心、责任心、学习心去读书吧,去钻研教材吧,去修炼语文教学的基本功吧。用你厚重的语文素养,丰富的语文教学经验,带领学生在语文知识的殿堂里畅游。

一语天然万古新，繁华落尽见真淳：
写作，我写故我在

语文课程标准强调："写作是认识世界、认识自我、创造性表达的过程。"核心素养是学生在真实情境中解决真实问题表现出来的必备品格和关键能力，小学生的写作活动要回归本真，基于生活的真实情境的本真写作，为学生创设真实需要的写作情境，知道为什么写、写给谁；搭架内容支架、表达支架、评价支架，知道写什么、怎么写、如何修改习作，顺利地帮助学生穿越"最近发展区"，获得更好的表达力的发展，更好地学习、生活、工作，让每位学生都爱上写作，学会思考，学会生活，学会做人。

创设情境，真实写作

让五月不再"飞雪"

【教学目标】

1. 学会说服别人的方法（事实列举法、具体事例法、换位思考法、鲜明对比法等等），晓之以理、动之以情地说服别人。
2. 用学习到的方法写一封信，写清杨絮的危害、解决杨絮问题的建议，说服环保局局长解决五月"飞雪"的问题。

【教学重难点】

学会说服别人的方法（事实列举法、具体事例法、换位思考法、鲜明对比法等）。

【教学准备】

PPT演示杨絮危害及解决杨絮问题。

【设计理念】

我们一直致力于培养学生在真实情境中解决真实问题表现出来的必备品格和关键能力，致力于学生文化基础的落实、自主发展习惯的养成及社会活动积极参与的情感培养。根植于"童画之乡"这一深厚的文化品牌，我校致力于跨科学、美术、语文等多个学科的"童画童话校本课程资源开发"，此次习作是校本课程——"我爱家乡篇"之"我愿家乡更美好"其中一课。

【教学过程】

一、课前交流

最近,网络、微信上疯传一个笑话,大家想听吗?睢宁有个老爷爷,因为睢宁杨树飞絮宛如下雪,他对杨絮过敏,皮肤红肿,还咳嗽不止,连门儿也不敢出。实在受不了了,来到加拿大的女儿家里。到了加拿大,看到很多人买彩票,有人中了"LV 包",有人中了"劳力士手表"……老爷爷也去买彩票碰运气,打开奖票,众人立即欢呼,"一等奖出现了!"工作人员告诉他:"先生,恭喜您,请准备行李,明天出发!一等奖是中国 5A 级旅游区'江苏省徐州市睢宁县体验夏天下雪'!"老爷爷大喊一声——啊!我不去!便晕倒在地。

> **设计意图**
>
> 课前讲述关于杨絮的笑话,道出了杨絮带来的烦恼引起了大家的公愤,到了非解决不可的地步,更重要的是让孩子在开心之余开始快乐的习作之旅。

二、创设情境,明确写什么

1. 五月"飞雪"让大家苦不堪言,老师烦,同学们烦不烦?烦,没有用,我们是解决不了问题的,有一个人能解决,那就是环保局局长,咱们必须说服他让他关注五月"飞雪",解决这个难题。

(出示)情境任务:给环保局局长写封信,请他关注五月"飞雪",想办法解决这个问题。

> **设计意图**
>
> 周子房教授说:"我们为什么要教写作,关键是他在走上工作岗位后具备写作能力。"所以,学写作,一定是一种写作形态,需要情境,需要知道为什么要写,写给谁看。习作既可以作为交给老师的作业,还具有生活上的意义,它可以解决生活中的问题。学生将来走上社会,所有的写作都不是无缘无故的。五月"飞雪",是学生自己关注到的问题,与他们的生活、学习息息相关,是学生真正有感而发的点。

2. 怎样才能说服环保局局长,解决这个大难题呢?要说清楚什么?

3. 要说清楚杨絮带来的危害及解决杨絮问题的合理建议。(板书:危害、建议)

4. 课前同学们分组走进了小区、广场、农村等地进行了实地的考察,拍了很多照片,查阅了资料,完成了调查表,现在说说看,杨絮带来了哪些危害?解决杨絮问题,你们有什么好的建议吗?哪个小组先来汇报呢?(调查表见附件一)

(1) 指名学生汇报,一边说一边贴纸卡。(学生课前把小组的发现写在纸卡上,贴在黑板上,然后归类)

(2) 生活是个大课堂,我们从中可以学到很多书本上学不到的知识。现在我们一起把这些危害归归类。

A. 引起呼吸道感染、皮肤过敏、病情加重,这些危害是对我们身体健康造成的困扰,归为一类。(板书:身体)

B. 影响农作物生长、引发火灾、造成交通事故、损坏汽车发动机零件、洗过的衣服不能在外面晾晒、小摊点生意受影响等,这些都是杨絮给我们生活带来的烦恼。(板书:生活)

C. 影响我们上户外课、关闭门窗教室太闷、清洁区不好打扫、上课不敢张嘴说话,这些是杨絮给我们的学习带来的困扰。(板书:学习)

D. 同学们也提出很多建议。如"打针",注射"抑花一号"减少飞絮;进行"移花接木",使其"变性",达到停止飞絮的目的;砍掉雌性树,留下雄性树;勤洒水……向网络学习,跟有经验的人请教也是很好的学习方法。

设计意图

本次习作文体定位为劝说性文章,劝说类文章是为了说服一个(群)特定的对象同意自己的某个意见或观点。话题:五月"飞雪"。读者:局长。目的:说服局长解决问题。那么首先就要解决劝说内容,教者搭建了两个教学支架,一个是整体的框架,让学生明确写清楚五月"飞雪"的危害及合理有效的改造方法。一个具体的内容的支架,在学生亲自调查走访、查阅资料后,掌握了第一手资料,但学生掌握的资料是凌乱的,经梳理归类后,形成一个明晰的内容框架。本节课的教学重点是学习说服的方法,内容可以直接提供给没有准备的学生。

三、学习片段,知道怎么写

1. 说服别人要做到晓之以理,就是把道理讲清楚,还要动之以情,就是礼貌委婉,要能打动被说服的人。说服别人可不是件容易的事,它是有技巧的。想不想学几招?第一招来了。一边听,一边想:这位同学是怎样说服她的老妈的?

2. **(出示)** 老妈,三岁那年,我不愿上幼儿园,您把哇哇大哭的我锁在家里,自己扬长而去;五岁那年,因为和姐姐抢书包,您罚我站在墙角反思一下午;六岁那年,学钢琴,稍有懈怠,我的手就会遭到您的戒尺的"奖赏";上学时每次考试考不到前十名,您就劈头盖脸"奖励"我……在您的严格教育下,我特别没有自信。下周学校有个军事拓展训练活动,为期一周,通过这个训练,我相信自己一定能变得自信、阳光。

(1)说说看第一招是怎样说服妈妈的?

(2)用并列的事实陈述自己的理由,以理服人,有理有据,这是一种说服的技巧。我们可以把杨絮给我们的生活、学习、身体带来危害的严重性一一列举出来,让局长明白五月"飞雪"不整治不行了。我们给这个方法取个名字,叫作"事实列举法"。(板书:事实列举法)

(3)一招不行,再来一招!

3. **(出示)** 还记得那一次吗?我有两道数学题做错了,老妈您检查出来后,严厉地说:"一道题错了罚5题,两道题做错罚10题。"那时候已经是晚上10点了,"我困了,能不能只做5题?"我的眼皮已经开始打架了。"不行,不完成任务不能睡觉。"当可怜的我做完您布置的10道题,已经快11点了,夜里睡觉梦里全是您严厉的批评。您的严格要求,让我从小胆小怕事,恳请您让我参加军事训练吧。

(1)第二招小作者又是怎样说服妈妈的?

(2)用真实具体的事例打动被说服的人,做到以情动人,这也是一种很好的说服方法。如果我们用这种方法说服局长,也要举出杨絮危害的具体事例,说说看,在调查的过程中你了解了哪些触目惊心的事件。我们叫它"具体事例法"。(板书:具体事例法)

(3)养猪场变成烤猪场、被烧毁的三亩麦田、被毁容的做饭阿姨、快递小哥快递被毁还被扣工资……这些都是杨絮惹的祸。

(4)第三招是高招中的高招,想学吗?

4. **(出示)** 我不能永远生活在您的庇护之下。如果您是我,12岁了还不敢一个人睡觉,不敢一个人独自出行,除了吃饭、学习连袜子都不会洗,小伙伴都不愿意和您玩,您愿意做这样的我吗?亲爱的妈妈,再次恳请您让我参加军事训练吧。

(1)这回小作者又用了什么招数?

(2)说服别人时有理有据,而且说到被说服人的心里去,使他设身处地站在别人的角度去思考,这是说服别人的最高境界了。(板书:换位思考)局长坐在办公室可以关上门窗开空调躲避杨絮的困扰,如果我们让局长站在农民、快递小哥、学生、生意人、养猪人、家里有小宝宝的阿姨角度去反思一下杨絮给他们带来的危害,相信他一定会立马解决杨絮问题。

5. 小结:原来说服别人有这么大的学问呢,要想动之以情、晓之以理,可以用事实列举法、具体事例法、换位思考法。你平常说服别人还有哪些好的方法吗?

(1)指名答,给方法取名。

(2)鲜明对比法,可以说说没有杨絮的幸福日子和有了杨絮的痛苦来进行对比。

(3)旁敲侧击法,可以给局长夫人写信,大家知道局长都是怕夫人的。

设计意图

巧妙的说服方法是学生写作的困难点所在,三段下水文搭建了表达支架,让学生习得了说服的方法,学生联系自己的生活说一说还有哪些说服别人的方法,让学生明白原来晓之以理、动之以情地说服别人是有技巧的。学生习得了习作知识,更提升了思维水平。

四、运用方法,起草自改片段

1. 光说不练,不是真把式,现在我们现场就来练一练。

(出示) 说服达人擂台

选一选:选用一种或两种你最擅长的说服方法说服环保局局长。

写一写:把你说服局长的话语用一段话条理清晰地写下来,有理有据、方法巧妙、语气恰当,要能打动局长。

(1)能不能说服环保局局长重视、解决五月"飞雪"的问题全靠你们了,你可以用老师教的方法,也可以用自己的方法。刚才大家一起梳理的材料就在你的

抽屉里,可以拿出来借鉴。时间10分钟,开始动笔吧。(材料见附件二)

(2)学生写作,老师巡视指导,发现优秀作品加星。写完同学对照标准读一读,看看自己是否能说服局长。

设计意图

写作离不开知识的传授,但静态传授的知识对于学生的习作学习并无现实意义。要促成这些说服类写作知识转化为学生实实在在的说服能力,还需要学生在具体的情境中运用、体会、建构这些知识。在反复实践中学生才能习得能力,一定要让学生有充足的时间习作、修改。

五、交流发表,说服"局长"

1. 现在请你来读一读你写的习作,若是能说服在场的老师就算是成功了。

2. 指名读,请你找一位下面坐着的老师,他现在就是局长,你去说服他。

(1)老师局长,如果您是环保局局长,您愿意立即解决五月"飞雪"的问题吗?

(2)您的说服非常成功,晓之以理、动之以情,已经打动了局长,谢谢你。

3. 指名读。

(1)这位老师,如果您是环保局局长,他说服了您吗?

(2)这位老师呢,他说服你了吗?看来你列举的事例还不能很好地说明五月"飞雪"的危害,应该再说得严重些。接受老师的建议,修改一下。

设计意图

读者意识既然确立了,就要有始有终。教者创设了现场教师是局长的交际情境,让学生说服局长老师,既评定了学生的习作,又锻炼了学生与人交流、说话的能力。

4. 现在同桌同学互相修改习作,你的同桌就是你最好的老师,争取每个人都是五星说服达人。

(出示)五星说服达人

五星级说服达人
有理有据★★
方法巧妙★★
语气恰当★

设计意图

写作很重要,评改也很重要,第三学段课标要求学生"修改自己的习作",学生从小应该具备自我修改的能力,我们不要把写作批改留到最后,要学生自己一直去改,真正的写作学习发生在修改阶段,写作始终伴随着修改,写作是不停地修改的过程。

5. 局长和我们生活在同一个城市,他不是不能感受到这些,为什么问题一直没有得到解决呢?还是没有引起他足够的重视。用一种方法去说服他,看样子力度不够,可以用两种、三种方法,直到他足够重视为止。下节课,请同学们给局长写封信,运用多种说服方法,让局长彻底解决五月"飞雪"的问题。然后我们把信寄给他,或是发表在今日睢宁的网站上,解决五月"飞雪"的问题,你们功不可没!

设计意图

教师要给学生提供发表与展示的平台,这样学生习作才会有成就感,最后把信寄出,或是发表到网站,让学生的习作真正面对读者。

六、拓展继续,话题延伸

关于杨絮的话题还有很多,最近很多市民强烈要求砍掉所有的杨树。大家认为该不该砍?

(出示) 情境任务1:假如你是市民甲,想要倡议环保局砍掉所有的杨树,如何写?

情境任务2:假如你是环保局局长,请你就市民们的想法写一封表达不同意见的抗辩信(或者在网上发帖)。

下节课,我们继续探讨。

设计意图

写作教学不是一次性的事情,是一个课程。要培养"全面发展的人",教师要具备独立开发课程的能力。写作过程可以做很多事,"我的作文课程是我自己开发的。"(于永正)我们要向于老师学习,围绕一个主题展开系列的实践活动、说话、习作,实现写作即生活,生活最终是学做人的育人目标。

附件一：　　　　第_____小组调查报告单

"五月飞雪"的烦恼				
组长		组员		
调查地点	发现情况（拍照为证）	带来危害	解决办法	调查方法（在相应方法上打"√"）
				1. 实地考察 2. 查阅资料 3. 请教别人
				1. 实地考察 2. 查阅资料 3. 请教别人
				1. 实地考察 2. 查阅资料 3. 请教别人
				1. 实地考察 2. 查阅资料 3. 请教别人

附件二：　　　　　　　　资　料　卡

杨絮的危害

生活方面：1. 宝宝不能出来玩，在家里哭闹。2. 杨絮堵塞汽车水箱散热片，致使开锅熄火。3. 阻挡行人和车辆的视线引发交通事故。4. 生意人不能开门做生意没有收入。5. 洗好的衣服沾满了毛毛，只好重新洗不敢在外面晾……

学习方面：1. 上学路上全副武装眼睛模糊撞电线杆上。2. 上课张嘴说话毛毛跑到嘴里堵在嗓子眼儿难受直咳嗽。3. 教室里门窗关得紧紧地闷得难受……

身体健康方面：1. 杨絮容易携带病毒，传染疾病。2. 导致呼吸道疾病，杨絮被吸入体内会刺激呼吸道引发剧烈的咳嗽、打喷嚏、流鼻涕等现象，严重的还会影响睡眠。有些哮喘患者会出现呼吸困难，甚至休克。3. 皮肤过敏，皮肤角质层比较薄弱的人接触到杨絮，很容易出现皮肤瘙痒、红肿甚至脱皮，眼睛出现结膜炎……

防治措施

1. "打针"，注射"抑花一号"杨柳飞絮抑制剂来减少飞絮。2. "变性"，进行

"移花接木",给飞絮的雌性杨柳树"断头",然后嫁接上雄性枝干,从而使其"变性",达到停止飞絮的目的。3."禁入",在各项园林绿化工程中,严禁使用杨柳树雌株,从源头上治理杨柳飞絮。4. 洒水车24小时不间断工作,让杨絮不再飘飞。5. 砍掉雌性杨树,留下雄性杨树;6. 现在已经培育出一种彩叶杨树,它是雄性的,不会产生飞絮,应该逐步让新品种取代老品种。7. 用其他树种取代单一的杨树,有利于生态平衡,比如槐树、梧桐、女贞等树的种子可以给越冬的鸟儿提供食物,楝树还能够抵制虫害的发生……

生活习作　本真表达

——《那一刻,我长大了》习作教学设计

【教材分析】

《那一刻,我长大了》是统编教材五年级下册第一单元的习作,内容"回忆一下自己成长的历程,有没有某一个瞬间、某一件事情让你突然觉得自己长大了?"写一件成长过程中印象最深的事情,与"长大"有关,要把事情的经过写清楚,还要把自己受到触动、感到长大的那个瞬间写具体,记录当时的真实感受。

单元导语是"每一个人都有自己的童年往事,快乐也好,心酸也好,对于自己都是最深刻的记忆",语文要素有两个,一是体会课文表达的思想感情;二是把一件事的重点部分写具体,本次习作要达成的目标即把一件事的重点部分写具体。

【教学目标】

1. 从你的童年生活中选择一件与"成长"有关的故事写一写。

2. 通过话语藏理、动作传情、想法改变的描写,将幼稚、明理、变化、成长的过程写清楚,把受到触动的瞬间写具体,表达真情实感。

【设计理念】

预知学情在前,教师先写下水文,知道写作难点;班级学生先习作,批改后发现共性问题。第一,有关"长大"的事,选好事例很重要。第二,长大一瞬间,受到的触动要写清楚,才能"突然"长大。习作的目标落在这两点上,教学活动也围绕这两点展开。

> 【课前交流】

1. 欣赏成长相册中的照片,猜猜他是谁,猜到了就叫出他名字吧。
2. 瞧,你们笑得多开心哪,有些同学忍不住惊叫。看到自己小时候的照片,脑海中一定闪现一个又一个成长中的故事。转眼间,同学们从牙牙学语、蹒跚学步的娃娃,长成了玉树临风的少年、亭亭玉立的少女,仿佛就在一瞬间。

> 设计意图
>
> 《那一刻,我长大了》是统编教材五年级下册习作一的内容,我们把此习作归入我校开发的主题习作校本课程"成长"主题,"成长"主题习作课程包括"童年囧事""说说我的心里话""成长的烦恼""开心'大餐'""温暖的瞬间"……为的是帮助学生记下童年点点滴滴,留下最美的回忆。课前欣赏成长照片,意在让学生感受成长、感受变化,从而激起多彩的童年回忆,开始幸福的习作之旅。

> 【教学过程】

一、头脑风暴,启发构思

1. 每个人成长路上有欢笑,也有泪水。有那么一瞬间,你突然觉得自己长大了,还记得那件事情吗?老师一直记得,想听听吗?听了我的故事,待会你们也要讲讲你们的故事给我听。(见附件1)

2. 直到现在我还记得老师的话,她笑着伸出手指和我拉钩的那一刻,我看到了自己的幼稚,不是自己的东西却据为己有,明白了要通过自己的努力换取想要的东西,我变了,再也不偷东西了。那一刻,我长大了。(板书:幼稚 明理 变化 长大)现在说说你的故事,是流泪的故事?是欢乐的故事?还是感人的故事?让无知幼稚的你,一下子恍然大悟,突然间发生变化,长大了。

3. 指名说。

> 设计意图
>
> "那一刻,我长大了",首先要明确"长大"的意义。教师抛砖引玉,讲述自己小时候"偷笔记本"的故事,帮助学生理清最初幼稚无知的"我",后来经历一件事突然明白了一个道理,发生了改变,这就是"长大"。教师讲述的故事,

巧妙地给学生搭建了一个内容的支架,故事唤醒了回忆,学生一边听一边打开记忆的闸门,思索童年有关"长大"的故事,筛选出要写的故事。用教师的故事交换学生的故事,在平等氛围中的对话,意在告诉学生写作是写真话、抒真情。用真实的文章打动自己,打动读者,这样才是好文。在学生分享故事前要提醒:什么时间,什么地点,和什么人在一起,发生了什么事?看似无心的一句话,却是在告诉学生,说事情就要说清楚时间、地点、人物、事情,才能让人听明白。

二、创设情境,搭建支架

1. 每个人都有不一样的"长大"故事。巧了,最近电视台"成长剧场"正面向全县同学征稿,主题是"那一刻,我长大了",如果被选中了,你可能成为视频的主角。

(出示)《那一刻,我长大了》征稿启事

龙岗区的小朋友们:

"成长空间"栏目向你们征稿啦。还记得在你成长过程中,有那么一件事让你瞬间觉得自己长大了吗?想起来了,你就抓紧把那件事写下来给我们投稿吧,小丫姐姐将选出最优秀的稿件,拍成视频,而你也将成为自己故事中的主角!还等什么呢,快拿起你的笔吧。期待着你的投稿。

投稿邮箱:snsxsyb@163.com。

龙岗区电视台"成长空间"栏目组
2022.09.25

设计意图

"关于作文教学,大概得先想想学生为什么要做作文。要回答似乎并不难,当然是:人在生活中工作中随时需要作文,所以要学作文。"[1]写作的真实目的是"使学校写作行为可能逼近真实生活世界的写作行为。"(魏小娜)写作为了更好地生活,教者创设了一个真实的习作情境,为睢宁电视台"成长栏目"投稿,学生有了明确的读者意识,知道为什么写,写给谁看,写什么,明确写作是为了更好地生活。当写作变成了自发的行为,不再是为教师、为考试而作,学生就不再惧怕写作了。

2. 想不想成为电视台的主角？那怎么才能被选中呢？别看我,别看我,我也没办法。今天老师为你们请来一位大能人,猜猜是谁？他人未到,但是文字到了。(出示:《慈母情深》片段略)

3. 第一招：话语藏理

(1) 看看这位大能人是谁？梁晓声,浏览这段文字,主要讲了什么？指名说。

(2) 是什么触动了"我",让"我"一下子长大了？指名答。

(出示) 母亲大声问："你来干什么？"

"我……"

"有事快说,别耽误妈干活！"

"我……要钱……"

"要钱干什么？"

"买书……"

"多少钱？"

"一元五角就行……"

旁边一个女人停止踏缝纫机,向母亲探过身,喊："大姐,别给！没你这么当妈的！供他们吃,供他们穿,供他们上学,还供他们看闲书哇！"接着又对我喊："你看你妈是怎么挣钱的？你忍心朝你妈要钱买书哇？"

母亲却已将钱塞在我手里了,大声回答那个女人："谁叫我们是当妈的呀！我挺高兴他爱看书的！"

(3) 我们来分角色读一读,人物对话。

(4) 听了这番话语,你仿佛看到了什么？指名答。

(5) 母亲的话、女人的话让我懂得了母亲的辛劳、自己的不懂事、话语中暗藏着道理,这样的话语能让你一下子长大。这是第一招,什么方法？（板书：话语藏理）

4. 第二招：动作传情

(1) 还有什么触动了我,让我一下子长大？指名说。

(出示) 母亲说完,立刻又坐了下去,立刻又弯曲了背,立刻又将头俯在缝纫机板上了,立刻又陷入手脚并用的机械忙碌状态……

(2) 每一个动作都饱含着母亲对我的爱,每个动作都震撼着我的心灵。这一招是什么方法呢？动作传情（板书：动作传情）

5. 第三招：想法改变

(1) 我的所见所闻，让我发生了改变，我长大了，其实改变的是什么？指名说。

(出示) 我一直想要一本长篇小说——《青年近卫军》。书价一元多钱。

母亲还从来没有一次给过我这么多钱。我也从来没有向母亲一次要过这么多钱。

那一天我第一次发现，母亲原来是那么瘦小！那一天我第一次觉得自己长大了，应该是一个大人了。

(2) 指名读，说想法的不同。

(3) 在长大的故事中，你心里一定有很多想法，从幼稚到懂事，从不明白到明白，写清楚想法的改变过程，你就长大啦。这是第三招。什么方法呢？(生板书：想法改变)

6. 小结：梁晓声正是用了这三招"话语藏理""动作传情""想法改变"写出了自己成长的瞬间，这段文字成为脍炙人口的佳作，闻名中外。

设计意图

学生起草前，借助例文搭建"怎么写"的支架，例文可以是教师的下水文、名家名篇、整本书片段等等。本堂课选用五年级上册的一篇课文梁晓声的《慈母情深》作为例文，教师带着学生一点点揭开作家写作的密码，学会"话语藏理、动作传情、想法改变"的技巧，知道"怎么写"。

三、起草习作，自主修改

1. 用上这三招，你也能写好你的成长故事了。下面，我们该大显身手了，目标成为睢宁电视台"成长空间"的主角。

(出示) 大显身手

1. 从你的童年生活中选择一件与"长大"有关的故事写一写。

2. 通过想法改变、对话藏理、动作传情的描写，将幼稚、明理、改变、长大的成长过程写清楚。

(1) 指名读写作要求。

(2) 学生写。

3. 老师巡视指导，随时发现优秀习作，加星或笑脸，提醒写完的同学对照标准读一读,看看能得几颗星。

标准	想法改变	对话传情	动作细化	清楚具体	生动感人
星数	★★	★★	★★	★★	★★★

设计意图

当学生有了迫不及待表达的欲望的时候,就要让他抓紧把自己的所思所想记录下来。起草阶段,学生灵感来了,提笔就写,不能在意错别字、在意语句是否通顺,错别字等可以放到校对环节进行修改。文章尽量在当堂完成,许多教师让学生把习作带回家写,学生灵感战线不能拉这么长,高年级写作要有一定的速度,当堂完成可以看到学生最真实的习作情况。学生写完习作,对照习作标准,放声朗读习作,修改语句不通顺等毛病,这也是在贯彻课标指出的:"修改自己的习作……做到语句通顺"的要求。

四、欣赏佳作,互助修改

1. 同学们写得都非常精彩,我们来欣赏一篇习作,其他同学是小评委,对照标准,评一评他哪儿写得好,哪儿还需要修改。(按照标准集体评改两篇习作)

2. 现在同桌同学互相修改习作,同桌就是你最好的老师,给你提建议,相信你的文章会更精彩。

3. 这样的故事还不能投稿,课后请大家加上开头结尾,加个题目,写成完整的故事,然后小组内对照评价标准加分,得分最高的同学发到睢宁电视台的邮箱,希望你们的文章都能入选。

设计意图

写作很重要,评改也很重要,文章不厌百回改,越改越精彩。课标里说:修改自己的习作,并主动与他人交换修改。对照习作要求评改佳作,先给全体一个示范,怎样写是优秀的,哪里还需要修改。评改过程中,针对学生用词不当,语句不通的现象,不过多点评,但要告诉学生快速成文时没在意的病句,修改的时候静下心读,发现后抓紧改过来。自己改后,同桌同学对照标准再改。

参考文献

[1] 叶圣陶.叶圣陶教育文集3[M].北京:人民教育出版社,1994:79.

附件1： 　　　　　　那一刻，我长大了

"老师，那个日记本真的是我的。"我低着头，一边抽泣一边想：不会有人发现的，教室门是我开的，就我一个人，不会有人发现的，只要我不承认，老师就不会知道的。

"老师，那个日记本是我的，我在第一页写上名字了。"同桌脸涨得通红，声音提高了八度。

幸好第一页已经被我撕掉了，我暗暗地想。

"我知道这个日记本是谁的了，日记本先放我这，放学后到我那去拿。"老师意味深长地看了我一眼，走出了教室。

老师怀疑我了吗？唉，真后悔，为什么要拿同桌的日记本呢？可是现在我也还不回去了。如果承认错误，我不就是小偷了吗？同学们知道了会怎样？好朋友再也不会跟我玩了吧。不，我不是小偷，我不做小偷……

下课后，我跑到老师的办公室，"老师，我错了，日记本是张明的。"

"哦，知错就改还是好孩子，悄悄告诉你，老师小时候也做过这样的傻事。喜欢的东西要自己去争取，不能不劳而获哦。"老师摸摸我的头，"这是我们的秘密，我不会告诉任何人，拉钩。"说完，老师笑眯眯地伸出弯着的小手指，"来，拉钩，上吊，一百年不许变。"

童年趣事之人在"囧"途教学实录

【教学目标】

1. 从你的童年生活中选择一件与"囧"有关的故事写一写。
2. 通过心理变化、人物对话的描写，将最初想法、状况迭出及事与愿违的窘状写清楚。

【教学重难点】

写清楚心理变化和人物的对话，生动地写出"囧"。

【教学准备】

PPT播放电影《泰囧》片段。

【课前交流】

师：听孟老师说咱们六（1）班的同学博览群书，个个是小博士。我不信，考考你们，认识这个字吗？（板书：垚）这个居然难不倒你们。我叫朱垚，我的学生都叫我垚垚老师。打个招呼吧，同学们好！

生：垚垚老师好。

师：这个都难不倒你们，来个更难的。（板书：囧）认识吗？

生：囧。

师：这个也难不倒你们。在哪里见过这个字？

生1：看过一部电影《人在囧途》。

生2：在书里看过。

师：你知道它是什么意思？

生3：出丑。

生4：尴尬。

师：是呀，"囧"为"冏"衍生字，字典中是无这个字的，本意为光明、明亮；现在多用于网络，瞧，"八"像眉眼，"口"像一张嘴。因此根据形状，"囧"解释为郁闷、尴尬、悲伤、无奈、困惑、无语。

师：刚才有同学说"泰囧"，看过吗？在他们身上发生了很多"囧"事，让人哭笑不得，想看看吗？（播放"泰囧"的片段）

【教学过程】

一、创设情境，启发构思

师：看你们笑得多开心哪，其实，每天在你、我、他身上都发生过这样的囧事，它可能让我们郁闷、尴尬，可能使我们悲伤、无奈、困惑、无语。这节课，就让我们踏上囧途之旅，聊聊发生在我们身上的囧事。上课！

师：想听听老师的故事吗？

生：好。

师：听了我的故事，待会你们也要讲讲你们的故事给我听，这样才公平哦。

（师讲述）

成长故事之人在囧途

三岁那年,妈妈带我去乡下奶奶家。那是我第一次去奶奶家,一个人站在奶奶家门口,想找个小伙伴玩。"鹅鹅鹅……"几只大白鹅摇摇晃晃向我走来。"这是什么东西呀?"小小的我从没见过鹅,这几个家伙又白又胖,我要和它们玩。我扑上去想抱住它们,"鹅鹅……"大白鹅噘着嘴,它们要咬我呢。"妈妈,救命呀——哇——"我大声哭着,挪动着小短腿拼命地跑。"鹅——鹅——"我跑得快,鹅撵得更快。"奶奶家在哪儿呀?妈妈在哪?快点来救我呀。"我一边哭一边跑,眼泪、鼻涕迷糊了双眼,慌里慌张已经找不到东西南北了。大白鹅紧追不舍,我期盼的大救星一直没出现。呀,前面有一个小房子,到那儿躲躲。我推开门,跑进去,又把门关上,背靠在门上,不停地喘着粗气。"嘎(咯)——嘎——"大白鹅在门外大叫。"嘿嘿,坏家伙,我把门关上,看你怎么进来啄我,我才不怕你呢。"我心里那是一个得意。"咦,怎么那么臭呢?"猜猜看,我躲在哪儿?

生:养鹅场。

生:猪圈。

师:反正都不是好地方。告诉你们吧,我躲到了厕所里!在臭气熏天的厕所整整待了一下午,妈妈才把我找到。从那以后我两天没吃饭,一坐到桌子前,闻到饭都是发臭的。现在每回想起这件事,我还想笑。该轮到你们了,说说看,你曾做过哪些囧事?什么时间,什么地点,都有谁,发生了什么事。一句话就行。

生:我三岁的时候,我妈给我买了一个玩具枪,很威风,我就幻想成为一个很厉害的人,和小伙伴一起玩的时候,我拿着枪站在板凳上,本来以为站在板凳上很威风凛凛,可是踏上板凳的时候,我摔了个狗啃泥,大家哈哈大笑。

师:后来呢?

生:后来我再也不去玩这杆枪了。

师:说一说你最初的想法是什么?(板书:最初想法)

生:我最初的想法是成为一个威风的人。

师:后来?

生:摔了个狗啃泥。

师:最后?

生:我就把枪丢掉了。

师:你最初想法是想成为一个英雄,在这个过程中状况百出,(板书:状况百出),你的想法和后来的结果是完全相反的,这真是事与愿违啊。(板书:事与愿违)这样的事才够囧。谁接着说你自己的囧事。

生:我两三岁的时候,爸爸妈妈带我去商场买东西,路过一个图书馆,看到一本书叫《孤独王子》,于是我对爸爸说,"爸爸,这四个字我认识。"我把《孤独王子》读成了《瓜虫王子》。

师:后来呢?

生:爸爸妈妈都笑了。

师:你最初是想显摆一下自己多有本事,后来读错了,还被爸爸妈妈笑话了,这真是状况百出,事与愿违啊。还有谁要说吗?

生:在我八岁的时候,我去参加跆拳道比赛,我以为他们很衰,打着打着,我发现他们都很厉害。我就不停地跑,因为我不打,就被扣分,结果输了。

师:后来呢?

生:后来牙齿被打掉了半颗,疼了好长时间。

二、故事引路,记述囧事

师:这么多的囧事说也说不完,怎么办?

生:写下来。

师:巧了,最近《都市晨报》正面向全市同学征稿,主题就是"童年囧事",我们班已经有好多同学习作发表了,他们现在都成了学校的习作达人,可红了。(出示学生照片)听说我来上课,我们班超级习作达人王烁烁托我向你们发出挑战书,你们敢接受挑战吗?

(出示)　　　　　　　挑战书

开小六(1)班同学们:

我是五(1)班的作文超级小达人,听说你们作文写得很棒,我现在向你们宣战,你们敢接受我的挑战吗?

王烁烁

生:敢!

师:嘘,告诉你们,我把烁烁发表的习作偷偷带来了,想不想读一读?

生:想。

师:咱们抓紧读一读,她的习作到底好在哪里,怎么就吸引编辑了呢?习作课前我已经放在你们的抽屉里了。还等什么,抓紧读一读吧,你觉得有趣的地方多读几遍,想一想,她是怎样把这件囧事写得生动有趣的?

(出示) 1.读一读:把你觉得有趣的地方多读几遍。

2.想一想:小作者是怎样把这件囧事写得生动有趣的?

都是化妆品惹的祸

王烁烁

唉,早知如此,何必当初……

五分钟前,洗完脸的我,突然看见妈妈的化妆品,随手拿起了一瓶——"粉底霜"。"嘿嘿! 妈妈每天用它把自己抹得白白的,我也来臭美臭美。"我心里窃喜,没有犹豫,拧开了瓶盖,用手指沾了粉底霜,然后双手在脸上搓呀搓。终于抹好了,往镜子里一看,"妈呀,鬼呀!"不看不知道,一看吓一跳,我的那张小脸白得像纸。

"咚咚……"妈妈的脚步近了,"坏了,妈妈平时不准我碰她的化妆品,如果被她发现了,我的小命不保了!"说时迟,跑时快,我以迅雷不及掩耳之势溜进了自己的房间。唉——老天保佑,她没有发现我的异常。

"烁烁,你是不是动了我的化妆品?"我正在床上假装看书,妈妈像幽灵一样"飘"了进来,恶狠狠地瞪着我,声色俱厉地吼道。

"没,没……"我不敢抬头看妈妈,只好把脸藏在书的后面。

"让我看看你的脸!"弱小的我哪里是妈妈的对手,书被妈妈的"魔爪"扯开,我的"鬼脸"完全暴露在妈妈面前。

"快去把脸洗了! 跟鬼似的!"妈妈两眼冒火,气冲冲地说,"以后再敢动我的化妆品,我就把你的芭比全扔了!"

"扔芭比,扔芭比,天下最毒莫过妈妈心,爸爸说的一点也不假。难不成你是后妈!"我小声地嘟囔着。看着妈妈变形的脸,我哪敢怠慢,一个鲤鱼打挺从床上跃起,朝她吐了吐舌头,陪着笑脸:"遵命,老妈。"

"小屁孩,这粉底霜200多块呢,我平时只用一丁点,你到大方,撒得到处都是。小坏蛋! 如果再有下次,我一定一定……"我仿佛看到了妈妈在我身后咬牙切齿的样子,唉,哪里还能有下次,我还要好好活着呢。

我挤了一点洗面奶在脸上使劲地搓,不好,洗面奶进眼睛里了,火辣辣地疼。"妈妈,眼睛看不见了。"我凄惨地叫着!

"哈哈,臭美是要付出代价的,你这么聪明的脑袋瓜怎么就没琢磨透呢?"都什么时候了,她还幸灾乐祸,真是我的"好妈妈"呀!

"额头上,头发上都是白的,你演'女鬼'呢!重洗!"妈妈又吼。

唉,我干脆把脑袋放在水龙头下面,让凉水肆意地'浇灌'着头、脸……更悲剧的是,那天晚上,我发了四十度的高烧!

唉,都是化妆品惹的祸!

(学生自读学习)

师:你觉得哪儿写得好。小作者怎么把囧事写得生动有趣的?

生:我认为这句写得不错,"咚咚……"妈妈的脚步近了,"坏了,妈妈平时不准我碰她的化妆品,如果被她发现了,我的小命不保了!"这一句是心理描写,心理描写非常生动。

师:他不仅发现小作者哪儿写得好,还知道为什么写得好。掌声送给他。小作者心理描写非常有趣,最初她是这样想的,请你来读。

(出示)嘿嘿!妈妈每天用它把自己抹得白白的,我也来臭美臭美。

(学生读)

师:此时她的心情怎样?

生:洋洋自得。

师:后来呢?你来读。

(出示)坏了,妈妈平时不准我碰她的化妆品,如果被她发现了,我的小命不保了!

师:你觉得她现在是什么样的心情?

生:忐忑不安。

师:最后呢?你来读。

(出示)我仿佛看到了妈妈在我身后咬牙切齿的样子,唉,哪里还能有下次,我还要好好活着呢。

师:她是什么样的心情?

生:非常沮丧。

师:囧事发生的时候,你的心理一定是忐忑不安、跌宕起伏的,当我们把心理的变化写清楚,囧事一定更囧。奖励你把心理变化写在黑板上。(生板书:心理变化)

师:你还觉得哪儿写得好。

生:我心里窃喜,没有犹豫,拧开了瓶盖,用手指沾了粉底霜,然后双手在脸上搓呀搓。我觉得动作描写很有趣。

师：还有哪儿你觉得有趣？

生：我认为，"扔芭比……"这里是语言描写。

师：语言描写也很好玩，特别是小作者和妈妈的对话，更是精彩。我来当烁烁，谁来当妈妈？这个妈妈可够严厉的。

（师生分角色读对话）

师：你笑什么呢？你仿佛看到了什么？

生：我仿佛看到了妈妈和孩子争吵。

生：我仿佛看到了一场没有硝烟的战争。

师：有了人物对话，状况百出、事与愿违的窘迫就活灵活现地再现在我们面前了，我们仿佛看到了当时的"囧"状。奖励你把人物对话写在黑板上。（生板书：人物对话）

师：小作者真了不起，她把最初想法、状况百出的经过、事与愿违的结果写清楚了，还通过心理变化和人物对话的描写把囧事写得更囧。下面，该我们大显身手了，想不想战胜烁烁，登上《都市晨报》？

生：想。

（出示） 大显身手：超越习作超级达人

1. 从你的童年生活中选择一件与"囧"有关的故事写一写。

2. 可以通过心理变化、人物对话的描写，将最初想法、状况百出及事与愿违的囧状写清楚。

（指名读）

师：时间是10分钟，就从心里想法开始写，比如第一个同学就从"我背上这把枪就成了英雄了"这个心里想法开始写。计时开始。

老师巡视指导，随时发现优秀的习作，加星或笑脸。

师：写完的同学对照要求读一读，看看能否自信地站在讲台上与习作达人比一比。

三、欣赏佳作，修改习作

师：时间到，停笔，没写完接着说。谁敢第一个挑战习作小达人。到前面来，这是自信的展台。其他同学都是小评委，对照标准，认真听，他是不是能挑战成功，评一评他哪儿写得好，哪儿还需要修改。

生：大家好，我叫姚千语，我是来挑战习作超级小达人王烁烁的。"呀，不好，我把口香糖吞进肚子里了。"三岁的时候，我特别喜欢吃泡泡糖，一天，不小心把口香糖吞进肚子里了，妈妈说过，"口香糖咽到肚子里，人会死掉"，我可不想死。我连忙去喝水，想快点把口香糖吐出来，可是喝了一肚子水，口香糖也没吐出来。"怎么办，怎么办，我要死了。"我学着电视里的人，写了一封遗书放在桌子上，然后躺在床上等死，谁知我竟然睡着了。"哈哈……"突然我被妈妈的笑声吵醒了，原来妈妈看了我的遗书，笑得直不起腰，她把我搂在怀里，说："宝贝，妈妈告诉你吃口香糖会死掉，其实是骗你的。我是怕你吃糖吃多了，那样就会……"话还没说完，妈妈又笑了起来。

师：先把掌声送上。你觉得能挑战成功吗？她哪儿写得好？

生：心理描写写得非常好，可以适当地加些动作。

师：心理变化写得清楚了，你是怎样喝水的，怎样吐口香糖的，如果把动作写清楚我们就能看到当时你的囧状了。

生：我觉得她只写了妈妈的语言，适当加点自己的语言，和妈妈的语言组成一组对话。

师：如果是你，你会说什么呢？谁帮帮他。如果是你的妈妈骗你的，你吓得给妈妈写遗书。你会说……

生：妈妈，你居然欺负我无知。

师：谁让你天天吃那么多糖的，如果妈妈不骗你，你的牙齿早就没了。

生：吃糖可以把话说得甜，你不喜欢听甜言蜜语吗。

师：掌声送上。孩子，我的心都融化了，好的，你就吃吧。如果加上对话描写，这件事情就更囧了。她把心理变化写清楚了，状况百出、事与愿违写清楚了，算你挑战成功了。还有谁来挑战？

生：骑着骑着，突然老天爷打了个喷嚏，下起了毛毛雨。

师：老天爷打了个喷嚏，写得多形象。

生：呀，我忘记带雨伞了，只好干受着了。可骑着骑着，雨下得更大了，我被淋成了一只落汤鸡。这时，一辆大巴车疾驰过来，虽然没有撞到我，但是给我洁白的衣服、雪白的裤子，写上了它那肮脏的名字。我只好忍忍，心想：今天真倒霉，下雨了，没带雨伞，还被溅了一身泥，现在不是落汤鸡了，而是芦花鸡，一身泥。终于，历经千辛万苦，来到了补习班，门口老大爷抽着烟，我气喘吁吁地对他说："大爷，我来得晚吗？"大爷说："孩子，你错了，今天是星期天，放假了。""啊，大爷，不会吧。""今天你是第三个傻小子喽。"大爷笑呵呵地对我说。"第三个，看来我不是最傻的那一个,嘿嘿……""大爷,再见,回家。"我又冲进了风雨中。

师:他能挑战成功吗?

生:他最初的想法是去上补习班,后来,下雨被淋成落汤鸡,被车溅了一身泥,最后大爷告诉他今天是星期天,不用上课,他只好又冒雨回去。他把自己最初的想法、状况百出、事与愿违写清楚了。

生:他的心情变化是跌宕起伏的。

生:他和人物的对话写得很有趣。

师:最好的学习伙伴是你的同学,不是老师,现在同桌互相修改习作。你的同桌就是你最好的老师,让他给你提提建议,课后他自己修改。

(出示) 我会修改:

1. 把最初想法、状况迭出、结果事与愿违写清楚。
2. 通过心理变化、人物对话描写,让人一读就觉得很"囧"。

师:这样的文章还不能发表,课后请同学们把你的故事加上开头结尾,加上题目,写成完整的故事,然后小组内对照评价标准加分,得分最高的同学可以把习作发给我,我给你推荐发表。

四、总结延伸,升华情感

师:冰心奶奶说,童年是真中的梦,是梦中的真,是回忆时含泪的微笑。孩子们,再过几个月,你们就要离开学习生活了六年的母校,踏入全新的学习旅程,童年就这样一去不回了。孩子们,记下成长中的点点滴滴的故事,长大后那就是最美的回忆。最后我写的一首小诗送给大家。

带着梦想,起飞吧

朱 垚

当你踏进校园的第一天,
当你第一次戴上红领巾,
当你独立完成第一幅涂鸦,
人生的无限可能,
就从这里开始。

那没完没了的作业,

那变换更替的寒暑假,
当然,还有乐此不疲的游戏,
让人笑又让人伤心的友谊,
走过的路,爬过的山,
捐献的爱心,交过的笔友,
每一种经历,都是独家记忆。

还有短短数月,
你们将像鸟儿一样,
飞向更高更远更繁茂的森林,
那里有更辽阔的视野,
带着梦想,起飞吧。

放飞想象　编写童话故事

【教学目标】

1. 学会构思童话故事,写清楚故事发生的时间、地点、人物以及人物遇到了的困难及解决的方法,结局要美满。

2. 学会自己创编一位有特点的童话人物,通过人物对话、动作的描写把故事写得有声有色。

【教学重难点】

能够自己创编一位有特点的童话人物,把故事写得有声有色。

【教学过程】

一、课前交流

1. 你们喜欢读书吗?都读过哪些童话故事?说说看。

2. 同学们真是博览群书,读了那么多童话故事。童话故事里的白雪公主一次又一次受到恶毒的后母的陷害,在大家的帮助下一次次化险为夷,最后和王子幸福地生活在一起；拇指姑娘被癞蛤蟆偷走了，她也开始了惊险的旅程，最后嫁给了花世界的国王。童话故事中的主人公在故事中总是历尽千辛万苦，最终得到了幸福。

3. 今天来到连云港，老师特别开心，连云港有个花果山，花果山上有个孙悟空，《西游记》读过吗？说说你知道的故事。

4. 孙悟空师徒四人去往西天取经，一路经历了九九八十一难，在众多人物的帮助下，最后取得了真经。

> **设计意图**
>
> 课前谈话，回忆读过的童话故事，帮助学生梳理一下童话故事的特点：主人公会不断地遇到困难，在他人帮助下或是自己想办法解决了困难，最后结局都是圆满的。中国的四大名著《西游记》亦是如此。

二、创设情境，激趣导入

1. 前段时间我的学生都在参加江苏省举行的第一届"童话童画"大赛，好多同学获奖了，到颁奖现场听曹文轩爷爷讲故事呢。听说我来给你们上课呀，他们特别兴奋，想邀请你们一起参加马上要举行的第二届"童话童画"大赛，你们愿意参加吗？

> **设计意图**
>
> 写作是有目的，有读者的。"写作是自我表达，是与人交流，写作是在特定语境中，运用语言文字等手段，建构意义，构造语篇，进行书面表达和交流的活动。"（王荣生）上课伊始，教师创设了参加比赛的真实的写作情境，学生明确了写作的目的，明确到了读者——评委老师。当学生明确了写作要有明确的读者意识，为了达成沟通交流、传递信息，满足学习、生活的需要而作，写作就是一件幸福的事情。

三、读故事，提炼支架

1. 到底怎样才能编出一个精彩的童话故事呢？我们班曹子骏的童话故事获得了省一等奖，他怎么就能得一等奖呢？老师把他编的故事带来了，大家一边读一边思考：故事发生的时间和地点是什么？主人公是谁？有什么特点？他遇到了什么麻烦？用什么办法解决的？结果怎么样？

2. 这个故事发生的时间是——一个清晨。

小结：同学们，编故事的时候一定要交代清楚故事发生的时间和地点，这样你的故事才会让人感觉很真实。

3. 这篇故事的"人物"是——小树，他有什么性格特点？

小结：故事中的人物一定要有鲜明特点，编的故事呢要能突出人物的这个特点。

4. 小树学走路遇到什么困难？（板书：困难）

（1）小树要想学会走路，必须从土里出来，有一双脚，而这是它本身不具备的条件，本身不具备的条件就是困难。

（2）小树被动物们嘲笑，来自他人的伤害也是困难。

（3）想想看小树学走路还会有哪些困难？

（4）一次次失败……

小结：童话故事里的主人公总会不断地遇到困难，本身不具备的条件、他人的伤害、一次次地失败……这些都是他们可能遇到的困难。

5. 遇到困难就要解决困难。那小树是怎么解决的呢？（板书：解决）

小结：人物解决困难的方法也很多，可以让别人帮忙，可以自己解决，当人类解决不了的时候呢？可以请谁帮忙？说的好，一些拥有超常能力的神仙、小精灵、魔法师就可以出场了，这样你的故事充满了神奇的色彩，怎么能不吸引人呢？（板书：神奇）我们再一起回顾一下故事的情节。

6. 结果怎么样呢？童话故事的结局大多是美好的。

小结：我们在编故事的时候，当你让人物不停地遇到困难，然后想办法解决困难，而且他解决困难的方法越奇妙，就越能吸引读者。

7. 现在你们知道怎么编一个童话故事了吗？请你来说。

小结：编故事的时候，我们要说清楚故事发生的时间、地点、人物、以及人物遇到了的困难及解决的方法，结局要美满。

设计意图

"写作框架非常有助于学生起草他们的文章。"[1]编写童话故事，关键是给学生一个故事的框架。用一篇"下水文"帮助学生理清故事先写什么，再写什么，最后写什么。如何给主人公设置困难，如何解决困难，这是学生学习的难点，教者巧妙地借助了例文，帮助学生归纳出困难可能是主人公本身不具备的条件，来自他人的伤害，为实现梦想，主人公一次次的失败；解决问题的办法，可以是他人帮助，可以是自己解决，也可以请来有超能力的人。搭建了这些框架，学生再去编写童话故事就轻而易举了。

四、创编人物，构思故事

1. 那现在我们就来构思自己的童话故事。童话故事中的人物一般都是卡通人物，今天老师就给你们带来了一些大家非常熟悉的卡通人物，来，大声地叫出他们的名字：(孙悟空)喜欢他吗？为什么？(懒羊羊)他最大的特点是什么？

(柯南)男孩子肯定更喜欢他，因为他——(小火龙)是可爱又顽强的神奇宝贝。

2. 每个卡通人物都有自己鲜明的特点，咱们编故事要能突出他们各自的特点哦。但是要想在大赛中取胜，老师还有一个取胜的法宝想不想知道？那就是主人公最好是自己设计的。它可以是一个人，可以是动物，可以是植物，也可以是一个物体，作为故事的主人公，他会说话、会思考、有感情……既符合"人"的性格，又带有他自身的特点。我们班小朋友设计了：想从蒸笼里逃跑的包子、想打败武松的老虎，只有你的主人公与众不同，你的故事才夺人眼球。

3. 同桌合作共同设计一个或两个卡通人物作为你故事的主人公。主人公要像执着、勇敢、有梦想的小树那样有自己的特点哦。

(1) 小声地商量一下，你设计的卡通人物是谁？有什么特点呢？

(2) 童话故事大多是写给小朋友看的，这么血腥，小朋友会学坏的。想想看，你的小妹妹会喜欢你写的故事吗？

(3) 讨论好后把人物填在表格里。

4. 现在来确定你们的这个故事会发生在什么时间？什么地点？在这样的时间、地点主人公会遇到什么样的困难呢？又是如何解决的？结果如何？故事情节有波折，才能吸引评委的眼球。下面请你们——

(出示) 同桌合作，完成构思表格。

我会构思童话故事

主人公	
时间、地点	
遇到的困难	
解决办法	
结果	

设计意图

有了框架,学生开始构思故事,再次激活学生的想象力,设计个性鲜明的童话人物,又一次把故事的编写推向高潮。创造属于自己的童话人物,更能激发学生编故事的欲望。

五、编写故事,师生共评

1. 下面我们开始写故事。怎么才能把故事情节写得有趣而吸引人的呢?我们先来看看曹子骏是怎么写的?这是小树遇到的第一个困难。(出示文字)

2. 指名说。

3. 小结:(1)语言描写也很好玩,小树和小蚯蚓的对话,非常精彩。我来当小树,谁来当蚯蚓。(师生分角色读)你仿佛看到了什么?

(2)有了对话,小树学走路的画面就活灵活现地再现在我们面前了,我们仿佛看到了当时的场景。(生板书:对话)

(3)你还觉得哪儿写得好。小树怎么做的,小蚯蚓又是怎么做的?写得很清楚,我们一下子就知道哦,原来是这样啊。

(4)小作者真了不起,她写清楚了人物之间的对话和做法,这样的故事小朋友都喜欢读。下面,该我们大显身手了,想不想获得大奖?

(学生写,15分钟。)

4. 大多数同学写完了,我们先来看看这几位同学的故事,你觉得他可以得几颗星呢?**(出示)**

主人公 个性鲜明	遇到困难 解决困难	对话	动作
☆☆☆☆	☆☆☆☆	☆☆☆☆	☆☆

(1)学生读,其他学生听后评价。

(2)最好的学习伙伴是你的同学,不是老师,现在同桌同学对照标准互相修改习作。

5. 这样的文章还不能发表,课后要起个吸引人眼球的题目,结尾要圆满,写成完整的故事,然后小组内对照评价标准加分,得分最高的同学可以把习作发给我,我给你推荐发表。

> **设计意图**
>
> 　　有了框架,如何把童话写精彩、吸引人,再次以例文的片段为支架,帮助学生发现如何把人物的对话、做法写清楚,故事就吸引人了。学生有法可依,故事自然就写得精彩。当堂的评价标准即是写作的标准,学生依据标准修改自己的片段,有章可循,故事只会越写越精彩。

参考文献

[1] [英]安东尼·海恩斯.作文教学的100个绝招[M].杨海洲、杜铁清,译.北京:教育科学出版社,2009.

附:

小树学走路

曹子骏

　　一个阳光明媚的早上,森林里有棵小树,他看见小朋友在开心地郊游,马儿在自由地奔跑,心里很是羡慕。小树也想走路,奔跑。

　　小树做了一个大胆的决定,"妈妈,我——要——学!走!路!我的一小步会是植物类的一大步!"

　　妈妈很惊讶:"孩子,你确定要这么做吗?"

　　"确定。"

　　小树想离开土壤,但是,任凭他怎么努力就是跳不出来。正在泥土里休息的小蚯蚓看到小树满头大汗的样子,好奇地问:"小树,小树,你在干嘛呀?怎么累成这样?"

　　"我……我想……想离开……泥土……学走……走路。"小树气喘吁吁地回答。

　　"哦,原来是这样啊!我可以松松土,让你'飞'出泥土。"蚯蚓叫来了他的好伙伴,大伙一起松土,整整忙碌了一天。

　　小树使劲一蹦,跳出来了。

　　"谢谢你!小蚯蚓,我终于出来啦!"小树感激地说。

　　"不用谢!不用谢!帮助别人,快乐自己。"

　　天空飞来了小精灵,挥舞着魔法棒,口中念念有词:"变变变",呀,小树有了两只脚!

"谢谢您,小精灵,谢谢您!"

"不用谢,来,我们学走路吧!先抬左脚,再抬右脚,一二一,不着急,慢慢来。"小树随着小精灵喊的节奏走,走得东倒西歪。

"小树,你在干什么?"爱管闲事的小喜鹊看到小树滑稽的样子,忍不住好奇地问。

"学走路呀。"小树郑重地说。

"学走路?你还是算了吧,树是不走路的!如果树会走路,猪都能上天了!哈哈哈!"小喜鹊笑得前仰后合。

站在树上的乌鸦扑闪着翅膀,努努嘴:"学走路,小树的脑子一定是坏掉了。"

"太可笑了,小树要学走路,哈哈……"小兔子乐得在地上打滚。

……

小树才不怕他们笑话呢,他在心底暗暗发誓:"我一定能学会走路!"一天,两天,三天……十天过去了,小树终于学会了走路。

小树要回家去了,他谢过了小精灵,向森林走去,他越走越快,不知不觉就跑了起来。远远地就看见妈妈在向他招手……

这是世界上第一棵会走路、会奔跑的树。

共情故事,有声有色

童漫作文 得言育人
—— 从有趣好玩到向善向美

"童漫作文",就是儿童漫画作文,教师指导学生读懂一幅幅儿童漫画,从而激发学生言语表达动力,主动进行写作。童漫作文有趣好玩,能有效地解决儿童习作的动力问题,开阔学生联想和自由思维。童漫作文还能培养学生良好道德品质,进而培养有德行、对社会有用的人。

笔者有幸两次在东莞"童漫基地研讨会现场"执教《老K》一课,引发了深深的思考:

一、好玩有趣，缺善少美

第一次执教，课堂教学目标定位为：激发学生习作情趣，展开丰富想象，学习倒叙的写法把故事写得有声有色有趣。为了达成目标，笔者利用了"读图—联想—表达"的童漫作文教学基本式展开教学，课堂上开展了三个教学活动：聊聊游戏，激趣导入；欣赏漫画，说说故事；写写故事，对标修改。

"优秀的童漫作品本身就是艺术作品，它是'想象'而不是科学的反映，因而它含蓄而非直率，富有谐趣，即所谓的幽默感"。[1]学生猜漫画，想象说漫画，写漫画，轻松完成写作任务，课堂充满了欢声笑语，这就是童漫写作的魅力吧。批阅学生作文时，笔者却"头涔涔泪潸潸"："'救我……救我……'一撮毛把老师气晕了，'没了——没了——'救护车来了，把老师拉到了医院，没有抢救过来"；"一撮毛把扑克牌扔到老师身上，冲着老师做个鬼脸，大喊道：'我的快乐你不懂，你不懂。'脚底踩西瓜皮——溜之大吉。"；"'我不做数学题，不做就不做，我只想玩扑克牌。'抢过扑克牌，一撮毛自顾自地玩起来，老师气得翻白眼，却只能无可奈何地瞪着一撮毛。"……我陷入了深深的反思中：童漫作文好玩有趣，激发了学生写作动力，让学生"有东西"可写，可童漫作文只是好玩有趣就可以了吗？叶圣陶先生说："既然要写自己的东西，就会连带地要求所写是美好的。"统编教材四下第八单元语文要素"感受童话的奇妙，体会人物真善美的形象"。如果只关注有趣好玩，失去真善美，只关注了写作的技巧，失去"立德树人"，这不是真童漫作文。

小学阶段正是学生道德观念形成的重要时期，学生自身的认知水平有待提高，明辨是非的能力不强，容易受不良思想的影响，正确的人生观和世界观的形成也会受到影响。"谑的对象是有某种令人鄙视而不至于遭人痛恨的丑陋和乖讹……"[2]童漫诙谐的背后，隐藏着深刻的为人处事之道，学生不能在此基础上"丑化"角色、事件，而模糊、扭曲了自己的价值观和人生观。《老K》看似荒诞不经的故事，却是发生在身边的故事的真实写照。"手机迷""游戏迷""电脑迷"……身边像一撮毛这样"痴迷"的学生很多，陷得太深，给学习、生活甚至是生命造成严重危害。这幅漫画警醒读者凡事不能太"痴迷"，要改变"痴迷"回归正常的学习生活轨迹。

2014年3月30日，教育部印发《关于全面深化课程改革落实立德树人根本任务的意见》（以下简称《意见》），《意见》指出"立德树人是发展中国特色社会主义教育事业的核心所在，是培养德智体美全面发展的社会主义建设者和接班人的本质要求。""立德树人"落实到小学语文教学中,要求教师在帮助学生构建完善的知识体系的同时,还要重视培养他们良好的道德素养。对于童漫作文,不仅要教会学生写,还要让学生在写作中学会做人。于是,我决定再上《老K》。

二、着眼"立人",得言育人

第二次执教,课程改革强调"培养全面发展的人""学科育人",以"写作与育人"并重设定教学目标:欣赏漫画,展开想象,编写故事,表现人物的真善美。展开了四个学习活动以达成教学目标:

(一) 创设情境,唤醒道德自觉

1. 你对什么痴迷过?怎样痴迷呢?

2. 老师班上有个扑克迷,他叫一撮毛,特别痴迷玩扑克牌。猜猜看,一撮毛怎样痴迷扑克?

3. 痴迷的一撮毛无时无刻不想着玩扑克牌,上课想,下课想,考试想,睡觉想,走路想,学习成绩一落千丈。每天晚上不能好好睡觉,体质下降,三天两头生病。老师今天来,想请你们帮个忙,帮我想想办法,让一撮毛不再痴迷打牌。

4. (出示第四幅图片)"'老K'他得意地大叫。"你们瞧,他又在玩扑克牌了。他在跟谁玩扑克呢?猜猜看。

5. 是谁呢?老师不告诉你。"'老K!'一撮毛兴奋地叫起来……"这是故事的结局,知道了结局,是不是特别想知道到底是怎么回事呀?我们讲故事可以先把故事结局告诉读者,这样设置了悬念,就能吸引读者往下读。(板书:先写结局)

设计意图

"教育即生活。"(杜威)"岁有其物,物有其容;情以物迁,辞以情发。"告诉我们先有生活感受后有习作。由"痴迷"这个和学生联系紧密的生活话题入手,唤醒学生用已有的知识理解"痴迷",对"痴迷"给生活、学习带来的危害有深入了解,唤醒学生把"痴迷人"从"痴迷"状态解救出来的道德紧迫感。再联系漫画说故事时,学生发现一撮毛痴迷扑克牌,严重影响他的学习成绩,学生有了帮助一撮毛从"痴迷"中走出来的内在驱动力。这一巧妙的道德情境的创设,引导学生自主地走进情境感受体验,形成自我道德认识,同时激发了学生的写作情趣,使学生明白写作目的是"生命的表达和交流"。

(二) 联系生活,树立正确观念

1. 到底是怎么回事?(出示四幅漫画,指导学生说漫画)你明白了吗?说给你的同桌听一听。

2. 原来,数学老师给一撮毛补课,他在玩扑克牌,老师不让他玩,给他出了一道数学题"10+3"等于几,他张口答"老K"。如果你是老师,遇到这样的一撮毛,会怎么做呢?

3. 结合学生的回答,教师适时引导:作为老师,要多鼓励多引导哦,你越惩罚,一撮毛陷得越深,能不能想办法改变一撮毛?

> **设计意图**
>
> 学生的写作,体现了他思维的过程,也能体现他的价值观,引导学生写作时表达正确的人生观、价值观很重要。童漫写作,最重要的是想象,这想象应该源于学生生活,贴近学生生活。"如果你是老师,你会怎么做?"这样的带入情景,让学生换位思考,感同身受,联想自己的老师,联系自己的生活,想办法去改变一撮毛。一幅幅画面,和生活经验相关联,学生说的不再是简单的四幅漫画,这故事中有他的生活。从生活中发现真善美,将生活的经验和写作的对象关联起来,增强学生明辨是非的能力,促进学生健康成长。

(三) 由演到写,得言得意立人

1. 大家都是智慧的老师,善于顺应爱好因材施教。老师会怎样和一撮毛一起玩扑克牌。猜猜看。

(1) 指名说。

(2) 你现在就是数学老师,要引导一撮毛从扑克迷变成数学迷。(板书:数学迷),在一撮毛的心中"老K"其实就是13,那Q呢,12!J呢?11!扑克牌非常神奇(出示扑克牌1+13,2+12)原来扑克牌这么神奇,还可以学数学。那你还能用扑克牌做哪些数学游戏呢?

(3) 24点,大家都玩过呀。扑克牌还可以玩出许多数学游戏,让一撮毛真的变成数学迷。一撮毛真的就变成数学迷了。聪明的数学老师,等你问"10+3"等于几,一撮毛开心地叫:"老K。"这时候,你会怎样说,怎样做呢?一撮毛又会怎么说,怎么做呢?你和你的同桌一人做数学老师,一人做一撮毛,表演一下。

> **设计意图**
>
> 童漫作文先说后写,为学生搭建构思支架和语言支架。全员参与的"表演"是童漫习作常用的"说"的形式,"表演"让漫画"动起来",活灵活现地再现了漫画故事,学生能充分地展开想象,想象漫画人物的动作、神态、心理。表演的过程中生生、师生交流碰撞产生智慧,充分展示了他们的言语能力和思维能力,思路清晰了,语言丰富了,情节精彩了。学生的作文由"一撮毛把老师气死"到"一撮毛从'扑克迷'变成'数学迷'"的转变,让我们看到诙谐幽默的童漫作文在帮助学生树立正确的人生观、改变学生的思想品质方面发挥的作用。童漫让写作变得容易,变得快乐,学生不再视写作为难事,爱上了写作,进而打造了学生乐观开朗、积极向上的健康心理。

(四)起草欣赏,培养良品

1. 有了你们这些智慧小老师的帮助,可爱的一撮毛从扑克迷变成了数学迷,从此爱上了数学。快点把你的故事写下来,我带回去,给我的数学老师看,相信他一定会很开心,让一撮毛爱上学习,爱上数学。结局可以先写。

2. 集体评价,修改故事。

评价方式	自评			伙伴评		
评价星级	☆	☆☆	☆☆☆	☆	☆☆	☆☆☆
结局先写						
情节曲折						
一撮毛变了						

> **设计意图**
>
> 写作教学中的评价采取了师生共评、自评和互评三种形式,教师的一举一动、一言一行,都是学生好的示范,让学生在相互欣赏中修改、提升自己的习作水平,形成良好的道德品质。在评讲的过程中,教师引导学生依据标准,用一颗"向美"的心去欣赏自己,欣赏同伴的习作,多找优点,树立写作的信心,感受习作带来的快乐。

笔者的第二次教学,紧贴学生生活,创设了育人情境,关注学生的成长,以培养"四有新人"为目标,唤醒学生的道德自省和学习情趣,使他们在愉悦的心境中开始写作。学生大胆想象,创新思路,写出了不一样的故事:《"扑克迷"变"数学迷"》《一撮毛再也不痴迷了》,课堂上依旧是欢声笑语,背后却是润物无声、巧妙无痕地育人,学科育人的目标不再是童话,是学生在学习写作过程中自然而然流淌出来的真善美。

童漫作文,始终相信儿童是天生的写作者,关注儿童的成长,在尊重、理解、信任、爱护儿童的同时,唤醒儿童生命自觉,发展他们的语言,提升思维,培德养性。

参考文献

[1][2] 倪文锦.童漫作文:儿童习作的新动力[J].语文建设,2020(22):74-77.

白板笔的厄运

"岁有其物,物有其容;情以物迁,辞以情发。"——《文心雕龙·物色》

伴随着清脆的铃声,我愉快地走进教室。"先来读首童诗吧!"正准备拿笔板书,突然发现,笔盒里躺着三支受伤的笔,笔头已然炸开了花。再仔细查看,还少了一支。自从黑板换成白板,板书就靠这六只笔了。如今,三支受伤,一支失踪,仅剩的两支,像是难兄难弟,孤军奋战般地横躺在那儿。

"这到底是怎么回事?"我的气不打一处来,"这……叫老师以后怎么上课?"

"老师,我妈妈班上一支笔也没少,整整齐齐地站在笔盒里。"叮当清脆的声音,撩得我冒火的神经生疼!这群调皮捣蛋的小家伙。

突然,我脑子里竟蹦出了本周即将教学的习作目标——要求用自述的方式具体、生动地介绍自己熟悉的一种事物。多好的教学机缘,何不趁热打铁,提前进行习作指导——题目就暂定为"白板笔的自述"吧。同时还能教育教育这帮顽皮的孩子。

用自述的方式表达,学生已有了基础,三年级进行过多次这样的训练:上学期习作五"动物名片设计"、习作六"文具的自述"等书面习作练习;还有依托文本《航天飞机》《水上飞机》《小露珠》《恐龙》等,进行过"我是航天飞机""我是水上飞机""我是小露珠""我是恐龙家族的成员"等口头习作练习。这次习作要求在三年级说清楚的基础上强调了"具体生动",发生在这些白板笔身上的故事,不就是生动具体的事例吗?!

想到这,我举起一支受伤的笔,伤心地说:"是啊,一样的笔,为什么别班的同学知道珍惜!如果,我是这支伤痕累累的白板笔,一定非常后悔来到四(11)班。现在,如果你就是这支笔,你的心情如何?"

"悲痛欲绝。"一个小女生站起来,低声地说。

我拿起仅存的一支蓝笔郑重地写下了"悲痛欲绝"四个大字。

"为什么会有这种心情?"

"我现在脑袋炸开,像顶了一朵发霉的西兰花,漂亮的白色礼帽再也不能戴在头上了。"一个调皮的男生撇着嘴说。

"我的伙伴们,有的和我一样受伤,再也不能流利地书写了,有的失踪了,我怎么不难过呢?"

"我已经几天没吃饭了,可是我吃饱了又有什么用呢?我不再是支笔,我已经变成了废物。"

"那你刚来到四(11)班的时候,是什么样的心情?"我追问。

学生的情感被调动起来了,情动就能辞发。

"兴奋。"

"期待。"

"好奇。"

"为什么呢?"我明知故问。

"看到这么多可爱的小朋友,很兴奋,期待着和他们在一起快乐地学习。"

"我喜欢这个漂亮的教室,北墙上两扇大窗户,映得教室亮堂堂。头顶有电灯、电扇,后墙上有漂亮的板报,还有东北角乳白色的书柜上整齐摆放着的图书。我想,喜欢读书的孩子,一定都是最有爱心的孩子,能和他们一起读书、学习应该是一件非常幸福的事情。"这个小家伙不赖,学完《天安门》一课后,我们仿照着这一课方位顺序的写法,写了《我的教室》,他记住了。

"过了些日子,你的心情又怎样了?"我继续追问。

"有些伤心。"

"难过。"

"为什么?"

"因为目睹了我的一个个朋友,是如何悲惨地受伤的。一天下课的时候,老师刚走出教室,几个男孩子拿起我和我的小伙伴,用力在白板上乱画,一边画,一边擦,玩得不亦乐乎。后来,我们不出墨水了,他也不想着喂饱我们,使出吃奶的劲画呀画。上课铃响了,他们把我们扔回笔盒,若无其事地走回了座位,我悲痛地发现,身旁的一个伙伴脑袋开花了。"

"还有一天放学的时候,一个调皮的男生把我的一个伙伴装进裤兜里,带回了家。"

"现在,你的心情是悲痛欲绝,因为你也壮烈牺牲了。"

"悲痛欲绝,幸福期待,伤心难过。可怜的白板笔,此时此刻一定有很多话想说,假设现在你就是白板笔,把你想说的写下来。"

教室里一片静寂,只有"沙沙"的书写声。半小时后,学生完成习作。

"现在,想给你的故事起个什么名字呢?"在完成习作后,我才让学生思索习作的题目。题目是生命,题目是人的眼睛,题目是文章的窗户。一篇普通习作如果有了一个抓人眼球的题目,好比平庸的脸上长了双会说话的眼睛。常写文章的人,往往灵感突现,动笔就写,写作的过程中,甚至更多是写作之后,才定下文章的题目。

学生们争先恐后举起了手。

"白板笔的厄运。"

"到底是谁的错?"

"希望悲剧不再重演。"

"救救我们吧。"

生活是作文的源泉。叶圣陶说:"写文章不是生活的点缀和装饰,而就是生活本身。"特级教师郭根福认为,小学生日常生活中的所见、所闻、所想的内容,就是取之不尽的习作素材。这就要求教师先要有一双锐利的眼睛,一颗灵敏的心,抓住生活中转瞬就逝的精彩,激发学生的表达欲望,让学生迫不及待地脱口而出。长此以往,学生也就养成了留心生活、仔细观察的好习惯。"情动而言行,理发而见文",习作就不是难题了。习作,是一种交流信息、表达情感的方式,更是一种生命存在的途径、形式。言为心声,文为心声,学生有了强烈的表达欲望,习作课也就成功了一半。

这是一节随机生成的习作课,是基于"人",基于生命自我的思索,顺应学生个性表达的儿童习作课。他们自我体验、自我构建,选择合适的表达方式去表达内心的情感,写出了一篇篇极具个性化的作文,异中也有同,说的都是心里话。诚如一个学生在自己的作文中所说:"亲爱的同学们,你们深深地伤害了我,以后的日子,希望你们好好地待我的兄弟们。"从中,学生收获的不仅有习作能力的提升,更有心灵上的净化。

附：

噩　梦

宋晓萌

我，是一只白板笔，身高20厘米，穿着一件华丽的蓝色礼服，戴着一顶洁白的大礼帽，笔挺地站着，看上去像个绅士。

可是有一天，厄运就那样悄无声息地降临了。

现在，我脑袋开了花，孤零零地躺在垃圾桶里。

那天下午，天阴沉沉的，不时地飘着细雨，好像天空也在为着什么令人难过的事情而伤心，正躲在一个无人知晓的地方，默默地、低低地哭泣着。这时，下课铃声响了，我和伙伴们静静地躺在笔盒里，准备休息。"啪嗒——啪嗒——"，我被一阵急促的脚步声惊醒了，慌忙睁开眼睛，想看看到底是怎么回事儿。说时迟，那时快，只见一个小男孩以迅雷不及掩耳之势，右手抓起一个正在休息的一个兄弟，蛮横地扯下他的帽子，拿起他，在白板上肆无忌惮地乱涂乱画，竖线、斜线、横线，不一会，两块白板变成了大花脸。"哈哈，真好玩，擦了，擦了。"他左手拽过黑板擦，就这样擦了写，写了擦。"哎哟，哎哟……"我听见了兄弟痛苦地呻吟着，心像刀割一样难受。"叮铃铃……"上课铃响了，那个男孩把我的兄弟和黑板擦随手一扔，一蹦一跳地跑向了自己的座位，好像什么事情都没发生。我那胆子都吓破了的兄弟，头部爆开了，头发一根一根竖立着，向四面八方伸展着，变成了一朵枯败的"西兰花"，样子好可怕；华丽的礼服上，布满了脏兮兮的手印；漂亮的大礼帽呢？戴不上去了，因为"头大了"。黑板擦的脸湿漉漉，像一个失魂落魄的"泪人儿"……我们悲伤极了，搂着受伤的兄弟，默默流泪。

可怕的下课铃又响起了，那个小男孩飞快地向我们跑来，我和伙伴们紧张地盯着这个"魔鬼"男孩，害怕他"故伎重演"。这一次，我被"幸运"地选中了……

时间一分一秒过去了，放学了，一个人高马大的身影闪到了我们的面前。他把我的一个伙伴拎起来，塞进他又小又黑的裤兜里，镇静自若地走出了教室。我，努力地挺起身子，呆若木鸡地看着那个消失的背影。我还能做什么呢，我什么都不能做，因为如今我也是废笔一支……豆大的泪珠一颗一颗地滚下了我的脸颊，哭着哭着，我睡着了，做了一个长长的梦，梦到从前我和小伙伴们在一起玩的快乐幸福时光……

今天是星期天，我和伙伴们来到了一个美丽的教室里，江苏省睢宁县实验小学四(11)班！我看见了四十五张整整齐齐的桌椅，北墙上两扇大窗户，映得教室亮堂堂。头顶有电灯、电扇，后墙上漂亮的板报，一个方方正正的书柜里摆满了书，喜欢读书的孩子，一定都是最善良可爱的孩子，好期待明天看到他们那灿烂的笑脸。"啦啦啦……我们是快乐的白板笔，漂亮的老师呵护着我们，可爱的同学关心着我们……"

我在梦中，不愿醒来……

我们习作课，不走寻常路

岳飞说："运用之妙，存乎一心。"他说的是打仗，其实干什么都在于"心"，要有心，要留心，要用心。叶圣陶先生说："生活犹如泉源，文章犹如吸水，泉源丰盈而不枯竭，溪水自然活泼泼地昼夜流个不歇。"

孩子们大部分的时间在学校，学校生活并不是枯燥乏味的，只要有心，用心，留心，点点滴滴都可以在他们的心底开出花朵，近而在笔下生花。教室里随时会闯入"不速之客"——"水仙花到了""班长迟到啦""老师不见了""口香糖事件""板凳不见了""红领巾失踪案""谁动了我的零食"……教师如何指导学生抓住这一个个"突发事件"，情动而辞发呢？笔者一直致力于这方面的尝试。

一、刺激关注，引发回忆

事件一：蜜蜂来了

"嗡嗡——"教室里飞进一只蜜蜂。"蜜蜂！""蜜蜂！""啊——"蜜蜂飞落到小女生竞非的肩上；"看我不抓住你！"蜜蜂又落到了马一天的头上；"哈哈，我把它捉住了。"胆大的朱可真把蜜蜂捏在了手中；"快放了它，它会蜇你的。"王子大喊……教室乱成一锅粥……

"咦，班里怎么这么乱？"

"老师，蜜蜂……"朱可捏着一只折翅的蜜蜂放到我面前。

"可怜的蜜蜂，怎么了？"

"老师，这个蜜蜂会蜇人，你怎么还说它可怜呢？"朱可不解地看着我。

"小蜜蜂，它只是好奇，只是不小心，才闯进我们的教室的，并没有想伤害大家呀，现在，是你们在伤害它。如果我是这只蜜蜂，我当然会伤心哪，你们太不友好了，快放了它。"

"哦。"朱可松开手指,可是蜜蜂躺在他的掌心里,一动不动。"它死了,对不起,老师,我不是故意的。"朱可低下了头,眼圈红了。

"老师,您不要责怪朱可,他是为了保护我。"马一天站起来为朱可辩解。

"老师,我当时也想抓住它的,我只是想看看它到底长什么样。"

"老师,我是想把蜜蜂送回花园去。"

……

善良的孩子,看着他们一个个眼含泪水,我怎么忍心再责备他们,"孩子们,老师知道你们是无心之过。可是,小蜜蜂毕竟被你们害死了,等不到蜜蜂宝宝回家的蜂爸爸、蜂妈妈该多伤心哪。刚才到底发生了什么事情,你心里又是怎么想的,现在你心里又是如何愧疚,拿起笔,给蜂爸爸、蜂妈妈写一封信,希望看到这封信,他们能原谅你们,好吗?"

反思

李吉林老师很早就提出"生活作文"的观点,鼓励孩子们走向生活,丰富感知,在陶醉其中的同时学习写作。孩子们每天不缺生活,整天抱怨孩子们不会留意、观察、体验,没东西可写的同时,作为教师的我们,是不是该反思一下:事件发生的时候,我们及时刺激孩子们去关注了吗?事件发生后,我们又适时引导他们去思考了吗?小蜜蜂误闯教室后,发生了诸多状况,因为感兴趣,孩子们关注着小蜜蜂的一举一动,最后出于好奇,不小心伤害了它,他们心中很是愧疚。及时抓住这一突发事件,引导学生回顾事件发生的始末,他们看到的,听到的,想到的,最后以书信的方式反省自己的无心之过。一篇篇精彩的习作呈现的同时,学生的心灵也得以洗礼。

二、随手抓拍,重现场景

事件二:班　服

课间操回来,教室门口被六个大大的编织口袋堵住,前门是走不了了。"爬过去,爬过去。"几个调皮的孩子从袋子上爬了过去,又有几个也爬了过去。后面同学涌上了,差点把他们挤倒在地。"别挤了,别挤了!"班长扯着嗓门大喊,"从后门走。"大家又一呼啦涌到后门,"我们最后走,不能挤,会出事的。"几个小女生躲得远远的,先进教室的同学又都拥到了前门口,弓着腰围住编织袋,想探个究竟。

"班服，班服！我从上面才踩过去，软软的，一定是班服。"调皮的一鸣得意地说。

听他这么一说，五六双小手伸向编织袋，想扯开来看看到底是不是班服。"别挤我，别挤我。""让我看看，我看看。""哎哟，你踩着我的脚了！"……

"全部都回到自己的座位上！"场面马上就控制不住了，我连忙大声喊道，"一个个像猴子似的，乱蹦乱窜，差点挤出事来，要是有一个两个伤着，老师不是要伤心死！"他们乖乖地回到了座位。

"看看你们这些小家伙都干了什么?!"我拿出手机，连到电脑上，把刚才录下的视频播放给他们看。

"真的是太危险了，以后再也不能这样了。"

"我们要像班长学习，不拥挤，有秩序地进入。"孩子们看到自己刚才的表现，亦是惊讶得不得了，差点就没命了哦。

"以后可不能这样了，为了提醒自己，也为了警示学校的其他同学，老师建议大家，把刚才发生的事情详细地记述下来，好吗？"

> **反 思**
>
> 这次由"班服"引发的事件，当时真是让我的心捏了一把汗。几十名孩子一起堵在教室门口，那是怎样混乱的场面。抓住这个契机，播放了随手拍摄的视频，学生反复看，定格惊险画面，看后自然触目惊心，接下来创设告诫全校学生的情境，引导学生把事情的经过叙述出来也就水到渠成了。突发事件，精彩转瞬即逝，孩子们有时身处其中，不知所以；有时会熟视无睹，不为所动。随手拍摄的视频，是生活场景的再现，主题鲜明、情节紧凑，合理地利用，能唤醒学生习作兴趣和热情，触发学生的习作灵感，让学生入情入境，情动而辞发。

三、创设情境，一吐为快

事件三：调皮的苍蝇

课上得正酣时，"叮——叮——"幻灯片自动切换，"哈哈……"孩子们哄堂大笑。天冷了，苍蝇跑教室里取暖来了，把教室当成了游乐场，一会飞到白板上，碰到了按钮，切换出键盘，白板上自动出现了文字；一会飞到投影仪上，把自己的俏模样投影在大屏幕上……看着苍蝇的恶作剧，孩子们开怀大笑。课是上不下去

一语天然万古新,繁华落尽见真淳:写作,我写故我在

了,就让他们看个够吧,看看这只调皮的苍蝇还会给我们带来哪些惊喜。

苍蝇终于飞出了教室,孩子们还沉浸在快乐之中。

"瞧你们乐的,说说看,你乐什么呢?"

"苍蝇太搞笑了,它……"

孩子们乐此不疲地议论开来。

"这只苍蝇可真够调皮的,害的老师连课都没上,若是今天回家,妈妈问你,宝贝,语文课怎么没上呀?你打算怎么和妈妈说呀?"

"苍蝇捣乱呢。"

"苍蝇?苍蝇怎么能捣得你们课也上不下去呢?你骗妈妈的吧,说来听听到底是怎么回事。"

"妈妈,我们正在上课,苍蝇飞进来,做了……最后苍蝇飞走了,下课铃声也就响起了。"

"你把事情的起因、经过、结果说清楚,妈妈才明白。你们班同学都有什么表现呀。"

"同学们有的……有的……"

"哈哈,太好笑了,妈妈肚子都笑疼了。如果外婆听了一定更开心,宝贝趁热打铁把这件事写下来,等星期天去外婆家讲给外婆听,好吗?"

反思

找到了"米"下锅,教师还要适时地创设顺应儿童心理的说写情境,让孩子们心甘情愿、酣畅淋漓地一吐为快。此案例中,教师创设了与家人分享快乐的情境,孩子们自然愉快地接受了建议,写下了一则则趣味盎然的故事,甚至有的把自己当作那只调皮的苍蝇,用自述的方式叙述呢!

四、形式多样,自由表达

事件四:无家可归的仓鼠

"老师,妈妈不让我养仓鼠,要把它们送人。"早上一到校,一诺伤心地和我说。

"这可怎么办呢?"我一时也想不出好办法。

晨会课,我把这件事告知了全班学生,"老师,我养。""老师,要不放在教室里大家一起养。""轮流养,一人养一个星期。"……孩子们的办法可真多,最后全体

投票表决,半数通过一人养一个星期的决议。

"老师,小仓鼠必须交给有爱心的同学养,而且这个同学必须了解怎样才能把小仓鼠喂养好,不能把它养死了。"

"老师,我有经验,因为我家就有一只仓鼠,仓鼠……"

"我还是不放心,小仓鼠在你们家生活得好吗?你有没有照顾好它?我们可都不知道,若是你对它不好,我们也不知道。"我可不能这么轻易地就把仓鼠交出去。

"老师,您放心,我每天都向大家汇报仓鼠在我家的情况。"

"这样好啊,可是大家也不是每天都有时间听。要不这样吧,你把仓鼠在你们家每天的生活记录下来,有话则长,无话则短,在交换仓鼠的日子和大家汇报,行吗?咱们就记录在一个本子上,循环使用,这样每个人都能看到前面同学的故事。到时候,我们要评选最有爱心、责任心的'小主人'。"

"好好好。"孩子们连连点头。

> **反思**
>
> "凡是好的作品,都是从作者心灵中飞出来的歌"(列夫·托尔斯泰)。习作就是要让学生不拘形式、自由抒发、自如表达心中所感和心中所想。本故事中,学生以循环日记的方式,记录自己遇到问题、解决问题、观察仓鼠的过程,不失为一种绝妙的方法。首先,日记是生活最真实的记录,有话则长,无话则短,可画可写,表达自由,学生喜欢;其次,循环着写,看着前面的学生精彩故事,后面的学生当然不甘示弱,要写得更好。一年的时间,《仓鼠到俺班》《仓鼠到我家》《仓鼠生病了》《仓鼠的新家》等等发生在仓鼠身上的故事不断"产出",最后结集成了一册图文并茂的《仓鼠的故事》。看着自己写的书,孩子们更喜欢写作了。

五、做文做人,德才兼备

事件五:主任

踏着铃声走进班级,"呼啦"一大群孩子把我团团围住,"老师,课间的时候主任来我们班,说我们班同学在楼道的墙壁上涂墨水,他冤枉我们,真不是我们干的!"

"怎么回事,回到位置上,慢慢说。"好不容易把孩子们哄到座位上,刚坐定,有人就迫不及待地说:"老师,是这么回事……""老师,你听我说……""老师,……"

"居然会发生这样的事情。孩子们,咱们在这生气有用吗?"

"气坏身子,主任也不知道我们是冤枉的。咱们把事情的经过写清楚,把我们心里的想法写出来,然后请老师转交给主任,我们的冤情就能昭雪了。"还是班长小萌聪明。

"说写就写,一会儿可就忘记了,下课后老师选择写得最好的几篇拿去给主任看。"

反思

《语文课程标准》指出:"语文课程致力于培养学生的语言文字运用能力,提升学生的综合素养……为学生形成正确的世界观、人生观、价值观,形成良好个性和健全人格打下基础……"。孩子们身边的突发事件,很多都能潜移默化地起到立德树人的教育效果。此故事的后续——主任看过孩子们写的习作后,找到了"罪魁祸首",并亲自到我们班跟孩子们道歉。孩子们开心极了,又写了一篇《主任道歉记》。由此,我引导学生讨论"当别人冤枉我们的时候,我们应该怎么办?"最终得出结论:不能光顾着生气,生气只是拿别人的错误惩罚自己,要有理有据地说服别人,情感真挚,让他心服口服。这就是给学生提示:只要你有理,写好作文,陈述理由,表达真情,就一定会澄清事实。从那以后,再遇到类似的事情,孩子们自然学会了解释,也学会了宽容。

魏书生说:"作文就是用你熟悉的方式,表达你震颤的心灵。"让我们都做个有心的教师,引导学生也做个有心人,捕捉每一个转瞬即逝的生活场景,关注身边的"突发事件",甚至故意制造"突发事件",启发学生用心观察体会,思考生活,感悟生活,积极地创设说话、习作的情境,激发表达生活的欲望,让学生主动拿起笔来倾诉,不吐不快。再问,这样的习作,何来"大话、空话、假话",何来的虚情假意呢?

于寻常事件之中,引导学生从不同角度去发现问题、解决问题,时时做个有心人,在循序渐进中,让学生学会观察,学会做人,也学会了生活,更学会了写作,何乐而不为?教育是一场长久的远行,是春风化雨,是润物无声,为文为人,皆同此理。

思维进阶,创意表达

作文不知道写什么怎么办

(一) 试试"头脑风暴"

新学期,学生打乱重新分班,新班内学生的写作水平参差不齐,不加标点、不分段者有之;200字不到的习作,错字连篇、语句不通者有之;通篇不知所云者有之⋯⋯

开学两周一直在训练标点符号、分段,初见成效。中秋放假前一天,练习在习作中加入对话还原现场,假期里一定会发生很多事情,要求学生选一件写下来,文中加入对话。

批完日记,50位学生,有20人写八月十五吃团圆饭,10人写拜月亮,10人写赏月,10人写和家人一起看中秋节晚会⋯⋯年年中秋只相似?"世界如此精彩,我就是看不到。"学生不知道写什么,没有内容可写,不是生活不够精彩,而是他们缺少一双会发现"美"的眼睛。这时候,教师该出手时就出手。

"说说中秋节你都干了啥,每个人都要说。"头脑风暴,每个人说一件事,总是能打开思路。

我和妈妈谈论月亮为什么没有出来这件事;我们谈论中秋节为什么吃月饼;我和哥哥姐姐们玩猜月饼的馅料的游戏;我们一家举行和中秋有关的知识问答,答对了有奖品;我将心愿拴在气球上送上月亮,希望月亮能帮助自己实现愿望;吃完中午饭妈妈就让我去做作业了,一直做到月亮出来,好惨;微信群里下"红包雨"了,我帮妈妈抢红包;八月十五天上没有月亮,哥哥灵机一动让我们看月亮的照片赏月吃月饼;做月饼忘记加糖了,给月饼"打针";爸爸在外工作没有回来,想念爸爸⋯⋯

每人一件事,每个学生有50件事可写。这么多事,选择什么样的事,读者才喜欢读呢？投票决定,"微信群里下'红包雨'""吃完午饭就写作业,一直写到睡觉时""看着月亮照片赏月""爷爷、爸爸没回家""给月饼'打针'",大家的目光不约而同地聚焦到这五件事上,几乎全票通过。

　　"为什么想读这几个故事呢？"故事选出来了,自然要知道为什么写这样的事。

　　"搞笑嘛,没有月亮赏月亮照片,太有才了。""悲剧呀,中秋节快乐的日子里,居然写了一下午的作业,她和别人想的与众不同。""开心呀,微信里下'红包雨',不是发财了吗？""万家团圆的日子,爷爷、爸爸却不在家,我也想他们。"

　　小结一下,什么样的故事是读者喜欢读的：1. 搞笑的故事。不管是大人还是小孩,都喜欢读搞笑的故事。现在生活节奏快,压力大,搞笑的故事让人开怀大笑,一笑解千愁。当年的星爷,如今的开心麻花组合,他们的电影票房高,原因就是搞笑。2. 感人的故事。能催人泪下,打动别人的故事,就是最好的故事。这一点毋庸置疑,东方卫视的《笑傲江湖》主旨是"人生百般滋味,生活需要笑对",本来是以"笑"打动观众评委的节目,结尾却不约而同地回归了"感人","感人"的故事读者喜欢。3. 出人意料的故事。与众不同,与别人不一样,这样的新奇的故事,才能吸引读者的眼球。莫泊桑的短篇小说为什么吸引人,因为他的故事总是出人意料。4. 给人启迪的事。中秋节悲催地写作业,却收获了很多的赞美,看似悲催的事情,变成一件快乐的事。《伊索寓言》为什么能流传几千年,因为每个故事都告诉我们一个小小的道理,能给人以人生的启迪,这样的故事,读者愿意读。

　　头脑风暴,每一个学生的想法都能引发他人的联想,相继产生一连串的新想法；头脑风暴,没有任何约束,学生个个自由发言,相互影响,相互感染,形成热潮,突破固有观念的束缚,最大限度地发挥创造性的思维力；头脑风暴,在竞争意识下,学生争先恐后,竞相发言,不断地开动思维机器,见解独到,新奇想法层出不穷。

　　当学生不知道写什么的时候,不妨利用集体的智慧来一场"头脑风暴","写什么"的问题就解决了。

　　附:

赏"月 亮"

刘静雯

　　中秋月儿圆,我和哥哥在阳台守月亮,可是等了半天,月亮还是没有在朦胧的夜空中出现。中秋节呀,月亮竟没有出来,发生了什么事？

"为什么月亮还不出来?"我有些着急了。

"不知道。"哥哥小声嘀咕着。

"她是不是有了男朋友约会去了。"

"不可能。"哥哥肯定地回答。

"那她是不是在吹着空调,吃着雪糕,玩游戏呢。"我朝哥哥做了个鬼脸。

"嗯,这倒有可能。你就知道玩。"哥哥被逗乐了。

"她一个人快乐了,不照顾一下我们的心情,一年就一次中秋节,我们大家都盼着她呢。"我哭丧着脸。

"嗯…要不然我们这样吧……"哥哥拿过他的手机,找到一张月亮的图片,"好了,现在开始赏'月'。"

哈哈,我们一边赏"月",一边吃着香甜可口的月饼。

"哥哥,今年月亮偷懒了。"

"嗯,那等她出来的时候,我一定狠狠地批评她。"

哈哈——哈哈——

给月饼"打针"

段依诺

中秋节一大早,循着香味找到了妈妈拌好的月饼馅儿,耶!今年可以自己做月饼啦。妈妈不在家,我先做几个,给妈妈一个惊喜。

昨天在蛋糕房看到阿姨做月饼,很简单的。我拿起面团就揉,一分钟后一个粗细不均的"面棍"出现在案板上,用水果刀把"面棍"切成大小均匀的面块,揉成圆形,这太简单了,心里不免有些得意……轻轻压了一下面团,"哎哟"面团竟然像QQ糖那样又弹回来了,这个不听话的面团,看我怎么收拾你!我按,按,按,它终于乖乖地躺在那儿了。接下来,该装馅儿了,我带上一次性手套,把馅攒成圆形,包在面团里,最后把面团放到模具里压,一块月饼就做好了。两个、三个……大功告成,等着妈妈回家。

我看着钟,等着妈妈回来,分针怎么走得那么慢呢。我拿起漫画书,翻来翻去,那是一本我看了多少回的漫画书。我盯着书上的女孩,想她为什么哭,想她的兄弟姐妹在干什么。"咚咚……",我的心"怦怦"直跳,妈妈回来了。

"月饼,是你包的?"妈妈看到了桌子上的月饼。我笑着点头等待表扬,妈妈却皱起了眉头:"这可怎么办?"

"什么怎么办?"我不解地挠挠头。

"馅里没放糖啊,我的宝贝。"

"啊? 不会吧——"

"扔了吧,可惜。"妈妈拿起一个月饼看了看,"不扔,没法吃呀!"

"不要扔,妈妈,我们可以给月饼'打针'。"我兴奋地看着妈妈。

"打针?"

"对! 打针,兑好糖水,注进月饼里,就像给人打针一样!"我得意地说。

"真聪明,行,死马当活马医,试试吧。"妈妈绽开了笑脸。

准备好了糖水,我拿来了一个干净的针管,抽了满满一大管的糖水,安慰月饼:"不疼,不疼,月饼,不哭。"一针扎下去,糖水全部灌进了月饼里,居然一点没渗出来。"月饼,你可真乖。"我竖了个大拇指送给月饼,妈妈看着我,忍不住哈哈大笑。

现在,又香又甜的月饼出炉了,你要不要尝尝?

(二) 学生想写啥就写啥

序——"孩子说假话从写作文开始,写真话从写情书开始。"

学生写作不知道写什么,很大原因归根于他们的文章大多是瞎编乱造,充斥着空话、套话、假话。学生假话、空话、套话连篇,责任不全在学生,老师、家长也有责任。评判作文的是语文老师、批卷老师、评委老师,为了迎合语文老师,为了考试,为了比赛获奖,学生揣摩老师、家长心中好文章的标准,努力往"标准"上靠,才能得高分。不是从"心"出发自己想写的,不知道写什么,不会写就很正常。硬逼着公鸡下蛋,难!若是真要解决不知写什么的问题,那么就要解放思想,放开学生的"手脚",让学生自由自在地写,万事万物皆入文,精彩文章自然来。

不信,你看——

拨 开 乌 云

李 妍

迈着沉重的步伐从学校向家里走去,"咚—咚,咚—咚"我有气无力地敲着门。

"来了。"门里传来妈妈脚步匆匆的声音,"放学啦,宝贝,饿了吧?快点洗手吃饭吧!"妈妈丝毫没有注意我的反常行为。

"嗯,好。"我有气无力应着妈妈。

走进厨房,妈妈已经准备好了可口的饭菜,可我一点儿胃口也没有。妈妈关切地问:"怎么啦,宝贝?"

"妈妈,我感觉我不快乐了。"话一出口,眼泪就流了下来。

妈妈抽出两张纸巾递给我:"宝贝,能和妈妈说说吗?"

"进入五年级,节奏太快,压力实在太大,垚垚老师每天都要求我们写一篇日记,我的词汇量太少,绞尽脑汁也写不出,很着急,快承受不住了。"我放声大哭。

妈妈抱住我,轻轻地拍着我的背:"没事儿的,宝贝,妈妈知道你最近学习很辛苦,也很努力,日记写不出你苦恼,但咱遇到困难要积极面对,哭解决不了问题,迎难而上,妈妈陪着你。咱反过来想一想,最近写日记思路是不是打开了,咱们还赚了呢!"

"噗嗤。"我破涕为笑。

"我们看会儿电视,解解压吧!"妈妈提议道。

"好啊!"

看着搞笑的动画片,想着妈妈说的话,心头的乌云逐渐散去,整个人轻快了许多。

女孩李妍,乖巧懂事的孩子,母亲不上班,专职辅导她学习。开学迄今,在我跟前哭了两次。第一次,读书做笔记,她忘了,很多学生也忘了,可只有她下课后走到我跟前,"老师,我忘记写了,现在补完了,请您看看,我向您保证,以后再也不会出现这种情况了。"她泪眼婆娑,这是我没想到的。"没事,下回记着就行了。"我摸了摸她的头,希望能给她一点安慰。还好,她不再哭出声了,抽抽搭搭地回到座位上。

第二回,吓唬学生要罚作业,仅限吓唬。"老师,我每天回家做完作业,还要做妈妈买的大试卷、课课练,每天都做到十一二点,实在没时间做罚的作业了……"她又哭着来到我身边。

我的愧疚感从来没这么强烈过,"怎么要做那么长时间的作业。以后我的作业,你可以不做。回家跟妈妈说,大试卷不要每天做,天天做,哪还有时间睡觉呀。"中国的孩子可怜,全职妈妈的孩子更可怜。"妈妈希望我好,我不敢不做。"唉,这个瘦弱的小姑娘能承受得了这么重的担子吗?

她在日记里倾诉苦恼,我长舒了一口气,当发现她的负担有一半是我加的,心又揪紧了。从开学到现在,焦虑的我变成了学生的另一个"妈妈",对每位学生满怀期待,希望个个都优秀。我忘了他们还是孩子,要慢慢长大;我忘了迎春花、蜀葵花、菊花、梅花各有各自的花期,开花有早有晚,到了时间才会绚丽地绽放。

感谢女孩,感谢女孩的妈妈,给我留足了面子。

那天早上,每天五分钟"作文达人大舞台",妍妍一边哭一边读自己的文章。我突然醒悟:写文章最高的境界不就是遵从内心,写想说的话,道最真的情,对老师(爸爸妈妈)不满甚至骂老师可以写,同学之间的丑事可以写。写着写着把自己写笑了,写哭了。

欣赏了李妍的文章后,同学们恍然大悟,他们开始一边尝试"想写啥就写啥",一边试探为师的"底线"。"老师不批评,也保证绝对不向家长告状。"一次次,我向他们郑重承诺,他们看向我的目光也越来越清澈,越来越澄明。放飞心灵,自由地在写作的天地遨游,爸爸、妈妈、老师再也不用担心孩子没有什么内容可写了。

没有垚垚老师的语文课

侯博文

今天语文课,由非常年轻、漂亮的实习老师上。

"我可以回答你们三个问题,问完就上课,不要惹我,我很凶的。"一上课,她就给我们一个下马威,应该是个纸老虎吧,就想吓唬一下我们。

我捣了一下同桌:"哎,你说这位实习老师和垚垚老师是不是师徒关系呀?"

"嗯,可能是吧,她天天坐在后面听课。"

"老师,你是不是垚垚老师的小跟班啊?"有位同学提问,他的想法和我不谋而合。

"算是吧。"老师羞红了脸,怎么样,我猜对了,她紧张。

第二问、第三问问什么,我根本没听到,因为教室里太吵了。

老师转身在黑板上写上"牛郎织女"四个字,"老师的字写得真不行啊。"黄泊远居然敢这样说老师,我看了看黑板,老师的字,真的比不上李心一,得好好练练,才能当语文老师,如果不教语文就无所谓了。

好没意思啊,我趴在书上睡大觉。"哎哟,这插图上的织女长得可真丑,头发再长一些才仙气飘飘。"我拿起钢笔,为织女画长发。瞥一眼同桌,她居然也在那里画织女,她的织女头发在空中乱舞,哪里是仙女,就是魔女呀!

117

不好,老师向这边走来,我连忙用消字笔擦掉了辛辛苦苦为织女画的"长发",同桌在老师到来的一刹那,若无其事地把书页翻到了前一页。

老师没发现我们的恶作剧。

无聊,无聊,真无聊。

"这牛角太细了吧,是条病牛;牛郎的裤子太短了,真难看;织女的头发还是长点好看。"我跟插图上的老牛、牛郎、织女"杠"上了。"嘻嘻,嘻嘻……"居然被自己的杰作逗乐了。同桌指着我的"图"尖叫:"天哪,这样的织女谁敢娶回家……"小女子,哪里懂得欣赏美,给你个"白眼"自己体会。唉,画画的兴致也随之消失得无影无踪。

我突然有点想念垚垚老师。

突发事件

孙语晨

真无聊,我把黑笔咬在嘴里,东瞧瞧西望望,没有一个人听实习老师讲课,大家各自"忙"着。无聊,无聊,我描书上的插图,描着描着黑笔不下水了,换钢笔,不一会,钢笔也没水了,拿出一支墨囊"喂"它,谁知墨囊滚到了我和同桌之间,墨水洒了。

"喂!"我小声招呼着同桌,"你看。"

"我……你居然……"

"你把钢笔也拿出来,像我一样吸墨水。"

"好吧。"

他拿出钢笔,这只钢笔墨水很足,一点墨水都没吸进去。

"怎么办?"他无奈地看着我。

"再换笔呗。"说着,我把墨囊里剩下的一点墨水也倒在桌子上。

"你傻呀! 你给我擦干净!"

"我就不擦! 略略略!"我向他吐着舌头。

他没办法,只好又拿出一支钢笔吸墨水,可桌子上还留有一大滩墨水。患有强迫症的我实在受不了,拿出了消字笔,我——消消消。

就要大功告成了,"啪!"消字笔掉地上了,笔尖粘了很多灰尘。

"天哪! 我的消字笔!"我眼疾手快地捡起来,想把灰尘擦去。

同桌幸灾乐祸地看着我:"这笔已经废了!"

我气急败坏:"我知道!不用你告诉我!"

"切,我还懒得说呢!"

我白了他一眼,抚摸着我的消字笔:"唉……幸亏我还有一支!"

"呵呵。"他不怀好意地干笑两声。

"啦啦啦,幸好我留了一手!"我又拿出一支消字笔。

……

"孙语晨,你接着读课文。"

哦,不,读到哪里了?我"噌"地站了起来,这一站一直站到下课……

老师不在的课堂,众生百相:在插图上搞"二次创作",偷看小说,两个胖子打架,"睡神"梦游……这才是真正的儿童世界。一幕幕呈现在读者面前,有似曾相识的感觉,是呀,这些事小时候的我们都干过。每个儿童心底都藏着一个"坏",这个"坏"绝不是十恶不赦,是只属于儿童的"恶搞"。读着这些文章,你是不是和我一样笑得眼泪都出来了。冰心说:"童年呵,是梦中的真,是真中的梦,是回忆时含泪的微笑。"考试作弊,一时贪小便宜偷东西……当儿童把这些都写进他的文章,你觉得他是个坏孩子吗?带着泪光的微笑,只属于童年。世上最美的是初恋,和初恋一样纯真的文才是好文。

放下师道尊严,放下道德绑架,放下所谓的"评判标准",放飞学生心灵,让写作真心真情地自然流淌。那时,再也不用担心学生无东西可写了。

童年是纯真无邪、绚丽多彩的。

(三) 我的故事说给你听

关于"温暖""感动"的作文,百分之八十的学生会写"下雨天,妈妈送伞给我。只是一把伞,妈妈把伞撑在我这边,自己身上淋湿了""半夜生病了,爸妈送我去医院急诊,回家后继续照顾我,爸妈累病了"……年年如此,生生相似。

但,我的学生写"上操时,老师弯下腰来帮我系鞋带""爷爷每天夜里给我盖两次被子""奶奶的早餐每天都不重样""我贪恋在外婆家看电视,妈妈生气先走了,一个人回家的时候天已经黑了,妈妈站在路口等我""我和妹妹吵架,生气说离家出走,妹妹到处找我,看到她着急地哭了,我也流下泪""每天晚上爸爸回家不管多晚,即便我睡了,他也要到卧室亲亲我"……原因很简单,学生写故事前,先讲我的"温暖"故事。

教师绘声绘色地讲述故事,学生一边听故事,一边快速地打开记忆闸门,回忆自己的故事。"原来在老师身上也发生过这样的事情,我还有什么不可以说的呢""原来这样小的事,也可以写出来",平等氛围中的对话,激发全体学生的头脑风暴,自然吐露心声。

我经常和学生分享"我"小时候的故事,那一刻的我,穿越时光,回到了童年:"童年傻事",上课时老师转脸写板书的空,偷吃盐豆;"最爱的小动物",我家两只小仓鼠商量如何从笼子中逃跑,险些逃脱;"温暖的故事",姥姥每天晚上九点等我放学回家后,看着我吃完饭才安心休息……

听完我的故事,学生讲,我及时提醒学生:"什么时间,什么地点,和什么人在一起,发生了什么事?"看似无心的一句话,提醒他们一件事要说清时间、地点、人物、事情,才能让人听明白。学生说,教师认真倾听,发现语病随时纠正。需要注意的是,教师的语言起着引领示范作用,一定要流畅规范。说得规范,写得才规范。

"说说心里话",我讲了"三年级偷妈妈钱买饼干吃"的故事,学生开始写作文,一女生写的故事:"我在教室里放了一个屁,周围同学都说臭,问谁放的,我自然不好意思承认,大家污蔑是那个男生放的屁,我也附和着骂他。现在我想借这个机会向男生道歉。"

神了,"我"的故事,有魔力! 其实,哪里有什么魔力,就是真心换真情,教师真心地诉说,换来学生真情故事。

教师的故事说给学生听,学生有事写,写真事;有情抒,抒真情。小学生作文不需要写惊天动地的大事,写发生在自己身上真实的小事,抒发真实的情感,就是最优秀的习作。

有你,真好

潘芮涵

"姐……姐,不……不哭!"那稚嫩充满奶音且口齿不清的声音,一直在我耳边回响,伤心委屈的泪水与感动温暖的眼泪一同流了下来。

"妈妈不讲理,自从有了妹妹就不疼我了。"我心里装满了苦水,眼泪不自主地成串儿流。妹妹看到了被泪水淹没的我的脸,屁颠屁颠跑到客厅,又"啪嗒啪嗒"跑了回来,她踮起脚尖,用那小手捏紧纸巾给我擦脸上的泪水,白白软软的小手在我脸上来回晃弄,如同一阵轻柔的风吹过脸颊! 可泪水如瀑布般,怎么也流不完。

她有点着急了,嘟起小嘴:"姐……姐,不……哭。"充满了稚气,又摆了摆手,重复了几遍相同的话。可是我的眼泪仿佛逆流成河。她无计可施,又跑开了。好一会儿,她拿起一个玩具放入我手心,原来她刚才跑到玩具房,翻来覆去找了好久——斑点狗积木!我怔住了,那可是她的最爱,平常不许我动一下的。

"姐姐,给你,斑点狗陪着你,不哭哦。"我抱住了她,温暖的泪水流了下来,流到她嘴角,她好奇地去舔了舔,微微笑了。

那一次,我去参加夏令营。"姐姐要去玩了,去好远的地方,饿好久的肚子。"妹妹皱了皱眉头,然后似懂非懂地点了点头。

第二天我正要出门时,"姐姐!"她向我奔过来,把一包小饼干放进我手心里,紧紧抱住了我的腿,不情愿地小声嘀咕了一句:"拜拜。"我摸了摸她的头,忍着泪水:"好棒!"

妹妹是天使,用流水般的话语,抚慰我的心灵;用稚嫩的小手温暖我的心窝。如果你能听懂,真想对你说一句:"有你,真好!"

写作,垚垚老师有妙招

(一) 先写起来

《驱动力》一书中提到,人的驱动力分为三种,第一种来自基本生存需要,是生物性的驱动力;第二种来自外部力量,是奖罚并存的萝卜加大棒模式;第三种来自内在的驱动力,是内心想把一件事情做好的强烈意愿,也叫内驱力。写作,是一件复杂又困难的事情,第一要解决的问题就是写的动机,写的内驱力,学生要有想写、写好的强烈欲望。爱尔兰诗人叶芝说:"教育不是注满一桶水,而是点燃一把火。"写作教学先要点燃学生内心的一把火,唤醒学生写作的内驱力。

一、相信学生,给予其充分自主权

相信学生,给予学生充分的自主权,写作的内容、字数、形式不做任何要求,没有任何约束,学生想写什么就写什么,想写多少字就写多少字,先把日记写起来。学校生活、家长里短、社会热点、高兴、伤心、难过、埋怨、郁闷……都可作为日记内容;有话则长无话则短,读者能看明白即可;可以写,可以画(画作下面写上一两句话解释一下画的意思),可以录短视频(录制短视频前撰写脚本也是写作,录制过程发现不妥之处不断修改,也是写作)。从学情出发,充分尊重学生个性的发展,形式多样、丰富多彩、无拘无束的日记,使得学生不惧怕写作,自愿拿起笔来写下每日所见所闻所想。

学生害怕写作,很多时候因为写作不是随"心"而写的,充斥着空话、套话、假话。究其原因,一是很多学生为了迎合老师家长的标准,为了考试,为了获奖,瞎编乱造。二是作文命题脱离学生生活,学生不知道写什么。归根结蒂,教师、家长要解放思想,给予充分的自由,放开学生的"手脚",让世间一切皆可入文。

二、鼓励学生,多平台发表

学生不怕写作,就开始写了。写起来后,不论学生写字数多少,不论学生写什么内容,要立刻给学生戴一顶适切的"高帽子":"和同桌之间因为一张纸团引发了一连串的惨案,这个故事太有趣了,我喜欢。""昨天写了一句,今天写了两句,明天能写三句。""你居然想到用视频来记录生活,画面清晰,配上了画外音,绝对是一流的编剧兼导演呀!"及时适当的引导性鼓励,帮助学生树立写作信心,学生只会越写越想写。

《课程标准》指出:"懂得写作是为了自我表达和与人交流,让学生认识到写作是一种表现自我的需要,是一种沟通交流的需要,是一种精神享受的需要。"写作不是交给老师的作业,不是为了考试,学生的文章要发表,让他们有真正意义的读者,达成沟通交流的目的,这样写作才有持久动力。发表的途径有很多,各类报纸杂志,班级微信公众号、博客,班级作文周报、作文集,学校专门习作专栏,父母老师的朋友圈等等,让学生持续感受写作的快乐和持续有读者、持续有习作的成就感。

三、明确方向,帮助孩子建立写作目标

生活学习要有目标,哲理散文家蒋光宇先生说:"如果人生没有目标,就好比在黑暗中远征。人生要有目标,一辈子的目标,一个时期的目标,一个月份的目标,一个星期的目标,一天的目标。"写作也要有目标,这目标可能是为了老师把自己文章当范文读,为了写出一篇好文章,为了解决学习生活中的问题,为了出一本自己的书……帮助学生树立写作的目标,每天前进一小步,写作会变得越来越快乐。

教育的最高境界是唤醒孩子的内在驱动力,真正唤醒了生命的自觉意识,写作、学习就会变成一种享受。

(二) 你写得太好了

上小学时,同学之间流传一句话:要问学生怕什么,一怕写作文,二怕周树人。几十年过去了,现在的学生不怕周树人,依旧怕作文。

学生怕写作文，一是不知道写什么。刚到深圳带六年级两个班的语文，每到周末布置日记，学生会追着我问："老师，今天日记写什么？"每周一篇日记，学生竟然不知道写什么。如果知道写什么，学生都能写成一篇上好的日记。

学生怕写作文，二是不知道怎么写。学生本来是知道怎么写的，可是老师、家长眼中的好作文要求太高："立意要新""选材要巧""要用好词好句""不少于500字""要生动有趣""情节一波三折"等等，吓得学生不知道到底该怎么写了。放低要求，学生想怎么写就怎么写，他们是不怕作文的。老师、家长的要求依据课标评判，都严重地超标。

第一学段的叫作写话，学生只要喜欢写作，愿意写作，写什么都可以。重在培养写话兴趣，保护好奇心。词语从生活、从阅读中来，用什么词语都可以，鼓励学生用新学到的词语。标点不是要求每个都用对，只是学会用标点符号。

第二学段对习作还是没有过高的要求，重点是习作的尝试、入门，培养习作意愿、自信心，让他们乐于表达。

第三学段提出了写作的目的"为了自我表达和与人交流"，写作是为了自我表达，为了把自己的思想感情，用书面传达给别人。这是学生的习作意愿和自信心的逐步形成、稳定阶段。笔者以为，"写作是为了自我表达和与人交流"这一目标要求，可以提到中年段，从正式进入写作的那一天开始，就让学生明白写作的目的不是为了交给老师看的作业，也不是只为了考试，写作是为了与人沟通、表达、交流，从而解决学习、生活中的问题。叶圣陶先生曾说："关于作文教学，我想，大概得想想学生为什么要学作文。要回答似乎并不难，当然是：人在生活中，在工作中随时需要作文，所以要学作文。在以前并不是人人需要，在今天却人人需要。写封信，打个报告，写个总结，起草个发言稿，写一份说明书，写一篇研究论文，诸如此类，不是各行各业的人经常要做的事吗？"当学生明白写作的真正目的，学生就想写，要写。当老师和家长用小学生的水平来评价他们的习作，学生就敢写，会写。

老师和家长对学生习作的评价很重要，作为老师不妨多给学生作文以高分。想想看，学生坐上一个小时或者半个小时写一篇文章，不容易呀！老师每次都给个及格，偶尔给个良好，哪位学生还能有信心把文章写好？哪位学生还愿意写作？

上海师范大学王荣生教授讲过发生在自己身上的一个故事：

一个学生将拿到这学期作文成绩"76"分。我在想：这个学生是第五次拿到"76"分，他会怎么想我的作文教学，他会怎么想自己的作文？这是我能做主的事情,我为什么不找个理由给他"80"分呢。我把"76"撕了,写一个大大的"80",又写了两句鼓励的话。新学期到了,这位学生交上来一篇作文:我看了"80"分,只激动一秒钟,看到第二页印了"76"(撕掉的"76"分写得太重,印到后面一页了)。我开始反思:我读书少,作文从小学到现在一直糊弄,我没有什么追求,看到这个"80"分,我想象到王老师是犹豫过的。这个暑假我读了很多书,开学以来我已经堂堂正正地得到"80"分了。不论是中学生,还是小学生,写作的兴趣和自信心,都是老师表扬出来的。放大优点,多给学生戴几顶"高帽子",多给学生打优秀的分数,学生就有信心写好了。

从现在起,每天竖起大拇指告诉学生:你一定会写好的!你写得太好了!你写的文章,老师都写不出来!你天生就这么会写作嘛!未来作家就是你啦!以后成了作家一定要送一本签名书给老师!

(三)情动辞发,文贵真诚

于永正老师说:"我从不迷信文章做法之类……我每写一篇文章都不是先想好用什么方法才写的。心里有一点感受,有一点认识,不吐不快,便在心里酝酿构思。""情动于中而形于言",我写文章也大多是有感而发,心里有感触就写下来了,很多时候没有想好题目就动笔了,写着写着题目才清晰。一线老师最幸福的是每天和学生在一起,总有很多感触,总有写不完的素材。于永正、贾志敏、支玉恒、魏书生、李镇西等中国伟大教育家写得最多的是和学生的故事,这些故事一定也是他们心有感触记录下来的,每个故事都没有华丽的辞藻,也没有别出心裁的写作方法,可我们总爱读这样的书,每一个故事都是那么亲切、随和、感人,每一个故事都能引发我们的深思。文章是感情的产物,学生写文亦是有感而发,说自己想说的话,写真心话,这样就能很好地避免假话、大话、空话。

学生起步写作文总会有畏难情绪,追根溯源是教师、家长对学生的要求太高。"三年级学生作文也能写三四百字,可是全篇如同记流水账。"三年级的学生写几百字的作文,他的情感是多么细腻呀,他心思是多么敏锐呀!记流水账说明他有一双善于发现的眼睛,他热爱生活,会观察生活。他还能把观察到的生活用文字写出来,多么了不起的"流水账"呀!会写"流水账",是写好作文的基础。教师、家长要做的就是保护孩子写作的兴趣,多鼓励、肯定、赞许、认可:"你这么会写,妈妈三年级的时候可写不出这么长的故事来。""你是我们班的小作家啦,故事写得有趣好玩,老师现在就开始期待明天的故事了。"起步等作文,兴趣优先,学生愿意写就是成功。有了流水账的记录,有了写文的兴趣,再进入海量阅读的世界。在家长、老师的带领下大量阅读,"不动笔墨不读书",边读书边积累、背诵,规范的书面语言慢慢内化为学生的语言。读书、思考,丰富了语言,潜移默化地学到表达技巧、修辞技巧等等,把作家的经验升华为自己的写作经验,作文再也不记流水账了。

于永正老师说:"什么叫作文?作文就是有感而发,把看到的、听到的、对自己很有感触的事或现象动笔写一写,在这种情况下写的作文,一般都有真情实感。这件事你确实感受很深,那你一定会把作文写好。真正好的作文不在于字数多少,只要把你想说的话说出来,把你要表达的意思说清楚了,都是好作文。"

言为心声,文为心声,文贵在真。学生有强烈的写作欲望,都喜欢写作,教师的语文教育就成功了一半。

附:

空空的心

汪 笑

如果突然失去了心爱的朋友,你会感到难受吗?我会!我会感到心空荡荡的!拥有时就像春天的游乐园,小伙伴们一起荡秋千,树上有许多绿油油的树叶,有小鸟在唱歌,一切是那样的欢乐;失去时就像秋天的游乐园,我独自坐在一动不动的秋千上,枯黄的树叶落了一地,小鸟飞来又飞走,只有风"呜呜"地吹,凄凉极了。

周三下午,我边收书包边对好朋友张翘楚说:"楚宝,今天我自己回家一起走不?"

"不,"翘楚摇摇头,看也不看我一眼,"我搭恩沂的便车。"

"咔嗒……咔嗒"我的心碎了一地,"……为什么呀?她平常都答应的呀?"不行,不行,一定是我听错了,再问一次!

"楚宝,一起走吗?"

可她没理我,提起书包,跑向恩沂。

我被最好的朋友扔在一边了,我想大声尖叫,但叫不出声,我失去翘楚了吗?我非常惊恐、失望。

走出校门,一眼望见了翘楚,她正和恩沂在树下吃雪糕,有说有笑。

我慢慢地远离伙伴们,我本来就是个孤独的人啊,总是千方百计想找人来陪。

我低头盯着鞋,一步一步往前挪,碎了一地的心被北风吹向每个角落。

"哟,"一个刺耳的声音传进耳朵,"这不是汪笑吗,翘楚呢,不和你好了?我就知道你不讨人喜欢!"满脸粉刺的王金追上我。

我蔑了他一眼,跑开了。心情由秋天变成了冬天。

回到家,我抱着妈妈大哭了一场,妈妈听完,笑了:"孩子,不要那么在乎他人的看法,翘楚和恩沂在一起,她很开心,而你在这儿难过,她也不会跑回来与你一起走,你何必为此伤神呢?其实你可以愉快的加入她们,三个人有三个人的欢乐呀。"对啊,楚宝不可能一直和我一个人玩的,三个人有三个人玩耍的快乐!

"你还可以学会享受独处,做一个内心富足的女孩,就像《哈利·波特》里面的卢娜一样。"妈妈又说。

我终于释怀了!心不再空空的了。

跟着课文学写作

(一) 由《白鹭》想到的

《白鹭》是统编教材五年级第一单元的第一课,这一单元的语文要素:初步了解课文借助具体事物抒发感情的方法。名家的经典作品,语言优美有深度,我一直在思索这样的课文教什么,怎么教?

先要搞清楚作家为什么要写文章?无外乎,表达自己的情感,发表自己的看法,提出自己的建议,分享自己的经验,感悟人生的哲理。

像《白鹭》这样的经典文章,苏教版四年级还编排了郑振铎的《燕子》和冯骥才的《珍珠鸟》,学生已有的知识基础是:作家喜爱燕子、珍珠鸟,赞美它,想让更多的人分享他的快乐和喜悦,所以才写下如此经典的文字;文章是有感而写,或喜爱,或感动;写小动物的文章,大多是从外形、活动特点等方面来表达自己对小动物的喜爱之情的。

既然有了这样的知识经验,上课伊始,帮助学生回忆学过的课文《燕子》《珍珠鸟》,唤醒旧知,过渡到新课的学习——郭沫若写《白鹭》也是为了表达对白鹭的喜爱和赞美;作家也是通过外形和活动特点来描绘对白鹭的喜爱和赞美。巩固了旧知,强化了写"动物"的方法,学生便于迁移运用。

接下来问:"从哪里可以看出作者非常喜欢白鹭呢?"学生自然找到了课文开头的中心句"白鹭是一首精巧的诗。"追问:"课文中有一句话和它相似。"学生又找到了结尾的一句话"白鹭实在是一首诗,一首韵在骨子里的散文诗。"发现了首尾呼应的写作秘密。

至此,让学生质疑,"读到这儿你有什么疑问?""为什么说白鹭是一首精巧的诗?"学生提出了问题,自己解决问题。默读课文寻找答案,集体交流的时候,说一说,发现对比、拟人、具体描绘的方法表达作者的对白鹭的喜爱;反复朗读,想象画面读,抓住关键词读出白鹭的美、悠然、精巧,文字还是有些生涩、难懂,就把课堂的时间给学生反复诵读,读美了,会背了,似乎也就理解了。课后习题"抄写你喜欢的自然段",背诵、抄写都是积累,积累了不用,等于白搭。那就让学生用起来。

特殊的客人——鹦鹉

隔日习作课,决定尝试着让学生把课文积累的词句用起来。教室里来了两位特殊的客人——鹦鹉,就写它们了。

教学片段:

师:昨天学习了《白鹭》,你们都摘抄了自己喜欢的词句,说说看,你最喜哪个句子?

生:(略)

师:读书要积累,老师再奖励你们一些好词(出示:小巧玲珑,毛茸茸,喙像一个弯钩,腮帮上各有一片杏黄,腿很短,对趾形足,两趾向前,两趾向后,爪强健带钩,鹰钩似的锐利,翅膀,强劲有力,灰绿色,金黄色,浅绿色,黑珍珠,翠绿,深绿,墨绿,鹅黄和淡绿相间),自由读一读,你发现了这些词语是描写谁的?

生:鹦鹉。

师:聪明,瞧,他们来了。喜欢他们吗?

生:喜欢。

师:既然喜欢,怎么才能把你的喜欢表达出来呢?

生:像郭沫若、冯骥才那样把他们写下来,让更多的人知道他们,喜欢他们。

师:想像作家那样写出你对鹦鹉的喜爱,就一定要先认真观察。先把鹦鹉样子看仔细。我们再来逗逗鹦鹉,要认真看。

(生仔细观察)

师：看你们笑得那么开心，相信已经迫不及待地要把这两只鹦鹉介绍给大家了。那还等什么呢？老师也特别期待看到你笔下的鹦鹉。

生：老师，题目就写《鹦鹉》行吗？郭沫若写《白鹭》，郑振铎写《燕子》，冯骥才写《珍珠鸟》，我们就写《鹦鹉》。

师：像作家学习，才能写好文章！你有一双慧眼。那写鹦鹉的时候，我们也要像这三位大家学习哦，积累过的词句都可以用。开始写吧，想怎么写就怎么写，这些词语，你是可以用的。

> **反 思**
>
> 怕学生写的千人一面，没有做太多的写前指导，课前归类出示的词语（描写样子及颜色）是考虑到学生写作的难点：鹦鹉的外形不好描述。十分钟的时间，引导学生观察鹦鹉，和鹦鹉互动，勾起学生心底最柔软的部分，课堂充满了笑声，学习是快乐的。随后，学生动笔完成大作，教者再次强调模仿大作家的句式、写法。半小时后，学生的习作陆续完成，出乎笔者意料的精彩，绝对没有两篇是相同的。学生的能力是不可小觑的，他们的语言面貌发生了翻天覆地的变化，就是因为课文中的语言转化为自己的语言了。学习名家经典文章，学什么？我似乎找到了答案：很多时候，学生写作缺少的不是所谓的写作方法，而是语言词汇。学名家经典文章，就学大家们写作的语言，因为他们的语言绝对都是经典，积累了、运用了，学生自然也就成了"大家"。

未来"大家"笔下的鹦鹉

鹦鹉是顽皮的鸟仙。

它的身段增之一点则嫌生硬，减之一点则嫌柔弱；全身的色彩增之一色则嫌太花，减之一色则嫌太素。

我走到笼子这边，它就躲到那一边；我走到那边，它又飞到这边。我准备离开时，回头看了它一眼，它展开翅膀好似对我说："再见！再见！不送！不送哦！"——马瑞

> **点 评**
>
> 顽皮的鸟仙，怎一个"爱"字了得。活学活用，你也是个顽皮的小仙子。

这两只小鹦鹉毛茸茸的,不算胖也不算瘦。你看,那鹅黄和淡绿相间的羽毛,那黑珍珠般的小眼睛,那弯弯的喙,还有那短短的小脚,增之一分则嫌长,减之一分则嫌短。

过了一会儿,一只鹦鹉叫了一声,另一只鹦鹉好像在附和它,也叫了一声,它们就这样一直叫。一只鹦鹉停止了叫声,开始抖动它的翅膀和尾巴,它们实在是太可爱了。——蒋笑渔

鹦鹉是一个完美的精灵!一身金黄色羽毛,像是在黑暗中的一盏灯。水灵灵的眼睛似乎会说话,一个弯弯的喙,好似挂衣服的钩子,什么东西都能被她那弯弯的喙钩上来。那小巧的脚,要是再灰一点就太灰了,再黄一点就太黄了。

它俩太爱对方了,一个睡觉了,另一个守在旁边,不吵也不闹,真的很可爱!——李梦琦

鹅黄和淡绿相间的绒毛,一会"唧"地叫一声,一会"唧唧"地叫两声,这么可爱的小鸟,怎么能不招人喜爱呢?

鹦鹉是一种怕人的鸟,你往笼子的一边走,好像另一面有强磁力似的,两只鹦鹉就像连体婴儿似的,蹦跶蹦跶地跳到对面去。又过了一会,两只鸟好像吵起来了,一只扑棱着翅膀,另一只也扑打着翅膀,不一会又不吵了。——万奕岑

有人说这是一种怕人的鸟,也有人说这是一种活泼的鸟。朋友带来的这两只鹦鹉就很活泼,一会儿传出笛子般又细又亮的叫声,一会儿传出尖细又娇嫩的鸣叫。——潘珂琦

它们俩一会儿爬笼子,一会儿喝水,一会儿飞来飞去,一会儿亲亲。现在,现在它们正在梳理羽毛,好像在准备入睡。——李子楚

小巧玲珑的嘴,毛茸茸的头,弯弯的喙,短短的小腿,爪强健带钩。和别的鸟不一样的是:他的脚趾两前两后,可以随意在笼子上行走。——李米欧

鹦 鹉

唐睿婕

真好!同学带来了一对鹦鹉!小巧玲珑的身体,很是讨人爱。

普通鸟的颜色搭配不够均匀,就更别说那棕色的睢鸟和黑色的小乌鸦,太过于普通了。

鹅黄和淡绿相间而又光滑的绒毛,喙像一个弯钩,对趾形足,两趾向前两趾向后,腮帮上各有一片杏黄色,像是抹上了黄胭脂,金之一忽则嫌黄,翠之一忽则嫌绿。

鹦鹉的歌声排第二，没有鸟敢说第一，那优美的歌声悦耳、动听，时而强劲有力；时而婉转绵柔，像给婴儿唱的催眠曲；时而响亮高昂。真不知道音调有多少种。

你要是拿棍子去逗它，会发现：手中的棍子从右边伸进笼子，它们会突然往左边跳；从左边伸进笼子，它们会快速地往右边跳；从上面伸进笼子，它们会紧紧缩在笼子中间依偎着，真是惹人爱。两只鹦鹉形影不离，唱歌一起，吃食一起，玩耍一起，感觉像是一对情侣。

鹦鹉可真是调皮可爱的小精灵！

赏析

"冯骥才"式开头结尾，"郭沫若"式句式，"唐睿婕"式语言，风趣、幽默，绝对是大家之作。

（二）日记也可以写生动

进入十一月，学生每天写日记坚持60天了，初期阶段以鼓励为主，只要学生能坚持，不管质量、字数，给予高分的奖励，每周评选"坚持之星""日记之星"，奖励"优先发表作文卡"，以此激励学生养成写日记的习惯。养成了写日记的习惯真好，它可以让学生拥有一颗敏感的心，留心生活，随处都能发现写作素材。它让学生不再惧怕写作。没有字数要求，没有质量要求，没有题目要求，没有立意要求，想写什么就写什么，想怎么写就怎么写，只要坚持写能得高分，原来写日记如此简单。家长纷纷反馈："孩子再也不问我今天日记写什么内容了。""日记二十分钟就写完了，有时候十分钟就完成了。"

想写什么写什么，想怎么写就怎么写，有些学生的记录过于简单。家长又开始担心了："能写出来，但是写得不好。"从现在起跟着课文学写作，日记想写好不难。

今天学习统编教材五上第六单元"舐犊情深"主题，单元的语文要素是"体会作者描写的场景、细节中蕴含的感情"，落实本单元的语文要素，不仅要体会场景、细节中蕴含的感情，还要学习作家是如何描写场景、细节来表达情感的。学习作家写作经验，反复练习，把作家的经验凝练、提升、知识化后，形成自己的经验是语文学习的基本规律。学生在举一反三的语文实践中理解作家把场景、细节写具体的技巧、经验，运用到日记的书写中，日记也就变得生动、具体了。

一语天然万古新,繁华落尽见真淳:写作,我写故我在

单元开篇《慈母情深》,写的是作家梁晓声为了买书来到母亲工作的工厂问母亲要钱,看到了母亲在炎热、恶劣的环境下艰难地工作不忍心要钱,可是母亲却毫不犹豫给了买书钱,体现了母亲对儿女无私的爱,也体现了"我"对母亲的爱和感激。为了描写母爱,作家写了四个场景:伏案工作、转过身来、掏钱塞钱、继续忙碌。四个场景中细节描写方法有五:一是环境描写。"空间非常低矮,低矮得使人感到压抑。不足二百平方米的厂房,四壁潮湿颓败。七八十台破缝纫机一行行排列着,七八十个都不算年轻的女人忙碌在自己的缝纫机旁。因为光线阴暗,每个女人的头上方都吊着一只灯泡。正是酷暑炎夏,窗不能开,七八十个女人的身体和七八十只灯泡所散发的热量,使我感到犹如身在蒸笼。"这里的环境描写衬托了母亲工作的艰辛、劳累。二是细微的动作描写。"我穿过一排排缝纫机,走到那个角落,看见一个极其瘦弱的脊背弯曲着,头凑到缝纫机板上。""母亲脊背弯曲和头凑到缝纫机板上。"这两个动作特写镜头聚焦,写出了母亲的劳累和我的震惊、不安。三是语言描写。"我"和母亲的对话,简短急促,写出母亲的工作的紧迫。而另一个女人的话,和母亲的话形成了对比,反衬母亲对"我"读书的支持和认可。四是反复描写。"背直起来了,我的母亲。转过身来了,我的母亲。褐色的口罩上方,一对眼神疲惫的眼睛吃惊地望着我,我的母亲的眼睛……"这一慢镜头,把一瞬间的动作分解,又借助了反复,让"我"看到了母亲的劳碌。"母亲说完,立刻又坐了下去,立刻又弯曲了背,立刻又将头俯在缝纫机板上了,立刻又陷入手脚并用的机械忙碌状态……""立刻"的反复,和动作的分解,还有文中反复出现的"岂不是"这个词语,写出了环境的恶劣,为的是反衬母亲的辛劳。五是特写镜头。"皱皱的毛票""龟裂的手"这两个细微的特写镜头,说明母亲挣钱不容易,宁愿自己劳苦、贫穷,也要让孩子读书。

学生反复朗读文字后,提炼梁晓声写作的密码:1.特写镜头,聚焦细微动作、神态、语言、心理等。2.慢镜头,动作分解,慢慢呈现。3.反复强调。4.侧面描写,描写他人衬托主要人物。5.环境描写,烘托人物。习得方法,课堂上创设情境进行片段练习:马上揭晓考试成绩了,我紧张极了;结对学校朋友的回信怎么还没寄到,我心里很忐忑;那一次我"鼻子一酸"差一点儿掉下了眼泪……三个情境,学生任选一个,写片段,用上作家的写作法宝,用上一个为良好,用上两个为优秀,课上评讲、分享。以后的日记,学生运用法宝写作,每节语文课前五分钟讲评日记,大家共同评改一篇,聚焦细节描写,然后修改自己的日记,同桌互改,把细节描写之处用波浪线画出来。教师再进行批阅,看学生圈画的细节之处,满1 000分过关,900分以下再进行二次修改,二次修改可以找学习伙伴或小组长

131

修改,教师再进行第二次批阅。文章不厌百回改,越改越精彩。

　　跟课文学写法,学习作家写作经验,课堂举一反三练习,反复训练把习得的作家写作经验凝练、提升转化为能力,最终成为自觉。日记迁移运用写作经验,反复修改应用写作经验,长期训练,学生的日记会越写越生动,越写越美好。

素养融合,立德树人

"童画童话"
——还孩子习作"童话"的世界

一、当下作文教学之殇

一次习作比赛以"温暖"为主题,写一件发生在自己身上被人关心的事情。1 300位参赛学生,约500位不约而同地写到"夜晚突然发烧,爸爸妈妈背自己去医院,结果自己的病好了,爸爸妈妈却病了";455位写到"下雨天,妈妈冒雨送伞,伞打在自己的头顶,妈妈淋病了";还有210位写"放学回家,家里没有人,邻居把他带回家,好吃好喝"……

依上可见,百分之九十的学生写出的是雷同文,其写作内容或为日常阅读的所谓优秀作文选上的内容,或是根据作文选上的内容加上凭空的臆造,看起来事例典型、章法有度,但读起来给人的感觉却假而空,实在找不到一丝"温暖"的感觉;很少有学生写真实被关心的日常小事,比如冬夜里妈妈每天细心地给"我"掖掖被角,每天清晨爸爸妈妈早早地为我准备好早餐……难道是学生们不懂感恩还是思维懒惰?我们埋怨学生的同时,不禁要问我们的作文教学,到底出了什么问题?

美国梅尔·列文说:"写作是一种输出,是把头脑里的思想转换为可以在公众领域交流、讨论的书面文字,是'最难的事情'。"既然是最难的事情,就需要教师去想方设法地教,让学生掌握方法知道怎样写,创设写作氛围知道为什么写。

但现实是我们老师在写作教学上选取的方法并不科学。针对当下习作教学,叶黎明教授认为:"写作教学的主要问题,不在于教师教了什么,而在于教师普遍没有教什么;不在于为应试而教,而在于如果不应试就不知道该教什么。"[1]

反思一下我们的习作课,的确如叶教授所言:审题,明确习作要求——范文引路,开启思路——学生当堂完成习作,学生习作时,教师坐观或做其他事情。教师只是向学生发布写作的指令,写作的事情就教给学生了。而且在习作教学上还存在这样一个常见的现象,无论是低年级的写话,还是中、高年级的习作,当主题相同时,教师确定的教学目标基本一样,课堂上教学方法一样。面对不同年段不同水平的学生,教师因为不明确每个学段习作的具体要求而一刀切,喜欢一味地强调学生要多写。

再有,学生不知道为什么要写,缺乏习作的主动性。《语文课程标准》指出:写作是运用语言文字进行书面表达和交流的重要方式,是认识世界、认识自我、创造性表达的过程。从这一点来说,学生习作首先要有对世界的认识,有一定的生活经验。可是,现在的小学生,家、学校、兴趣班三点一线的生活,没有生活的积累,学校因怕担安全责任,导致集体活动也几乎为零。教师多注重文章的立意,注重情感态度价值观的导向,使得学生被大而空泛的价值观所左右,难以从实处小处着笔,学生的表达欲望被教师的主流价值观教化泯灭,学生喜欢的表达方式被教师所强调的条理、详略等所谓的写作技巧否定,导致学生不知道该如何写,写什么。教学的初级阶段,大多数的学生语言组织能力有所欠缺,在两节课必须完成一篇习作的要求下,就只好模仿、搜集、剪接、修改,作文哪里还有创造性可言?此刻,学生的写作只是为师、为试而"做"作文。张志公先生指出,"为考试而教""为考试而学"这样的教学思想,"哪怕只有一点,必须去掉","学作文是为了用";吕叔湘先生认为,写作是传情达意的活动,情意只有被对方接收才算是通达。因此,作为教师,我们必须有这样的习作教学观念,而且要用学生易于接受的形式向他们灌输:写作要有明确的读者意识,达成沟通交流、传递信息,满足学习、生活需要的目的。

二、立足校本寻童真

语文教学的最终目的是要提高学生的表达能力,习作是语言实践的一种重要形式。要达成语文教学的终极目标,真正提升学生的表达能力,必须从提高学生从平凡的生活中感悟美、感悟真情的能力,从而激发学生的表达欲望着手。所以,一直以来我校立足儿童文化,追求习作的实用性,让学生用自己喜欢的方式方法述说、描写自己独特的内心世界,写出富有生命气息、童年个性和充满灵气的习作,在轻松有趣的氛围中习得"我口说我心""我手写我口"的技能,鼓励儿童秉持其特有的文化气韵,用自己的方式表达自己的想法,让每一个儿童意识到自己的语言是美好的,是独特的,是有创造性的,是值得赞赏的。为使这一教学思想形成体系,我们开发了"童画童话"校本课程,使训练更具有可操作性,更好地服务于学生的习作训练,让更多的师生参与进来,从中受益。

(一)课程构想

睢宁县被原国家文化部命名为"儿童画之乡",被国际友人誉为"东方童画之都"。而睢宁实验小学正是这"儿童画之乡""东方童画之都"的策源地,由我校学生创作的充满童真、童趣、个性十足的童画,是他们最"本真"的心灵倾诉。近年来,根植于"童画之乡"这一深厚的文化品牌,我校开设一门跨语文、美术两个学科的校本课程,它是我校系列校本课程之一。课程以儿童为主体,以儿童当下的现实生活作为内容,引导儿童走入社会生活中,用一颗不曾被成人世界同化的纯真的童心观察、判断生活,以儿童独特的方式表达本真世界,开发出一系列适合地域特色及本地区儿童活动或生活特点的、能描述儿童本真生活世界及丰富内心世界的习作课程资源,以期通过"生活→童画→阅读→说话习作→评价"课程的开发,提升学生想象能力、观察能力、形象思维能力,进一步开启学生言语智慧的发展及乡土写作资源的积累和运用。

本课程在借鉴特级教师于永正老师的"小学言语交际训练作文实验"的基础上,对我校旧有的习作课程结构、课程安排进行改变,意在探求适合儿童心理,与儿童的生活紧密联系的童画童话课程,构建"活动、童画、阅读、说写"的全语言学习环境,促进儿童语文综合能力的发展,最终开发一套有利于儿童身心、智力、能力协同发展的绘画及习作课程资源体系。特别针对目前小学生两节课必须完成一篇习作的囧状,提供合理有效的改进方法和参考经验,有利于发展小学言语交际功能,赋予习作内在动机,培养学生善于观察、热爱写作,敢于"说真话、实话、心里话"的好习惯。同时在习作教学中,我们还有意识地实现习作的"态度、情感、价值观"的导向作用,让学生学会"审美",学会"生活",学会"做人",健康快乐地成长。

"写作教学应贴近学生实际,让学生易于动笔,乐于表达,应引导学生关注现实,热爱生活,表达真情实感。"[2]绘画与写作都源于生活,都是对现实生活的提炼和加工。画是用绘画符号——具体的物象来表现生活;写作是通过语言文字的排列组合来表现生活。在绘画的基础上完成习作,学生就有话可说,有话可写。教师的责任只在于呵护孩子们对习作的兴趣,使他们敢想敢画敢写,在课堂上像野花一样自由生长,让生命像空气一样自由呼吸。为了从生活中提取素材,我们需要家长的配合,请他们在课前带着孩子参与各种实践体验活动,如远足、游戏、郊游等,积累生活体验,开拓学生思路、自主选择主题,然后画下所见所感所想。校内外,老师、家长还要有引领孩子们阅读的意识,鼓励并陪同他们进行大量的系列经典文章的阅读,在规范语言的熏陶下,学生逐渐学会常用的表达方法,从而避免按照教师要求怎样开头、怎样结尾、怎样过渡的生硬学习套路而产生的对习作厌恶之情;成果呈现的形式要与童画紧密结合,如海报、剪贴画习作、想象画(童诗)习作、活动画习作、话题画习作、情境画习作、主题画习作、连环画习作、日记画习作、绘本创作等。

(二) 课程资源

针对不同年龄阶段儿童认知发展的特点,我们通过问卷、习作主题意向调查等方式向学生征求习作主题,再由相关课题组老师论证,然后分学段开发设计不同的教学目标、内容资源:低年级关注儿童本身,开发以"我爱我家""我的学校""你是我的好伙伴""春天来了,放风筝去""我们一起去秋游""我会……"等为主题的"我的生活"系列资源;中年级扎根于生活,开发以"走进植物王国""走进孤儿院""爱心义卖""养养蚕""种种菜""我是小小报童"等为主题的"多彩活动"系列资源;高年级依托乡土文化,开发以"家乡野菜飘香""我从哪里来""家乡童谣、故事知多少""舌尖上的睢宁""跟奶奶学大戏""跟着爷爷去赶集""我们的节日"等为主题的"乡土文化"系列资源。

课程实施以案例的形式呈现,主要由"童话"畅想、"童话"园地、"童话"课堂、"童话"王国、"童话"展台五部分构成。

1. "童话"畅想

"童话"畅想即课程构想,它是整个活动课程的出发点,我们将它作为学生活动欲望的"诱饵",用近乎童话般的语言向孩子们发出活动、习作的号召,带他们走进自然,走进生活,用心聆听,开心玩耍,自由表达。

"乡土文化篇"《家乡的野菜飘香》开篇写到:同学们,你们吃过野菜吗?野菜集天地之灵气、日月之精华,是大自然馈赠我们的珍贵礼物。《关雎》"参差荇菜,左右流之"描绘了在灿烂春光中轻快地采集野菜的情景,《影梅庵忆语》中回忆董小宛善于腌制野菜,使黄者如蜡、绿者如翠。野菜的采集和食用在我国可谓源远流长。每一次采摘,都是和大自然的亲密接触;每一次品尝,都令人回味无穷。野菜那些纯净、本真的鲜香,是我们绿色生活的见证。家乡的小河边、田埂上,到处都是野菜,它们有的可以制作成美味供我们食用,有的可以入药,帮我们治病。野菜可真是太神奇了,想不想跟着老师去认识它们呀?那还等什么呢?快点出发吧。

"教育的艺术不在于传授知识和本领,而在于激励、唤醒和鼓舞。"(阿道尔夫·第斯多惠)这样的开篇,这样的召唤,能唤醒学生感受美好、探寻未知的欲望,能让他们敞开心扉,以激情表达自己的意志,激发了学生画、说、读、写的兴趣。

2. "童话"园地

"童话"园地即教学总目标及活动内容的规划,我们期望它成为学生完整学习活动的导航标,包括课内外活动安排及说话、写作的内容及课时安排。

再以高年段"乡土文化篇"《家乡的野菜飘香》为例。教学总目标:1. 走进野菜世界,认识野菜,了解野菜的作用,通过制作标本、烹饪、绘画等一系列活动,培养学生收集、处理信息的能力,合作交流能力,动手、动脑创新能力,审美能力等;激发学生探究的兴趣以及对家乡的热爱之情。2. 激发写作兴趣,使学生有话想说,有话可写,使写作不再是难事。在此目标的指导下,安排了一系列的活动,宣读《告家长书》,写保证书;走进春天田野,认识野菜;画一画田野见闻;查阅资料,制作野菜标本;用野菜烹制菜肴,举行美食品尝会,学写广告语,推荐自己的野菜菜肴;欣赏《野菜》名篇,写家乡的野菜;写倡议书,保护家乡的野菜。(具体内容安排见附一。)

多样的活动把听、说、画、写结合在一起,家乡的野菜就这样一点一点地留在学生的记忆中,学生对家乡的热爱、保护环境的情怀不再只停留在口号中;他们在体验和感悟中学会了转述,大胆地推广自己的菜肴;他们学会了写保证书、广告词、倡议书;他们学会了烹制菜肴,学会了分享,学会了制作标本,学会了用绘画表达自己的情感。最终,学生收获的不仅是知识技能,还有对生活的热爱!

这样的安排充分地拓展了习作教学的时空,使习作不再局限于两节课,它和活动、绘画紧密结合在一起。"让孩子多玩,不失儿童的天真烂漫"(老舍),活动从儿童的生活出发,带领儿童走进生活,画儿童生活,说儿童生活,读儿童生活,写儿童生活,思儿童之思;画儿童之想,发儿童之感,抒儿童之情,写儿童之真……将习作指导润物无声地渗透到活动的时时处处,于是孩子们充满想象地、个性地、创造地、放松地、自然地表达自己所见、所闻、所感、所想,水到渠成,施教于无痕。

3. "童话"课堂

"童话"课堂,即课堂现场,在我们的能力范围内尽可能呈现出最优秀的教学设计及专家的点评。

以多彩活动篇《走进植物王国》第七课为例,具体呈现"课堂现场"。第七课为"花木展览会",四课时完成学习活动任务。先利用周五综合实践课举行花木展览会,学生当讲解员,讲解有关花木知识,评选优秀解说员;接着习作课上,创设情境引导学生回忆,对照自己创作的儿童画,说最难忘的场景,然后阅读经典片段,学习点面结合的写法,生动地描写花木展览会的经过,做到详略得当,表达真情实感;最后完成习作,送给爸爸妈妈检阅。(详细实录见附件二)

"童话"课堂是为学生搭建的自我展示的舞台,将童画、读经典文、习作融为一体的课程体系,构建了"画、读、说、写"的全语言学习环境,可以促进儿童综合能力的发展,使儿童身心、智力、美育、能力、情感协同发展。

4. "童话"王国

"童话"王国即"阅读链接",我们意欲将其打造为学生言语能力发展的营养钵,主要呈现和习作主题相关的精彩片段、经典文,或是根据需要推荐整本书的阅读。

《童画·童诗——"我的梦"》链接了高洪波《我想》,金波《如果我是一片雪花》,爱·格林菲尔(美)《就我一个人的时候》,奥古斯丁(西班牙)《梦里的故事》,金子美玲(日)《我想变成一朵云》《不可思议》,贾尼·罗大里(意大利)《我好想》等十一首童诗,推荐阅读《金子美玲诗集》。当听、吟、诵、唱十一首童诗后,学生自然地发现诗歌的写作特点:运用比喻、拟人、反复、排比等修辞手法、富有想象力、用词准确、表达真情实感、节奏感强等。创作童诗对于孩子们来说,有章可循,有法可依,畏惧心理自然就不存在了。

古人说:"读书破万卷,下笔如有神。"叶圣陶指出:"阅读为吸收,写作为倾吐。"会读书的孩子,将来才能走得更远。让学生会写,以读助写、促进写、提升写,是行之有效的途径。从这些精彩片段和经典文中,学生能习得习作的技巧,模仿、迁移、运用,降低习作的难度;将吸收的知识通过语言应用实践,进行进一步感悟、重组,内化为学生自己的思想和语言,增强习作的信心。

5. "童话"展台

"童话"展台是学生相互借鉴与再学习的园地,展示教师"下水文"和学生优秀绘画、习作作品。潘新和教授强调写作技能的提高须靠学生"自悟其理法""自求得之",不是靠知识的"授受"。学生通过阅读老师的"下水文"看到发生在老师身上的故事,在教师看似无意识的点拨下,学生从"下水文"中自然习得如何立意,如何选择材料,如何谋篇布局……习得"言之有物,言之有序"的方法。学生绘画及习作的展示,既让学生尝到成功的喜悦,享受绘画、习作的幸福,又提升了学生语言表达能力、审美能力及鉴赏能力。

(三) 课程评价

"童画童话"校本课程评价体系的开发正在进行：通过对学生习作水平、习作态度的评价，评价课程开发的有效性。拟开发课堂评价（自我评价、同桌互评、小组评价等）、课外评价（家长评价、校园习作专栏、校园网络、专业作文网、年级作文月报、习作发表）、班级特色评价（班级作文周报、作文集、班级博客）等校本课程评价资源体系。

"童画童话"是儿童生活的起点，是生命最初的歌唱。让我们努力"召回"自己的童心，以敬畏的心境、信任的姿态，打开童"画"，聆听童"话"，让儿童回归童话的世界。

附一：

家乡的野菜飘香

【"童话"园地】

内容安排：

1. 一课时。课内：宣读《告家长书》，了解告家长书的格式、内容，教会学生向爸爸妈妈转述《告家长书》的内容；小组讨论活动注意事项，集体写保证书，做好走进田野的前期准备。（说、写）

2. 课外：集体活动——走进春天的田野。寻找野菜，仔细观察野菜的根、茎、叶，发现它的与众不同之处，认真倾听农科所专家的讲述，记住三种野菜的名称，利用照相机记录下难忘的瞬间。带一些可食用的野菜及自己记住的三种野菜，回家后，向父母介绍最喜欢的野菜，深化对三种野菜的认识。完成一篇活动日记，把自己在田野所见所闻记述下来。（活动、说写）

3. 一课时。课内：美术老师执教一节挖野菜儿童画指导课，指导学生回忆田野的见闻，用自己的笔画下印象最深的一个镜头。（说、画）

4. 两课时。课内外：通过查阅图书、上网、询问家长、老师等办法收集相关资料，邀请专家讲述，从学名、俗名、营养、药用价值及相关的历史知识、古诗句或小故事等几个方面介绍自己最喜欢的一种野菜，利用一周的时间完成野菜标本制作。（活动、写）

5. 三课时。课内外：在父母帮助下，动手烹制美味的野菜菜肴，学写广告语，推广自己的菜肴。召开"舌尖上的野菜"美食品尝会，以小组为单位，每组携带自己制作的菜肴，说清制作过程，及野菜的营养价值，推广自己的野菜菜肴。

（活动、写）

6. 两课时。课内：欣赏有关《野菜》的名家名篇，尝试写一写家乡的野菜。（读、写）

7. 一课时。课内：为了让更多的人了解野菜的营养及药用功能，针对目前环境污染，使很多野菜变成毒菜、甚至销声匿迹的情况，指导学生写倡议书，唤醒人们爱护家乡的环境，保护大自然的意识。（说、写）

附二：
【"童话"王国】

第七课 花木展览会

教学目标：

1. 举行花木展览会，学生当讲解员，讲解花木有关知识，评选最优秀的讲解员。

2. 学会用点面结合的写法生动地描写花木展览会的经过，做到详略得当，表达真情实感。

教学重难点：

用点面结合的方法把花木展览会的经过写清楚

教学准备：PPT

教学时间：四课时

教学过程：

一、举行花木展览会，评选优秀解说员（周五下午后操场）

设计意图

苏霍姆林斯基极力推崇带孩子走入大自然，走入社会。口语表达及习作表达也应该走向生活，奔向快乐的童年。我们带领学生走进花圃，了解认识花木，并在美术老师的指导下给花木制作身份证，练习当小讲解员介绍花木，然后在花木展览会上一展讲解员的风采。学生喜欢这样的活动，不用老师特别要求就会用心观察，用心聆听。这时，在老师安排下的说写训练，则是帮助学生"找米下锅"。活动的说、写，不是强加给学生的，是他们有了言语表达的欲望，非找一个人说说不可，非把它写下来不可，你不让说，不让写都不行。童年就是这样快乐的、立体的、任性的。一次又一次的活动资源在不断满足和提升孩子心理需要的过程中，生成了一个又一个的习作资源。

二、回忆场景,说难忘印象

1. 上个星期五下午,我们成功地举办了花木展览,还记得当时的场景吗?说一说,哪些场景给你留下了深刻的印象。

2. 指名说。

3. 美术课上同学们把自己印象最深的场景画下来了,老师看到有的同学印象最深的是人山人海的场景,有的印象最深的是满操场漂亮的花儿,有的印象最深的是自己讲解时忘词的尴尬,有的记住了别的同学绘声绘色的讲解,还有的把大家的表现都记在心里了,大家都是个会观察的孩子。

> **设计意图**
>
> 绘画是孩子们与生俱来的本领,"童画之乡"的孩子最擅长的就是画画,会画的孩子,一定是爱生活、会观察、会思考的孩子。绘画的过程是重温快乐的过程,五彩的画卷,奇妙的构图,是孩子心灵的倾诉。教室的墙壁上,学校的走廊里,随处可见他们体现童真童趣的画作,一幅画就是一个故事。相同主题的画连起来,就是一个精彩的绘本故事。

4. 花木展可真让人难忘啊。在班级群里,你们的爸爸妈妈看到我们画的画,都特别兴奋,都想知道花木展是如何开展的,你们的表现如何。今天,咱们就把花木展上发生的事详详细细地告诉他们,好吗?作为送给他们的感恩礼物。那花木展上发生了这么多让你难忘的场景,究竟该怎么讲,才能让他们一听就明白呢?

5. 小组讨论。

6. 听了大家的讨论,每个小组都有自己的看法,哪个小组来汇报一下你们的学习成果?

7. 可以按照事情发展的顺序介绍,选择印象最深的场景去写,不能面面俱到,你们都是小作家,把老师想告诉你们的写作诀窍都说出来了。

> **设计意图**
>
> 创设言语交际的情境,让学生想说、想写,自然而然地表达自己内心的想法,我们会惊喜地发现每个孩子即是一座五彩斑斓的写作资源库,每个孩子都是一部精彩绚丽的童书。

三、学习点面结合,描写细节

1. 印象最深的场景怎样写才能吸引人呢?一个大的活动,总会有好多人,你

捧月掬花　守望童心

认真观察过一个人吗?下面我们来欣赏两个片段,片段一《天鹅的故事》中老天鹅、天鹅群破冰的片段,片段二《大江保卫战》中战士们、黄晓文保卫大堤的片段。

默读片段,边读边思考:作者是怎样把天鹅群破冰、解放军保护大堤的场面写得如此生动、感人的?

2. 指名答。

3. 你有一双慧眼。是的,作者写了老天鹅、黄晓文,这是点的描写;又写了天鹅群、战士们,这是面的描写。在写活动或场景时,我们都可以采用点面结合的写法。对照你画的画,利用点面结合的方法,说一说你印象最深的场景。

4. 小组内交流讨论。

5. 指名说。随机点评,从人物的语言、动作、神态、心理等方面引导学生说具体。

> **设计意图**
>
> 在活动中学生学会了仔细观察,那如何把自己观察到的具体地表达出来,怎么去写?这个环节就是解决这个难题。鲁迅极为推崇写作应从阅读其他人文章中去模仿、比较。从经典美文片段中寻找言语表达的精妙,启发学生用点面结合的写法表达自己的真情实感,这样的指导,鲜活、贴切,学生用习得的方法选择自己喜欢的言语方式表达自己喜欢的内容,这样的习作过程同样是自由的、开心的。

6. 现在请你拿起笔,把给你留下印象最深的点和面写下来,时间是20分钟,20分钟后,我们交流。

7. 佳作欣赏。

(1)指名读,从人物的语言、动作、神态、心理等方面引导学生评价,修改。

(2)指名读,从点面结合这一写法引导学生评价,修改。

8. 修改自己的片段。

> **设计意图**
>
> 刘勰的《文心雕龙·物色》中说:"岁有其物,物有其容;情以物迁,辞以情发。"脑中有物,心中有情,才会写出好文章。通过这一系列教学过程,将活动激发写作动机,绘画选择写作素材,赏读课文片段指导写作技法有机融为一体,让习作真正地走进学生的心灵深处,成为学生生活的一部分。

四、完成整篇习作,送给爸爸妈妈检阅

参考文献

[1] 叶黎明.写作教学内容新论[M].上海：上海教育出版社，2012：2.
[2] 义务教育语文课程标准(2011年版)[M].北京：北京师范大学出版集团，2012：23.
[3] 周国平.各自的朝圣路[M].山西：北岳文艺出版社，2004：55.

指向核心素养的真实习作课程构建

——于永正老师《认识苹果》课例分析

《认识苹果》是于永正老师1989年秋天带领鼓楼小学四(1)班学生开展的一次认识苹果的说、写训练，这次习作活动后由中国教育电视台拍成教学片播放。于老师共用五课时组织了习作活动：1.写保证书，向家长转述去果园的通知。2.到果园参观，认识苹果，品尝苹果。3.分组筹备苹果展览会，为苹果写一份说明，练习讲解。4.写海报，通知全校师生，举办展览会，全班同学当讲解员。5.为报社写通讯报道，写照片说明。

核心素养是学生在真实情境中解决真实问题表现出来的必备品格和关键能力，而语文核心素养是学生在真实的情境中解决具体问题时所呈现出来的准确而生动的表达(口头或者书面)能力及敢于表达、乐于表达的欲望。于老师的《认识苹果》很好地达成了全面提升学生的核心素养这一目标。《认识苹果》(以下简称为《苹果》)，把生活与写作无痕地连接起来，着眼于人的教育，诠释了核心素养课堂"创设情境""解决问题"两大要素，着眼于学生文化基础的落实、自主发展习惯的养成及社会活动积极参与的情感培养。这也正是我们一直追寻的真实习作课程——真实的写作目的驱动、在真实的写作情境中获取真实的情感体验、真实的写作任务激发表达欲望、真实的写作过程。

一、真实的写作目的

"关于作文教学，大概得先想想学生为什么要学作文。要回答似乎并不难，当然是：人在生活中工作中随时需要作文，所以要学作文。"[1]周子房教授说："在真实的生活世界里，写作一定是为了特定的读者，为了特定的目的而进行的，这就是写作的功能性。"综上所述，写作的真实目的是"使学校写作行为可能逼近真实生活世界的写作行为。"(魏小娜)

《苹果》一课，于老师设定了如下的教学目标：1. 学写保证书、说明书、海报通讯报道、照片说明；2. 学会与人沟通、交流，会口头转述通知，有条理、大大方方地当众解说。这些目标"为了生活，指向应用"，在真实生活情境的驱动下激发学生写作动机，促进表达内容的生成，从而推进写作过程的展开。

二、真实的写作情境

"情境"是沟通学校环境与真实生活的桥梁，是"真实写作"贴近真实生活世界的主要方式和途径。真实情境的创设要让学生的写作有明确的读者意识，激发表达、交流欲望，在具体的场景中检验表达（口头或者书面）的效果。真实的写作情境包括自然生活情境（接近或等同于真实生活世界的）、物理情境（借助信息技术模拟真实世界、显示生活场景，李吉林老师的"情境"大多是此情境）、文化实践情境（创设逼真的习作时间、读者、目的，运用真实的写作材料和对象，创设真实的写作任务）。

于老师敏锐地发现并利用现实生活中现成的习作课程资源，带领学生走进果园、认识苹果、写说明书介绍苹果、举行苹果展览会作讲解员、为报社写通讯报道稿等自然的生活情境，解决真实复杂的任务，使写作回归语言实践的情境中去。充分利用原汁原味的"情境"进行写作教学，从写作背景、写作任务、写作对象、写作目的到文字的读者都真实起来，学生就想写、乐写、会写、善写了，而且能从交际对象和需要出发练就准确、有效、真情表达的本领。

三、真实的写作任务

真实的写作任务源于真实的写作情境，是学生生活需要的，"写作材料都是诸位生活中原有的，不是从生活以外去勉强找来的。"[2]每次习作，都是学生发自内心的真情表达与流露，是为了更好地生活，与人交流的需要。

片段一：（第一节 写保证书，转述通知）

师：同学们，还记得阳春三月，我们到徐州果园赏花的情景吗？我们漫步于粉红色的桃花、雪白的梨花、略施粉黛的苹果花中，那么令人心旷神怡，那么令人陶醉。春华秋实，转眼秋天到了。秋天的果园，硕果累累，一片丰收的景象。告诉大家一个好消息：星期六上午，我们到徐州果园参观，请园艺师介绍几种常见的苹果。不过，我到果园去联系的时候，人家对我们有点不放心。我想，也是的，果园可不是一般的去处，万一哪个同学这样——（说着做了个摘苹果的动作），怎么向果园的主人交代呢?

生:于老师,您放心,我们保证不动人家的苹果!

生:于老师,您还不相信我们吗?我们向您保证!

师:口说无凭。

生:我们写下来!行吧?

师:当然行。我们学过怎样写保证书,再说有些同学曾经几次向班主任写过保证书,熟练得很。(众笑)学过的知识和本领今天要派上用场了。写吧,谁写得好,就让谁去。

赏析

> 于老师站在儿童的立场,从学生的学习生活需要出发,通过丰富多彩的系列活动,把说写训练艺术地融入生活中去,学生轻松地学会了说、写。本课例中他布置写保证书的任务;接下来他又布置了为家人介绍5种苹果、为苹果写说明、学习当讲解员、为报社投稿等真实的写作任务。学生用心感受,酣畅淋漓地把所感所想所得写下来告诉读者。
>
> 于老师还带孩子们钓鱼、慰问五保户、军属之后,写了一篇怎样钓鱼的说明文,两篇钓鱼和慰问的记叙文,一篇到五保户家怎么说的口头作文。和运师附小学生结对通信,同样是写作文,写信更有创造性,不是老师事先安排好的,要临场发挥。这些习作活动使学生既学会了交际,学会了学习,学会了健康生活,又锻炼了自主能力和责任担当力,这些能力都直指学生核心素养。

四、真实写作的过程

写作过程是运用知识、体验知识的探究、生成过程;写作过程是体验或者反刍生活的真实感受,并用抽象的语言准确表达的过程;写作过程是复杂的思维活动,需重组综合多方面的学科知识,进行有序、精确表达的过程。唯有这样的写作过程才是真正的语言实践。于老师巧妙地把学生的语文经验、习作动机及生活经验结合起来,构建写作支架,呈现了真实的写作过程。

片段二:(第三节:为苹果写说明,练习讲解)

师:上星期六我们到果园参观,收获很大。我布置的"家庭作业"完成了吗?

生:完成了。

师：家长有什么反应？

生：我向爸爸、妈妈介绍5种苹果的特点，爸爸妈妈说："想不到苹果还有那么多名堂！"

生：我妈妈说："俺孩子长见识了，今后买苹果你跟着当参谋。"

师：同学们，别班的同学听说我们到果园参观，非常羡慕，纷纷要求去。可是，果园正值大忙季节，没法接待。校长请我们班举办个苹果展览，让其他同学来参观参观，不同样能达到认识苹果的目的吗？我们班决定在本周星期六举办苹果展览。每个同学回家从每种苹果中各找出一个大个儿的拿到学校当展品。展出的时候，每种苹果前面还要放一张"说明"，不然人家怎么能知道叫什么苹果，怎么能掌握它的特点呢？怎样写说明呢？第一行当中，先写上苹果的名称。如果写红玉，就写上"红玉"两个字，写大一点，醒目一点。下面分项写，可以从形状、颜色、品质（包括味道、水分等）、类别、成熟期等。（边说边将上述词语板书在黑板上。）以上几个方面的特点，大家很熟悉了，写起来不会有困难。为了省时间，咱们分成五组，每组写一种。一定要把特点写清楚，让参观的人一看就明白。

> **赏　析**
>
> 　　学生有生活，却没内容写，主要原因是学生的言语思维还没有发展到较高水平，不能把"生活中的散点"进行唤醒、转换、梳理、整合、加工。苏联心理学家维果斯基的"最近发展区"理论认为，最近发展区是存在于学生已知与未知，能够胜任和不能胜任之间，需要"支架"才能够完成任务的区域。"怎么写"往往是学习习作难点，教者一定要给予指导。于老师先带领学生回顾了上周六参观苹果园及向家人介绍苹果的事情，唤醒学生已有的信息储存；接着创设了给全校学生介绍苹果的真实任务，这是把信息进行转换，帮助学生把听到的生活经验和查资料得来的间接经验结合；然后于老师帮助学生进行信息的梳理、整合，详细地指导如何写说明书，深化学生对苹果的认识，提升了经验；在此基础上加工成一篇说明性文章，水到渠成。

片段三：（第五节：写照片说明和报道稿）

师：现在请同学们考虑一下，怎样为这张照片写几句说明文字。如果没有说明，读者就不知道是谁，也不知道是在干什么。现在大家想一想，这个说明该怎么写。

生：鼓楼小学四(1)班的同学在9月24日成功地举办了一次苹果展览。同学正在向小朋友介绍金帅苹果。

生：如果这幅照片和我们写的报道一起发表，第一句可以不要。

师：有道理。但是，如果单独发表呢？单独发表怎样写说明？

生：如果单独发表，就必须多写几句，把时间、地点还有目的都写上。

师：也就是我们刚才写的报道稿要概括、浓缩一下。写写看，看谁写得既简练又全面。这个要写好不容易。

（学生写，师指名读。）

赏析

> 于老师始终站在儿童立场上，每一次的习作活动都给学生搭建好完成写作任务的活动步骤支架，概念支架(教师要通过写作知识引领，发展学生的言语思维[3])，策略支架(问题、提示、建议等)，元认知支架(修改、对比、提示等)。这些学习的支架，学生可以模仿，通过反复实践，不仅提升写作能力，而且对日后独立写作起到很好的引导作用。

写作教学不是一次性的事情，是一个课程。要培养"全面发展的人"，要求每位老师要具备独立开发课程的能力。写作过程可以做很多事，"我的作文课程是我自己开发的。"(于永正)我们不妨向于老师学习一二。

参考文献

[1] 叶圣陶.叶圣陶教育文集3[M].北京：人民教育出版社，1994：79.
[2] 叶圣陶.怎样写作[M].北京：中华书局，2007：46.
[3] 华东师范大学教育系、浙江大学教育系.西方古代教育论著选[M].北京：人民教育出版社，2001：70.

"主题式微型写作课程校本开发"的实践与探索

——以"舌尖上的家乡"为例

"'真实的作文'的含义：真实的言语任务；真实的言语环境；真实的言语成果。真实的写作行为是什么呢？就是生活。"[1]"主题式微型写作课程"依托统编教材，从学生社会生活经验和需要出发，以某一主题为核心组织活动、写作，致力于解决儿童写作中的困难点。其特点是规模小、容量少、主题单纯、目标清晰、针对性强、易于操作,使习作与生活紧密结合,把说写寓于现实的或创设的真实写作情境中,写作任务与日常生活和学习中运用言语表达情感、交流思想的写作活动趋于一致,从而提升"真实文本"的写作能力。

"作文训练应是通过有计划、有目的、有指导的写作实践,使学生形成语言表达能力的活动过程。研究并建立作文训练的序列,是提高作文教学效率的需要,是当今语文教学科学化的重大课题。"[2]课程是通过教师、方案、学生三者互动的实现教育意义的专业活动,包括目标、内容、实施与评价四个要素。"主题式微型写作课程校本开发"的实践和探索,依托统编教材,聚焦学生习作难点,提高作文教学效率,建立有序的作文训练系统。

借鉴于永正老师的"言语交际表达训练"、李吉林老师的"情境作文"和张化万老师的"生活作文"研究成果,本课程确立如下的目标:1. 创设真实(或拟真)的写作情境,在"真实的系列写作课程"中学会写作。2. 尝试解决学生写作中的难点,解决"为什么写""写什么""怎么写"的问题。

"主题式微写作课程校本开发"融合自然、学习、生活等诸多元素,形成真实、有趣、具有挑战性的生活大情境,针对不同年龄阶段儿童认知发展的特点,依托统编教材口语交际及习作,通过问卷征求最感兴趣主题,分学段开发不同内容:如,低年级以"人与自我"为主题的"我爱学校""我的家""我的好朋友""我和小动物""我的手工作品""我的第一张留言条"等;中年级以"人与自然"主题的"我名字的故事""身边的'小事'""那次玩得真开心""植物朋友知多少""有趣的实验""国宝大熊猫系列""持续观察最快乐""好玩的游戏""给笔友写封信""说说身边的新闻""和朋友过一天""我学会了""游山玩水""我最爱的一本书"等;高年级以"人与社会"为主题的"走进他们(曾祖父母、外祖父母)的童年岁月""中国汉字故事知多少""祖国文化遗产宝库""乡音乡趣"等。

鲁迅先生说:"只有民族的才是世界的。"乡土情怀是对自己民族特色的传承,也是通向世界的桥梁。社会主义核心价值观体现在学校教育上即"立德树人",培养儿童综合素质。深圳这座包容的城市,汇聚了来自五湖四海的人,笔者以为基于对家乡文化背景的热爱,进而形成对祖国的深切情感,即是立德之本。儿童认识世界、融入社会必须从身边开始,能够培养他们的家乡情结,对于乡土情怀的形成具有重要意义,乡土教材是教学资源研发的宝库。关注乡土,让每位儿童找到自信,以独有的眼光看待家乡、展望世界是微课程建设中最重要的一个主题。

统编教材六下第一单元以"民风名俗"为主题,编排了《北京的春节》《腊八粥》《古诗三首》《藏戏》四篇课义,充满了浓郁的民俗风情,让学生充分体会民族文化的博大精深,激发学生对祖国传统文化的热爱。习作安排主题为"家乡的风俗",课程组依据教材开发了"舌尖上的家乡""家乡风景美""家乡传说故事多""家乡名人数不清""家乡特产丰富""我爱家乡"的课程。下面以"舌尖上的家乡"为例,谈谈"主题式微写作课程"的实践与探索。

一、课程目标及内容

(一)课程目标

1. 学会搜集资料写,概括写,语言简洁、清晰;学会给采访稿列提纲,学会采访;学会简单介绍说明的方法;学会写广告语。

2. 学会抓住重点,写清楚味道和人物,抒发真情;学会写美食味道的方法;学会"写出人物特点""用语言、动作、神态写出人物心情""通过事情写人,抒发真情"。

(二)课程内容

一方美食养育一方人,对美食循序渐进地传承和见微知著的变化形成了不同的中华美食文化。《舌尖上的中国》让舌尖和精神同时感受美的愉悦,传承了美食文化。笔者创设了"人人做家乡美食的代言人,把家乡的美食及文化通过《舌尖上的中国》推广到全世界"的大情境,安排6个写作任务,聚焦六年级习作两个难点:1. 概括写,学写常见应用文。2. 具体写,表达真情。一个主题,多项说写活动,反复的专项习作训练,层层递进,相互贯通。

1. 寻访美食,选出代表家乡的美食

五湖四海的人们相聚深圳,由于忙碌的城市生活,虽然每天与各种"美食"相伴,但对于美食的文化(湘菜、粤菜、淮扬菜……)知之者甚少。教师把"同一家乡、同一菜系"的学生分为一组,合作编写采访提纲,选出一种能代表家乡的美食。

2. 美食品尝会,欣赏美文写美食

为了把代表家乡的美食推向全世界,举办美食品尝会,评选最有特色的美食。品尝时,教师提醒学生调动各种感官(眼、鼻、耳、心)慢慢欣赏、品尝,把独特的味道品尝出来。师生共读名家名篇,沈从文的《腊八粥》一文,汪曾祺的《端午的鸭蛋》一文,梁实秋的《雅舍谈吃》一书,周作人《知堂谈吃》一书,这些文章言辞优美,清灵风趣,洒脱的行文里流淌的是对生活的美好感受。感受了美食文化及

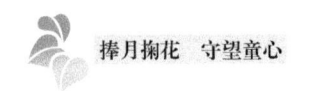

作家对生活美好的感受和对家乡浓浓的眷恋之情,学习作家的写法,写家乡的一道道美食。

3. 走近美食传人,图文故事书写传奇人物

每道美食制作背后都有许多道复杂的工序。为了揭开神秘面纱,学生走近美食制作的"传人",现场参观美食制作过程,用手机拍照、录音,获取最珍贵的第一手资料。"传人"们希望学生把他们制作的美食推向世界。有了这样深情的嘱托,加上活动带给学生的新奇感和心灵上的震撼,自然而然地把自己看到、听到、想到的用照片和文字表达出来。

4. 手绘食谱,用童画表述乡土文化

儿童是天生的小画家,"家乡特色食谱"使习作与童画完美结合。充满想象力的儿童画是对审美的认知,表达着他们内心的世界;是对世界的认识,流露着对乡土的热爱。学生制作过程分工明确,配图的文字准确、简洁、条理清晰。

5. 微视频讲传说,激发乡土情怀

勤劳善良的人们在家乡这块土地上耕耘、繁衍后代,留下许多不朽的民间传说。这些传说语言通俗、内容丰富,体现了厚重的历史文化,是民族的文化之魂。与美食有关的故事传说也很多,这也是家乡人智慧的结晶,书写了家乡悠久灿烂的美食文化。引导学生把这些美食传说找寻出来,制作微视频,让更多的人了解家乡美食,了解家乡,家乡情怀尽在一个个民间故事讲述的微视频中。

6. 广告语推荐,传承家乡美食文化

"酒香也怕巷子深",推广家乡的美食,广告语的创编少不了。学生对广告语了解太少,语言不够丰富,打不开创新的思路,容易说出空洞的套话。教师先带领学生分类、筛选、归纳、整合广告语习作密码——简短、明白、流畅、创新、突出特点,然后学生创作广告语赞美家乡美食。

二、课程实施与评价

本课程教学对象为六年级学生,6个内容,6课时突破难点,完成写作任务,落实语文要素。"写作教学设计的主要目的是为学生完成写作任务提供各种需要的帮助。学习支架理论将这些在学习过程中根据需要为学生提供的支持和帮助称为'支架。'"[3] 课程实施主要是设计支持写作学习的支架系统,解决习作困难点,使学生顺利地穿越"最近发展区",表达准确、规范、有序、形象,提升表达力。

"写作学习支架依据功能标准,支架分为程序支架、概念支架、策略支架与元认知支架四种类型。""写作学习的程序支架可以有建议、向导、图表、解释和提示……概念支架可以有解释、范例、图表、提示……建议、向导、图表、解释和提示等都可以成为策略支架……元认知支架的表现形式以问题提示为主,也可以是建议。"

课题	写作困难点	指导过程	写作支架
1. 制定采访计划	概括写:将采访的提纲写清楚。	1. 创设生活情境。2. 展示例文(采访稿:采访目的、对象、时间、内容、方式、问题),补充写的目的。3. 基于学生困难,小组合作完成采访计划。4. 展示学生作品。5. 实地采访,接受采访人评价。	1. 程序支架(建议、提示、互助、展示)。2. 策略支架(图表、解释、范例、提示)。3. 元认知支架(建议、问题)。
2. 家乡美食品尝会	具体写,表真情:家乡美食味道的特点,学会写美食味道。	1. 美食品尝会,利用各种感官品尝美食。2. 回忆读过的美食美文,欣赏名家美食片段,提炼写味道的方法(比较法、列举法、运动法、联想法)。3. 写下家乡美食的味道。4. 发表在微信公众号。	1. 程序支架(实践、写作)。2. 策略支架(模仿复述、自由式写作)。3. 元认知支架(建议、问题)。
3. 走近美食传人	具体写,表真情:写出人物的特点,表达真情实感。	1. 走近传人,观察采访,拍照记录。2. 综合统编教材写人文章的要求("写出人物特点""尝试用语言、动作、神态描写表现人物内心""通过事情写一个人,表达自己情感"),集中写"美食传人"。3. 学生完成习作。4. 发表在班级作文周报上或微博、公众号平台。	1. 程序支架(实践)。2. 策略支架(样例、提示、建议)。3. 元认知支架(建议、问题)。
4. 手绘食谱	概括写:1. 制作步骤清晰。2. 菜谱的形式与内容。	1. 回忆美食制作过程,条理清晰地说步骤(用上第一,第二,第三表示时间先后顺序的词)。2. 出示食谱,样例讨论(图画简洁"诱人",文字凝练清晰)。3. 小组合作完成食谱。4. 推广到各大餐厅。	1. 概念支架(解释食谱要求)。2. 策略支架(样例、提示、表现)。3. 元认知支架(建议、样例)。
5. 美食传说故事知多少	搜集材料说:1. 学会搜资料,用口语表达。2. 拍摄微视频。	1. 搜集、梳理、整合资料,流畅表达,小组合作录制视频。2. 展示视频,点评视频(故事情趣、讲述自然大方)。3. 发在抖音等短视频平台。	1. 程序支架(建议、图表)。2. 策略支架(样例、提示、建议)。
6. 写"广告词"	搜集材料、概括写:1. 广告语的内容。2. 广告语规范写法。	1. 播放广告视频。2. 展示例文,提炼写法(抓住特点,语言简洁、朗朗上口、新颖独特),补充写的目的。3. 基于学生困难(简洁概括),小组合作完成广告词。4. 发表在微信公众号。	1. 概念支架(解释广告词要求)。2. 策略支架(样例、提示)。3. 元认知支架(范例)。

"主题式微写作课程校本开发"真实情境,真实任务,真实活动,大大激发了学生的潜能,"听说读写"教学活动设计精准,训练步骤明确,攻克一个难点,达成一个目标,组成一个前后衔接的写作训练体系。

课程的评价立足课程内容、特点、过程,从长远的角度培养学生的良好习作兴趣和习惯,关注每一次进步,全面提高学生的习作能力。课程评价包括过程性评价和成果评价相结合。过程性评价,落实在每节写作课堂上,教师点评、自我评价、同桌互评、小组评价等,评讲时不断地启发引导,让学生自主修改,达成对本次写作知识点的巩固与发展、语言表达能力再提升的评价目标。成果评价以"发表"为评价标准,充分利用"班级作文周报""微信公众号平台""班级微博""校园网页""校园作文集"等等评价资源。

写作教学不是一次性的事情,是一个课程。要培养"全面发展的人",要求每位老师要具备独立开发课程的能力。写作过程可以做很多事,"我的作文课程是我自己开发的。"(于永正)主题式微写作课程,是统编教材的校本化实施,突破习作难点,成为儿童向外界表达自我的工具,架设起儿童与世界沟通的桥梁,在说说、读读、写写中引领儿童走进生活,热爱生活,传承和发扬传统文化。

参考文献

[1] 李海林.论真实的作文[J].中学语文教学参考,2005(5):2.
[2] 朱作仁.小学语文教学法原理[M].上海:华东师范大学出版社,1988:498.
[3] 周子房.写作学习支架的设计[J].语文教学通讯,2015(7-8):10-15,23.

构建有效的写作支架策略

——以统编教材四下习作为例

"写作教学设计的主要目的是为学生完成写作任务提供各种需要的帮助。学习支架理论将这些在学习过程中根据需要为学生提供的支持和帮助称为'支架。'"[1]写作教学要设计支持写作学习的支架系统,解决学生习作中遇到的困难,使他们顺利地穿越"最近发展区",表达准确、规范、有序、形象,获得表达力更好的发展。

在写作教学的过程中怎样为学生构建有效的学习支架呢?笔者以统编教材四下习作为例,谈谈有效写作支架的构建。

一、任务情境支架,知道"为谁写"

写作一定是在某种任务情境(真实情境或拟真情境)下的写作。这类任务情境一般不是人为地创设的,而是"发现"和"利用"现实生活中"现成"的写作课程资源,使写作回归其运用的实际情境中,即在融汇有写作技能与知识的社会功能性的情境中,解决真实复杂的写作任务。[2]任务情境支架,还原写作的真实目的(为了与人沟通交流,为了解决学习和生活中的问题),以此激发学生对写作任务本身的兴趣,将学生置入想说、想写、想表达的心境,由"要我写"变成"我要写"。

如《我的"自画像"》,教材提供了一个拟真情境,"假如你们班来了一位新班主任,他想尽快熟悉班里的同学。请你以'我的自画像'为题,向班主任介绍自己,让他更好地了解你。"这一"推荐"的情境使写作立马有了真实的目的"介绍自己,让新来的班主任记住'我'"。哪位学生不想得到新班主任的认可呢?学生写作激情一瞬间被点燃,表达欲望被激发。

再如《我的动物朋友》,设计了"帮忙寻找""帮忙喂养""收养小猫"三个拟真的"说服"情境,综合性学习《合编小诗集》提供了"班级展示"的"分享"情境,此时,写作的真实目的是"说服朋友帮忙,展示自己才华的同时和伙伴们一起分享写作的快乐"。至此,学生不写不行,而且欲罢不能。

以上是教材编者设计的,教材中没有任务情境,教师也可以自己去设计。如《我的乐园》创设"你有幸福的乐园吗? 快邀请你的好朋友去你的乐园一起玩耍吧"的"邀请"情境;《我的奇思妙想》创设"四年级组要举行'我的奇思妙想'征文比赛,最具奇思妙想的你会被评为'超级幻想家'"的"评优"情境;《游_____》创设"暑假快到啦,为同学推荐一处假期全家一起旅游的好地方吧"的"推荐"情境;《我学会了_____》创设"给远方的亲戚写封信,告诉他你最近学会了什么"的"书信交往"情境;《故事新编》创设"××是学校的超级故事大王,你能战胜他吗"的"挑战"情境;《我的"自画像"》还可以创设"介绍自己,让我猜猜你是谁,猜中我们就手牵手,你是我的好朋友"的"交友"情境;《我的动物朋友》可以和学生一起创设"宠物店评选最漂亮(可爱、顽皮贪吃等)动物,给你的动物朋友写一份自我介绍信吧"的"代言"情境。

情境支架构建,一要尊重儿童的生命,"儿童的成长离不开活动,游戏是儿童的生命。"[3]挑战、代言、给动画配音、表演、春游、参观等"游戏"情境让学生在好玩的游戏中进入写作任务,乐在"写"中。二要基于儿童成长,分享、邀请、写信、推荐、建议、说明、劝说、广告、说服等与学生生活相关联的"交际"情境满足儿童与社会交流沟通的需要，成长为社会需要的"人"。三要关注儿童心灵，征文比赛、当众演讲、发表等"激励"情境，让学生得以抒发思想情感，得以言说心灵精神，得到社会和他人的认可。

二、内容支架，知道"写什么"

明确了写作任务，进入写作，"写什么""怎么写"，学生需要有相应的知识和生活经验以及书面表达能力、表达技能。现状是：学生现有的写作知识和技能等储备远远不足，迫切需要教师给予有效的支持和帮助。写作技能和策略的学习，关键不在"知道"，而在"会"。由"不会"到"会"，我们需要在写作中选择聚焦的学习点来展开，进行充分"折腾"。[4]找准学习点，教师搭个"支架"，和学生一起"折腾"。支架的构建，要聚焦学生写作难点；要基于学生已有的生活经验和言语经验。

内容支架聚焦"写什么"的学习点，以学生过去、现在或将来的经验为基点，帮助学生发散思维，引发头脑风暴，激发回忆过去的相关经验，搜集指向现在和将来的写作素材。图表支架、问题支架、建议支架等形式可以帮助学生回忆、搜集写作材料。

（一）图表支架

1. 图表支架，很多时候以簇型图的方式呈现，它引发了学生的思维过程，引导学生从亲身经历的生活发散开去进行选材。《我的乐园》（如下图），引导学生去回忆找寻"获得知识的地方，和小伙伴玩耍的地方，和亲人在一起的地方，使自我心灵上得到满足的地方等等就是'乐园'。"这种将思维过程图像化的做法，可以实况展现出学生构思与组材的动态过程，这样的"思维导图"将学生的思维和言语引向更加广阔的天地，引向更加深入具体的问题，引向更加多维多元的表达方式。[5]

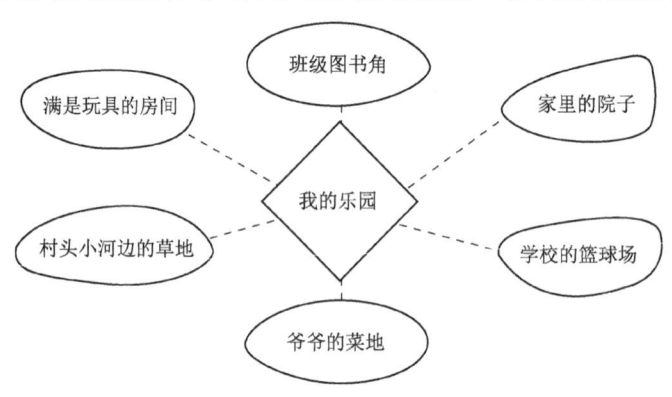

2. 图画支架,用图画引发学生的思维过程,和图表支架有异曲同工之妙,只是用图画代替了文字,却更浅显易懂了。《我学会了_____》(如下图)这六幅图,启发学生从学会一项生活技能,如刷碗、种花、借书等;学会拥有一种本领,如:弹钢琴、摄影等这两个维度去思考选材。

(二) 问题支架

问题支架,以问题的方式引导学生进行反思,管理自己的思维,在学生已有的素材储备与新的写作任务之间搭建一个"脚手架",找寻出更好的写作素材。如《我的"自画像"》"写之前想一想"提醒学生:1. 你外貌有什么特点? 2. 你的主要性格特点是什么? 3. 你最大的爱好和特长是什么? 4. 你还想介绍自己的哪些方面? 可以用什么事例来说明? 这四个问题一出,学生对"写什么"一目了然,写自己的外貌、性格、爱好和特长,其他方面也可以写。写人,这几点是不是都要写? 笔者以为不一定。只要能写出人物特点给读者留下深刻印象就行,外貌可以不写,性格也可以不写。教材无非是个例子,学生才是学习的主体,教师要根据学生情况灵活地使用教材,学生的知识、能力等在教师的帮助下才会真正地提升。

(三) 建议支架

当设问句变成陈述句的时候,问题支架就变作了建议支架。如《我的动物朋友》用泡泡的形式,提供了三个建议支架"我要跟小伙伴强调,小羊的左眼圈是黑的""我要给邻居讲清楚,我的小狗特别爱吃肉""我要给同学讲一讲小猫的可爱"。三个建议,指向不同的写作内容,让学生明白读者不同,写作目的不同,选择的写作内容也是不一样的。

三、表达支架,知道"怎么写"

表达支架聚焦"怎么写"的学习点,通过各种方法和途径,激活学生已有的书面表达经验,经历一些更有写作经验的学生或教师所经历的思维过程,帮助学生建构新的写作知识、技能和策略,降低写作难度。例文支架、提示支架等形式,都有助学生对于写作中隐性知识、方法地体悟与理解,顺利完成写作任务。

(一) 例文支架

例文支架,例文为范例,教师带着学生或回忆例文、课文阅读链接中的一些表达方法;或联系生活经验,拓展思路,从例文中发现写作秘诀,获得新的表达技能;或鼓励学生运用例文中学习过的生动的词语、丰富的句式、段式,促使其表达具体。精读课文、整本书片段、教师的下水文、学生优秀文等都可作为例文。

习作单元编选了精读课文及习作例文两种范文,都是为写作服务的,区别仅在于习作例文更贴近学生的习作水平,更易于借鉴模仿。以《游_____》为例,习作要求:1. 按游览顺序写。2. 按照观察顺序写出印象深刻的景物特点。学生已有的表达经验是"按一定顺序写观察到的景物"(三上习作单元的训练重点),在此基础上,本次习作"怎么写"的学习点为"按游览顺序写,写出重点景物特点",写作的知识和技能藏在课文和习作例文中。教师带着学生读文思考,层层梳理:从《颐和园》按"走完长廊——登上万寿山——从万寿山下来"顺序写,《七月天山》按"进入天山——再往里走——走进天山深处"顺序写,归纳出"按游览顺序写就是观察位置在不断变化"的写法;从《海上日出》和《记金华双龙洞》中学到"所见(从多方面多角度把看到的东西叙述清楚)+所感(联想到相似的美好的东西),比喻拟人来帮忙,景物特点生动又形象。"的"重点景物写具体"技巧。有了这些方法和技巧,学生的表达就清楚了、具体了。

(二) 提示支架

提示支架,通过言语提示,实用、高效地帮助学生解决习作表达的难题。以

◇ 河流挡道，撞上树桩，掉进陷阱。（路遇不测）
◇ 跑反方向，这回比谁跑得慢。（急中出悟）
◇ 路过一片萝卜地，看到了水灵灵的萝卜。（遇到诱惑）

◇ 新增了一段下坡路、乌龟头一缩迅速滚下。（滚道变化）
◇ 借助滑板，利用宝葫芦。（借助工具）

◇乌龟和兔子都赢了。
◇乌龟和兔子都没能赢。
◇兔子赢了。
◇乌龟又赢了。

《故事新编》为例，提示一"先设想一下故事的结局（如下图）"引导学生思考选择新编故事的内容从结局入手确定更容易。提示二"假如我选'乌龟赢了'这个结局，可以想象新的故事情节（如下图）"这个提示，帮助学生梳理了编故事情节的方法：让故事主人公不断遇到困难，再想尽各种办法解决困难。进而形成故事类文体的概念，掌握故事类文体的特征：主人公个性鲜明，故事情节一波三折，结局美好皆欢喜。

再以《游_____》为例，提示"可以先画出游览路线图，帮助自己理清思路；印象深的景物要作为重点来写，注意把它的特点写出来；可以使用过渡句，使景物的转换更自然。"这些提示，指向了写游览过程中印象深的景物；也指向了按游览顺序写，用过渡句自然过渡。

很多支架都是"写什么"和"怎么写"的有效结合，问题支架、图表支架等可作为"怎么写"的支架，"提示支架"等也可以作为"写什么"的支架，它们都潜含了写作方法和策略的指导，为学生的写作引路。当学生经过反复练习将这些支架内化为自己的思维习惯，写作难度降低了，写作水平也就提高了。

四、评价支架，知道"写怎样"

评价支架，帮助学生评判什么是好文，修改自己的习作，以表格支架、解释支架等方式呈现。评价支架构建要有针对性，针对本次习作要求，不能拔高，便于学生有章可依，有则可循。

表格支架通过表格，让学生明晰好文章的标准。以《游_____》为例，构建标准就是习作要求"按照游览顺序，印象最深的景物重点写，按观察顺序写出特点。"学生依标准从结构、内容、语言等方面自我评价,修改习作。笔者以为,情境任务完成情况也可作为一项标准,强化学生写作为生活、学习而作的初心。

星数	游览顺序	观察顺序写重点景物	所见+所想	比喻拟人	伙伴想去
标准	★★	★★	★★	★★	★★

解释支架,就是用语言分条列举评判标准,从内容、构段、语言、谋篇等方面用语言详细列举,便于学生一一对照。以《我做了一项小实验》为例:

① 用上"先……接着……然后……最后"这样的句式,把实验过程写清楚。(30分)

② 把实验前、实验的时候、实验结束后的心情变化写清楚。(20分)

③ 把实验过程中每一步有趣的发现写清楚。(20分)

④ 实验前的准备、实验的过程、实验的结果清晰。(20分)

⑤ 用词准确,语句通顺流畅。(10分)

写作支架,学生可以通过"模仿""体验""实践"内化其中蕴含的写作思维策略和解决问题方法,获得写作能力的增长。反复实践,日后必要时候,学生一定可以通过各种途径自己寻找或构建支架来帮助写作,最后丢掉支架这个"助手"也能出色地完成写作任务。

参考文献

[1] 周子房.写作学习支架的设计[J].语文教学通讯,2015(7-8):10-15,23.

[2] 周子房.写作学习环境的建构——活动理论的视角[D].华东师范大学,2012.

[3] 于永正,于然.我的教育故事[M].上海:上海教育出版社,2018,52.

[4] 周子房.程序支架:构建写作学习的有效流程[J].中学语文教学参考,2019(34):13-16.

[5] 吴勇.写作支架:走向言语实践的习作教学——统编版习作教材助力系统的教学探索[J].小学教学设计,2019(34):4-8.

让习作评价真实发生

一直以来,写作教学有评无改、评改分离,批改都留到最后。我们收来学生们写完的习作,常常是打个等级、写个评语,学生看看等级,随后就放到抽屉里;

或以老师的标准把作文改得面目全非,学生不敢写了,因为怎么写也达不到老师的要求。全世界最认真看孩子作文的是老师,我们的老师这么努力了,学生的习作依旧"重复着昨天的故事"。"老师那样批改是剥夺学生自我修改的能力、学习的机会、发展的机会。"王荣生教授如是说。

那么,在批改习作环节,我们该怎么做呢?叶圣陶先生给出了答案:"'改'与'作'关系密切,'改'的优先权应该属于作文的本人。"2016年11月30日,在"台湾小学语文名师李玉贵教学观摩研讨活动"现场,李老师上了一节绘本《分心虫》习作课,她创设了"分心虫"的形象,让学生分享自己课堂上走神、犯错的一件事,教学过程中李老师要学生自己一直去改,写作是在学生修改中完成的。

一、以学定教,学习修改

作文是学生自己心灵的发现,我们要相信每个学生都有巨大的可能性,放手让学生写自己想说的话。可是正如美国梅尔·列文所说的,"写作是一种输出,是把头脑里的思想转换为可以在公众领域交流、讨论的书面文字,是'最难的事情'"。在完成写作任务的过程中,学生不仅仅是学会写一篇习作,还要学习写作知识、技能和方法。所以,在写作的过程当中教师必须有针对性地指导,做到黄厚江老师认为的那样,"无论是指导还是讲评,都应该有一个清楚的'点'。这个点,就是教什么,就是教学内容。"这个点就是学生在完成写作学习任务时遇到的困难。

片段一:

师:(出示一生习作:"上课的时候想看窗外"。)一件分心事写完了。

生:(又出示一生习作)今天上数学课时,我真的很饿,就偷偷地在桌下面吃零食。

师:"真的很饿",是李老师说要写满,才加上的。

生:不是的,写好了,觉得不好才加上。

师:太好了,写作就是这样修修改改改修来的。即便是作家,写一本书的作家,所有的东西都是修修改改改修来的。

赏析

李老师从《分心虫》绘本故事引入,创设了一个仿真的写作情境,引发学生的头脑风暴,分享上课分心的事情,然后引导学生进行分类(做事、想、自己分心、跟别人分心等),帮助学生梳理、确定写作内容;写作时候,要求学生写一行空一行,给后面的修改留空;当学生写不出来时,老师提醒先把想法写出来,写出难度。五分钟的时间,对大多数学生来说,不会的字用拼音,又一次降低了习作要求,从时间上来说有些长,因为写一两句话只需要两三分钟。也有的学生不会写,李老师的习作修改教学就此一步步地展开了,她将帮助学生把一句话的习作写成600字的习作。为要让学生有自我修改的意识,李老师郑重地表扬了一句话中添加"真的很饿"的学生,并据此告诉学生好作文是改出来的。写10篇作文不如把一篇作文修改10遍,当学生养成了反复修改的习惯,拥有"自我修改"的能力,老师就从繁重却说不出痛的习作批改中解脱出来了。老师和学生一起享受习作带来的快乐,这才是习作教学的春天。

二、顺学而教,经历修改

在反复的语文实践中学生才能形成能力,养成习惯。习作教学殊途同归,教师示范修改、小组合作修改、自己独立修改,学生只有经过反复修改实践,才能慢慢掌握修改技能,养成修改习惯。

片段二:(细化动作 写具体)

师:(出示漫画)这个小朋友分心做什么事?

生:捡铅笔。

师:刚才那个小朋友呢?

生:向窗外看风景。

师:不管做什么事,现在老师请你往前想一想,往后想一想都可以,把这个小朋友分心的事情变成十个动作。

生:捡橡皮。

师:不是,出来捡笔,还有什么动作? 刚才看到大动作,现在看小动作。有人很棒,不仅想到神情,还有姿势。不只是这幅图,想想前面会做什么,后面会做什么。全班都站起来,想到十个以后坐下。两个人合作,打个折,想出六个就可以坐下。李老师看大家这么努力,想出四个就可以坐下。

生:手撑着桌子,手捡笔。

师:哪个手撑着桌子,哪个手捡笔,怎么说更清楚。

生:他用左手撑着桌子,右手在捡笔。

……

> **赏析**
>
> 　　李老师从学生写作的过程中观察，从学生习作中发现问题，以学定教，一步一步地教会学生修改习作。当她发现学生不知道怎样把一件事写具体、生动时，就教他们一个方法——细化动作写具体。为此，智慧的李老师没有仅仅停留在概念知识层面，而是让学生通过动作细化的练习变知识为能力，先引导学生去想象小动作，想象神情、姿势，当学生最多只能说出5个动作的时候，她继续出示漫画，告诉学生捡铅笔前、后的小动作、神情、姿势都可以加上去。会说是会写的前提。李老师让学生充分地说，而自己则认真地听，帮助学生把话理通顺、清楚。"两个人合作""打六折""想四个"，她细心地观察到学生习作过程中的点滴变化，遇到困难，及时为学生搭个梯子，学生"跳一跳够到了桃子"，时时处处站在学生立场，关注学困生，使每个学生的学习真正地发生。

片段三：（分心原因　说分明）

师：（出示图）看这个小孩子的眼神，这小孩子想什么呢？这是他笔掉下来的原因，原因是什么我不知道。"听老师上语文课好无聊，我就偷吃东西"，这个理由一写，改你的作文的老师一定不喜欢看。"听老师上语文课，老师讲到××人物的对话，其实这些我都已经听明白了，听着听着我就分心了"，这样写人家想不想看你的文章？（板书：原因）……有人捡笔捡到屁股都翘起来了，为什么？

生：因为他的笔滚得太远了！

师：为什么不站起来捡？

生：因为老师正在上课，怕老师发现。

师：只要把这些写进去，哪里是十个动作而已？

片段四：（搭配环境　相衬托）

师：你知道他捡哪里去了？想看吗？（出示图）请问那个穿绿色裙子的是谁？

生：老师。

师：课堂上的分心事，除了写动作，写分心的动作、神情、时间、做什么事，还要写老师在上什么课，而且一个很专心的小孩，一定要注意老师，你是大大咧咧地分心吗？不是，你是偷偷摸摸地，你要找到机会分心哦。

> **赏析**
>
> 　　修改能力是一种高级的写作能力，修改很难。有人说，所谓修改，就是再思维的过程，不能拘泥于原先的思路，要善于反思、侧思、深思，从不同的层面

审视自己。由于学生认识活动是由已知到新知的过程,学生智力和学习能力发展也是有顺序的,教学生修改习作,要循序渐进,从简单到复杂,螺旋式上升。李老师指导学生修改习作逐步推进,第一步细化动作写具体,第二步写出分心原因说分明,第三步搭配环境相衬托,第四步体悟感受当结尾。这样一步一步地细致指导,何愁学生写不出优秀的习作?但是引导学生自改不能指望"一口吃成胖子",正如李老师课后告知大家,今天她呈现的是一个完整指导的过程,平日里每一步的指导,都需要几课时反复练习,不能贪多求全,急于求成。

三、示范修改 明确标准

片段六:

师:(出示:我问他:"喂,你在干吗?"他说:"在做猪。"我要他给我看。)这位小朋友写的是哪种?

生:和别人一起分心。

师:如果作文是五星,你会给这个孩子几星?

生:一星。

师:(出示:我问小宇:"喂,你在干吗?"小宇先看了看老师,说:"用黏土做猪。"我向他做了个手势,让他给我看看。)再看看,要对比哦。现在你们给他几星?

生:四星。

师:老师刚才说的话还记得吗?作文是改来的,不希望只做一个四星的小孩,他努力了。他到底增加了什么?看了看,是什么?

生:动作。

师:先,再,这是什么?

生:顺序。

师:向他做了个手势,这个动作是有方向的。

师:你的抽屉里头,有一张这样的纸,(出示:我悄悄转过脸侧对着小宇,压低声音问:"喂,你在抽屉里做什么,好像很好玩?"小宇先瞄了老师一眼,稍微往我耳边靠,小声说:"用黏土,想捏一只粉红猪。"过了几秒,我忍不住好奇,用手指轻轻点他的肩膀,小宇微微转头,我向他做了个手势,要他给我看一眼。)

两人讨论并圈出好的修改,都同意内容的就圈。

> **赏析**
>
> 　　何捷老师说："修改是一种比较复杂的思维转化为语言的过程,必须实施真正的互动式教学,让孩子反复经历全程,有感受、有体验,才能收到实效"[1]。"光说不练,不是好把式",怎么改呢?李老师拿出一个段落,演示了修改的过程,引导学生一起参与修改,通过同桌讨论、集体交流发现一颗星的习作加上"动作""顺序词"等立马变成四星习作。李老师又让同桌合作探究、梳理、分类,加上"细化动作""关键瞬间""特定颜色、工具、材料、地点""程度、状态、顺序"等内容后把事写得更具体了。到此,循序渐进的训练降低了难度,学生会发现原来写成一篇优秀习作不难嘛,反复地修改,添添加加就行了。
>
> 　　最后李老师又强调,"'为什么分心'写第一段,'怎么分心'写第二段,最后有没有结尾,自己定",并把教学的重点作为"秘籍"发放到每个学生手上。这一点给予我们启示是:教师教学、批改、评讲的重点,一定要告知学生,在习作过程中一点点渗透,不是教完再说。

　　参照李老师的习作课,我们的习作课堂迫切需要把写作过程和修改过程重合,多给学生写作修改的机会,实现叶圣陶先生的"作文教学的最终目的为自能作文,不待教师改;教师之训练必做到这一点,乃为教学之成功"这一要求也就指日可待了。

参考文献

[1] 何捷.我的魔力语文课[M].福州:福建教育出版社,2015:152.

将习作评价落实在当堂

——跟于永正老师学评价

　　习作评价是作文教学的重要内容之一,合理而有效的习作评价应包括师对生的评价、生与生之间的评价及学生的自我评价,它关系着写作知识点的巩固与发展、语言表达能力的再提升、习作兴趣的再度激发。然而,日常教学中,大部分教师只把习作的评价简单化为"作文的批改"。"教师批改下功夫很大,学生不看,等于白花力气,应该改变改变方式。"吕叔湘先生对这种评价模式忧心忡忡。

叶圣陶先生说："'改'与'作'关系密切，'改'的优先权应该属于作文的本人。"

那么如何落实叶圣陶先生的"改的优先权属于作文的本人"的教学观念，真正发挥出习作评价的作用呢？

近日笔者反复研读了《于永正经典课例评析——作文教学卷》一书，发现于老师总是当堂评价学生习作，评讲主体是"作者本人"，评讲时教师不断地启发引导，让学生自主修改。"于氏评价"不仅缩短了评改的周期，增强了评改的有效性，还增进了师生间的情感。"于氏评价"正是我们追求的理想作文评价策略。

一、修改方法先知晓

1. 循序渐进明确修改步骤

《语文课程标准》指出："要重视引导学生在自我修改和相互修改的过程中提高写作能力。"当堂评改习作，要求学生具备自主修改的能力。这种能力不是天生的，是在后天反复实践过程中形成的。对于刚学写作的学生，要教给学生修改的方法，学生才能学会自主修改。

于老师教学《三年级人物语言描写练习》，先请学生读自己的习作，告诉其他学生"注意听，看看这些同学写的有什么值得我们学习的地方，有什么值得我们注意的地方，并听听于老师是怎样评改的。"在评改第一名学生的习作时，第一步：先看有错别字吗？第二步：这篇作文哪些地方符合要求？第三步：细读，看第一段哪些地方需要修改？第四步：你认为哪些地方应该画上波浪线，给予肯定？第五步：回去按照大家的意见，再改一改。三年级学生刚学写作，不会修改很正常，于老师通过样例点评，手把手地教学生修改方法。

学生会修改了，于老师开始要求学生自改："叶圣陶、老舍改作文，就是'再念、再念、再念'。念三遍吗？——不是，是指反复念。一念就会发现作文的毛病。文章不厌百回改，不要以为写完就万事大吉了，要反复修改。""叶圣陶说：'好文章是改出来的。'怎么改？告诉你个秘诀——读。自己读，出声，多读几遍。自己读完后同桌两人再互读，两个人的力量总比一个人的大，再说取长补短，更利于自己进步。"

于老师一直在教学生修改习作的方法：找错别字；对照习作要求，逐句修改；学习别人好词佳句。他教学生学"名家"，反复斟酌内容、结构、语句、字词，修改自己的习作。他还教学生看老师"示范点评"，从而明确评价标准自改、互批；比较修改前后习作的变化，反思、总结写作经验；关注习作共性问题并针对性地修改；想尽一切方法和手段，展示、交流修改后的习作。他给学生的是看得见、用得上的方法和真正能带走的能力。

2. 细致指导学会准确修改

于老师的当堂评讲,大多是生"念"师"改",他是学生语言的"医生",时时刻刻指导学生准确地进行书面表达,切实提升遣词造句的能力。

下面是《四毛的故事》课例中,师生之间精彩的对话——

生:……这天天气格外晴朗,丁老师满脸怒气地夹着一叠试卷走进教室。(师:既然丁老师心情不好,干脆把天气改为下着小雨,这样的环境使得老师心情更难过。晴朗就不衬了。写景要注意起衬托作用,根据人的心情来写。因为这是想象作文,是允许的。)"砰"的一声,丁老师把试卷重重地放在桌子上。(师:"重重地"这个词语用得好,把丁老师的心情表达出来了。如果我改作文的话,一定在"重重地"下面划三个红圈。这句话写得太真实了,真实就是美。)然后严肃地说:"真想不到,这次数学考试我们班竟考得这么差!"(师:这不是"严肃",你看该怎么改?)"难过"。(师:好。)……四毛战战兢兢地走上讲台。(师:"战战兢兢",说明四毛心里害怕极了。这个词用得好。)丁老师……(师:写得好,感情体会多深啊。)……丁老师严厉地说:"把试卷拿回家去签字!"(师:"拿回家去让家长签字",要加个"家长"。)四毛听了,小声说道:"这回就别……"(师:"小声说道"应该换个什么词才能把四毛的心情表达出来?我相信你有这个本事。)"恳求"。(师:还有比"恳求"更恰当的吗?)"请求"。(师:还有比"请求"更恰当的吗?)"乞求"。(师:"乞求"重了,还没到那个地步。)"哀求"。(师:他还没哭呀,还没难过到那个程度。咱们的汉语词汇可丰富啦,再想想,还可用什么"求"?)"央求"。

于老师细致的点评,渗透了题目的新颖、夺人眼球,开头提问引发好奇,环境烘托符合心境,词语精准表达情感等写作技巧。学生习得技巧,再来改自己的习作,一篇篇优秀的习作出现亦不为奇。他还喜欢请不同层次的学生念作文,"以点促面",使不同层面的学生都有例可仿。

3. 下水文介入学会精细修改

儿童最好的学习方式是模仿,反复模仿、借鉴是提高学生习作水平的必备手段。于老师高屋建瓴地预知学生写作中的困难,总在评讲完学生习作后出示自己的"下水文",让学生有例可仿,思考老师为什么这样写,进而更精细、精致、自觉地修改自己的习作。

教学《珊瑚》一文,于老师出示了两篇"下水文",一篇"总分总"结构式散文,一篇说明文,学生在对比阅读中发现两篇文章的异同,归纳出写法,完善自己的习作。

教学《高尔基和他的儿子》,学生读完了自己写给高尔基的信后,于老师用自然的语气读了他的"下水信",听完后,学生自然明白如何把信改得更好。

4. 深情嘱咐习得书中的法

名家经典是无可取代的"恒久典范",亦是学生写作最好的范本。于老师深谙此道,故总嘱咐学生:"今后读书的时候,一定关注作家是怎样写人物对话的,读慢一点,多读一点,你们会把人物对话写得更好。""读课外书的时候,注意作家是怎样把文章写得有声有色的,读多了,观察多了,你的作文会写得更有声有色。"于老师此举意在告诉我们:教学生写作文不难,要让学生和好书交朋友,阅读与写作并举,习作越写越精彩。

二、戴顶高帽激情趣

于老师有一颗童心,一颗包容心,他用欣赏的眼光关注学生的每一点进步。他改作文给学生 100 分是低分,200、300、500 分这样的高分屡见不鲜,于氏别出心裁的高分奖励开启了学生的心智,让他们敞开心扉,畅所欲言,欲罢不能。

在《歇后语作文》课例中,"非常通顺,不要改动一个字,而且语言非常简练,有点文言文的色彩……打 150 分!""老师们一阵阵的笑声,是对你最大的奖励。多少分? 180 分。有话对我说吗?(生:谢谢于老师给予我这么高的分数。)不高,不高!因为你谦虚再加上 20 分,这 20 分叫谦虚分。掌声!""200 分,怎么样?(生:很高兴。)回家读给你老爸听,如果读给老爸听,再加 50。多少分了?噢,250 不好听,那就再加 10 分,260 吧!"在"高分政策"的激励下,学生的写作兴趣、积极性高涨,佳作自然层出不穷。

于老师的分不是乱给的,他要求学生怎样写,就怎样给学生加分,习作的要求就是评分的标准。《有声有色写作文》作前于老师提出的要求是:写作文,要有声有色,只要写得有声有色就是合格的;如果写得比较具体、比较通顺,就是优秀的。参照这个标准,学生写得有声有色,会联想,当然能得高分。《歇后语作文》要求:只要写的是一个故事,有头有尾,就是合格的作文;如果你的故事写得很有趣,大家听了觉得很有意思,高分;哪一个词用得好,加分;哪一句写得棒,加分。他还时时刻刻向学生传达一个理念:习作是要与别人分享的,得到读者的认可,就是最好的习作。

三、沟通交流学做人

1. 修改也要有读者意识

习作是为了表达和沟通交流的需要,是作者与读者交流的媒介,所以学生写作时心中一定有一个倾诉交流的对象。

在《苹果》课例中学生写了新闻报道稿和照片说明后,于老师追问:"但是,如果单独发表呢?单独发表怎样写说明?"修改好后,于老师强调一定从中选一篇寄到报社。此课例中于老师从始至终都在学生的心里装着读者——看报纸的人,因读者不同,习作内容的选择是不同的。

《于老师印象记》,当一学生鹦鹉学舌地向妈妈介绍:"因为于老师特别喜欢教作文,作文教学取得一点成绩,有经验。"于老师笑着说:"那是老师自己说的,自己说自己,当然要谦虚一点。"学生马上明白,与不同的读者交流表达的方式、内容、策略是不同的。

2. 修改习作也是学做人

《语文课程标准》指出:"语文课程……为学生形成正确的世界观、人生观、价值观,形成良好个性和健全人格打下基础……"。学生是一个个生命,他们要成长,教师要给他们创设适宜的环境,引发他们对生活的思考,学会作文,学会做人。

在《写"对话"》课例中,当学生念:"老师也异常高兴,因为这位同学平时在班里是数一数二的(倒数)。"于老师说:"这句话最好不要说,有点挖苦人的味道。我们要处处、时时想到别人,要尽量说得好听些。"

《买手帕》课例"写人民来信",于老师点评一名学生的来信:"这是一封非常好的'人民来信'。第一,出发点好,完全出于关心、爱护商店的立场;第二,摆事实,讲道理,不丑化,不漫骂……我发现,有些同学因为有情绪,措辞不大讲究,这不好。"

在《一块面包》课例中,当学生不能用恰当的语气和准确的言语表达时,于老师适时指出:"对别人做的事发表意见,应从自己这个角度说,坚持'我'的说法,而且态度要诚恳,要这样说:晓理同学,你把面包扔了我感到太可惜了。如果直接指责对方,就会顶牛,激发矛盾。"

于老师说:"教师应该是儿童的语言医生。……老师给学生习作诊断,也得加强沟通交流,让师生在情感沟通交流中共同建构,共同提高。"他的评讲没有说教,只有与学生言语互动,心灵沟通,春风化雨般地在孩子心田播下善良、宽容、真诚等美好的种子。

纵观于老师习作课堂的评改,最深的感触是:他不是在评改作文,而是指导学生修改自己的作文,在修改中学,享受习作的快乐,感受生活的幸福,憧憬未来的美好。

理想的评价是评价者与被评价者民主协商、主体参与、互动交往的过程,通过对话达成共识,从而起到了习作评价的知识巩固、表达能力的再发展和写作兴趣的持续激发作用。

文以载道　习作育人
——于永正老师习作育人谈

2014年3月30日,教育部印发《关于全面深化课程改革落实立德树人根本任务的意见》(以下简称《意见》),《意见》指出"立德树人是发展中国特色社会主义教育事业的核心所在,是培养德智体美全面发展的社会主义建设者和接班人的本质要求"。"立德树人"落实到小学语文教学中,教师除了要帮助学生构建完善的知识体系外,还要培养他们良好的道德素养。

以于永正老师的课堂教学为例,不管是阅读教学、口语交际教学还是写作教学,于老师一直都在巧设计、潜育人,把培养学生的语文素养和"立德树人"二维融合,志在培养完整的人。

于老师的习作课堂既导文法,还明确指引学生生命的航道。于老师"教学生写作文不仅仅是教给他怎么写,而是要让儿童在写作之中学会做人。"[1]在学习过程中,学生自然而然地懂得做人的道理,自然而然地提升情感态度和价值观,自然而然地让真善美占据他们的心田。

一、主题载"道",情境育人

习作必有一个寻"源"取"材"的过程,习作"选材"源于学生生活,在确定写作主题后,积极创设情境任务,以"立人"之道驱动任务的完成。

比如他教学生写作《大红花》。首先从一朵大红花送给"最热爱劳动"的同学这一事例入手,创设了推荐"劳动能手"的情境任务,于活动中让学生领会"劳动最光荣"的精神要旨,唤起了学生爱劳动的意识。《一块面包》则从"小朋友把吃了两口的面包扔进垃圾桶"这个浪费粮食的生活现象入手,创设了"给全校同学写一封公开信"的情境任务,在思与写中,渗透了"浪费可耻、节约光荣"的精神,培养了学生勤俭节约的优良品质。《调解》从"两位同学因踩脚发生争执"入手,创设了"调解二人矛盾"的情境任务,着力培养学生"团结友爱、谦让宽容"的品性。《爱鸟》从"猎人打鸟"入手,创设了"劝阻猎人不要伤害鸟儿"的情境任务,渗透了"爱护鸟类,保护环境"的意识。《劝戒烟》从"世界戒烟日小颖劝爷爷戒烟"入手,创设了"帮小颖劝爷爷戒烟""给抽烟的家人和朋友写信"两个情境任务,渗透了"吸烟有害,关爱家人"的品质。《测试》从"亲身经历一场五分钟测试"入手,创设"自我反思"的情境任务,渗透了"细节决定成功,好习惯终身受益"的精神。《轧面条》从"学校新买了一台轧面条机"入手,创设了"帮助食堂孙师傅看懂说明书,教会他操作面条机"的情境,将"乐于助人""与人交流要尊重和理解对方"的品质植根学生心中。

于老师有一双育人的慧眼,从学生的生活经历中发现题材,聚焦情感主题"一块扔掉的面包"等小得不能再小的事件,引发了学生的思考。良好的育人环境的初设,在立德树人教育中起到润物无声的效果,"立人"主题下一个个鲜活的生活情境创设,让生命在场,生活在线,增强了教学的趣味性和吸引力,让学生沉浸在真实的情境中,进而引发他们对生活、对人生以及自我生命塑造的深入思考,唤醒提升生命的觉知,促发诸如热爱劳动、节约光荣、谦让宽容、保护环境、关爱家人、乐于助人、尊重他人、养成细心好习惯等良好道德观和人生观,从口中到笔下,从笔下到心里,在不断丰富学生的语文知识的同时提高他们的修养。

二、指导载"道",表演育人

确定主题后,进入写作环节,适当地穿插表演环节,表演是写作文的前奏,帮助学生想象、构思,在表演之中解决学生"写什么""怎么写"的难题,于师生、生生表演中无声渗透"立人"之道。

《爱鸟》片段:

师掏出一张卫生纸擦了擦嘴,然后随手扔到地上。学生见状纷纷站起来发言。

师:同学们,正在这时,树林里来了一个猎人。(老师让学生把眼睛闭上休息。于老师扮成一个猎人,手里提着一支猎枪,蹑手蹑脚地来到林子里。学生睁开眼睛,哈哈大笑。)

师：哈哈！这树林里的鸟真多呀！瞧，这只大山雀多肥呀！我看它往哪飞！（说完，举枪瞄准。"啪"一声枪响。）唉，没打着。（师见学生无动于衷，提醒学生：你们应该干什么？你们能让人随便打鸟吗？你们怎么坐着不动呀？）

生：（纷纷站起来，齐声）叔叔，不能打，不能打。

……

师：为什么不行？

于老师一上课就表演了"扔纸"，启动了学生的良言相劝、以理服人的道德系统，为"劝猎人"说写训练埋下伏笔。为了学生能有理有据地劝说，于老师又扮作猎人，一边表演，一边激发学生语言自主建构。当学生遇到困难的时候，及时给予帮助，提供了一篇阅读材料，学生写什么，怎么写的难题就在演演说说中开心、快乐地解决了，而劝阻打鸟的最终目的，是唤醒学生热爱大自然，保护大自然的道德意识。

《歇后语作文》课例中，学生自主结合表演歇后语故事，于老师也和三位同学组合表演了歇后语故事"鸡给黄鼠狼拜年——自投罗网"，全员参与的表演，充分调动了每位学生的想象力和创造性思维，表演得深刻生动，为作文的生动具体打下了坚实的基础。用歇后语写故事，让学生深切地感受到"歇后语是我们祖国语言的一种特有的形式"，感受到中华传统文化的博大精深，激发对祖国的热爱之情。

表演是于老师习作课例中常用的方法，《买手帕》《一块面包》《爱鸟》《四毛的故事》等课例中均有表演。于老师尊重儿童，从儿童兴趣出发，用儿童最喜欢的游戏式的表演营造富有情趣的课堂，为学生提供了自由表达的环境，学生是写作的主体，表演搭建的"演说写"的支架，使学生写作欲望逐步增强，想演敢演会说妙说，认真地演说写，写作效果可谓最佳。在这一学习过程中，潜移默化地激发学生保护环境、热爱祖国之情，育人和写作巧妙无痕地完美结合。

三、体验载"道"，活动育人

教师设计开展趣味性、挑战性的体验活动，以"学"为中心，带着学生在活动中玩，在玩中学习写作，学习与生活融合在一起，表达成为自发的需要，形成强有力的学习内驱力，学生的学习活动拥有了生命的现实意义。

《测试》是最典型的体验课例，上课伊始，于老师进行了一场测试"五分钟完成试卷，按照要求去做"，结果只有3人按照要求去做，37人做错。这场真实的情感体验后,每一位学生都有话要说,有情要抒,有感而发,不吐不快。体验真实,情感真实。体验活动还一次又一次把学生的思想引向深入,一位同学这样写道:"这次测试使我们真切地体会到粗心的危害,更使我们认识到做什么事都应细心、细心、再细心。'细心成就一切',愿我们每一个人都能告别粗心,成为一个做事认真、细致的人。"

《认识苹果》课例,于老师带领学生去果园参观,回来后做讲解员、写海报、写新闻报道稿,从满足学生需要出发,学生玩得兴致勃勃,学得积极踊跃,扎扎实实将写作训练融入活动中去,学生言语交际能力得以全面的提升。

于老师童心未泯,他了解儿童,知道如何激发儿童的兴趣,他为学生提供亲身体验机会,学生全员参与活动、参与感受、参与交流、参与写作,使得学习和"立人"取得事半功倍的效果。

四、评改载"道",对话育人

"好文章是改出来的",教师当堂评改学生的习作,在与学生的平等对话中植入"立人"之道。

在《一块面包》一文教学中,当学生宣读给全校同学写的一封公开信:"我校四年级的晓理同学把一块咬了两口的面包扔了",于老师说:"在公开信里不要点同学的名。"学生念到"五年级(1)班的余婧同学见了,挺身而出",于老师纠正:"虽然制止这种不良行为需要点勇气,但还不是和坏人作斗争,用'挺身而出'不合适。可以改为'诚恳地提出批评'。"

在《认识苹果》一文教学中,于老师带学生去苹果园之前让学生写保证书,几位学习能力较差的学生左顾右盼,抄别人的保证书。于老师笑着说:"同桌写的,可以参考,但不能照抄。""前后左右的同学讨论讨论,交换一下意见,然后写。"

于老师是个心灵魔法师,他是真懂儿童,总能站在儿童的角度去思考。他指导学生修改作文,没有说教,只是与学生心灵的沟通,他说:"老师给学生习作诊断,也得加强沟通交流,让师生在情感沟通交流中共同建构,共同提高。"他的评改,用智慧而诚恳的语言,春风化雨般在孩子心田播下诚实、善良、宽容、真诚等美好的种子,增强学生明辨是非的能力。他似乎又不是在评改,他是在用风趣而幽默的语言引导学生修改自己的作文,在修改中享受习作的快乐、感受生活的幸福、憧憬未来的美好,培养良好的品质。

五、欣赏载"道",魅力育人

教师的言传身教,胜过千言万语,是学生良好品德形成的基础。课堂上,教师关注学生的表达能力,更关注学生的心灵,身体力行地引导学生学会欣赏自己,欣赏他人,展示自我,超越他人,体会成长的快乐。

在《测试》教学一文中,一生读自己的文章过程中,于老师满脸笑容,用心聆听,及时送上智慧幽默的赞许:"从'小题',从'门都没有'看出测试题目简单,更反映出他对这次测试充满信心。""篇末点题,深化了主题,抒发了自己对这次测试的认识和情感,加分。整篇习作有情,有趣,展现了魏遥同学对'测试'的认识和情感变化。主题联系巧妙、自然。习作得210分。"……短短一篇文章,于老师给予了五处赞许,210的高分。结课时,于老师嘱咐:"同学们,好习惯使人受益终生。正如大家所说,'细节决定成功',愿每一个同学在今后的生活中养成细心、认真的好习惯。"

在《劝戒烟》教学中,一生读完自己的文章,于老师赞叹:"听了这几句话,我都很感动! 你爷爷看了一定也会戒烟。请你把这封信及时寄出去,一定会起作用的。"于老师说完这番话,学生说:"谢谢于老师,我永远忘不了这两节课。我明天就把信寄走。同时,我向您保证,我长大决不吸烟。"于老师高兴地和这位学生握手,赞道:"那这两节课我上得就更值了。"

《写对话》课上完,一生对于老师说:"于老师,您使我觉得写作文很有意思,我不怕写作文了。谢谢您。"于老师赞道:"你有这种感受我真是太高兴啦! 相信你的作文会越写越好。写作文不难,你怎么想的,就怎么写。另外,一定要和书交朋友。"

于老师用高尚的人格魅力,在举手投足间渗透"立人"之道。他准备了一百顶"高帽子"随时送给学生,"豪爽的赞许"使得学生从于老师那里学会了用欣赏的眼光去看待自己、看待同学、看待生活,树立了写作信心,感受到习作的快乐,感恩生活的美好。于老师慈祥的微笑、鼓励的拥抱、真诚的握手、蹲下的身子,这些无声的肢体语言,胜过千言万语,是学生良好品德形成的基础,使写作与学生的情感自然交融,促使学生养成乐观开朗、自信大方、健康向上的心理品质。于老师自身素养、道德修养、一言一行,都在为学生做好的"示范"。

苏格拉底说:"美德是一种永恒性和普遍性的知识,是可教的。"于永正老师的儿童的语文,儿童永远是核心,儿童是一个个生命,他们要成长,"育人"是核心。于老师将"育人"的教育融入习作教学活动中,满足学生全面发展的需求,培养学生学习兴趣、养成劳动习惯、坚定爱国信念，塑造学生良好的价值观、人生观，使他们一个个成长为有德行、对社会有用的"四有"新人。

参考文献

[1] 魏本亚.于永正经典课例评析——作文教学卷[M].北京：语文出版社，2016：280.

基于阅读的口语表达能力训练策略初探

"针对九岁或十岁以前的孩子，大部分语言教学应当把重点放在口语而不是书面语方面。"[1]语文课程标准十分重视学生的言语表达，各学段目标对独白也分别提出了具体要求：能较完整地讲述小故事，能简要讲述自己感兴趣的见闻；能清楚明白地讲述见闻，并说出自己的感受和想法；表达要有条理，语气、语调适当，能根据交流的对象和场合，稍做准备，做简单的发言等。我们的语文教师应该在教学中引导学生用课文来落实言语表达的目标任务。

最近，笔者尝试着从说话内容的选择及如何说话两个方面依托文本，引导学生学"说话"。

一、说什么话

口语表达一定要切题，要能让人一听就明白。所以，说话的内容要选择有特点、有代表性的典型材料。小学生年龄小，学习经验不足，这方面需要教师的有效引导。

（一）用角色说话，说符合对方身份的话

片段：《雾凇》——苏教版七上第23课

师：像这样既向我们介绍科学知识，又表达了作者情感的文章，叫科普美文。是不是所有的说明文都能写成科普美文呢？植物名片，药品说明书，能不能写成科普美文，为什么？

（出示）

生：植物名片是挂在植物身上，供参观者了解植物的名称、特点的，若是说得太多，人家不愿意看的。

生：药品说明书是写给病人看的，病人要抓紧吃药治病，所以不能说得太具体。

捧月掬花　守望童心

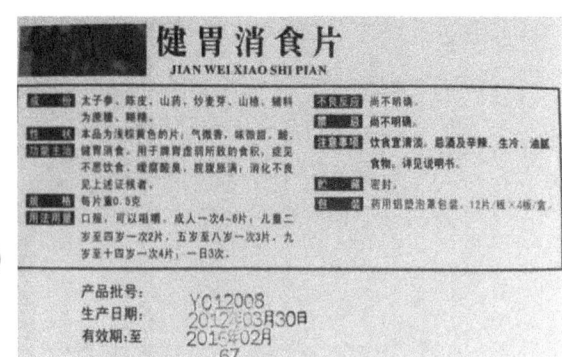

夹竹桃

名　称：夹竹桃
拉丁名：Nerium indicum Mill
科　属：夹竹桃科、夹竹桃属
介　绍：常绿大灌木。大陆各省区均有栽培。叶片如柳似竹，一年四季，常青不改，花朵胜似桃花，有特殊香气，花期为6—10月。各地庭园常栽培作观赏植物。叶及茎皮有剧毒，宜慎用。

师：是啊，不同地点，面对不同的人群，要学会选择不同的表达方式。现在，你会不会面对不同的人群介绍雾凇呢？（出示：1.去吉林观赏雾凇的游人。2.旅游局专家要评选世界十大自然奇观。3.小弟弟看到你语文书上的雾凇，以为是雪。）选择一个场景想一想，你可以说什么，怎么说？

生：给游人介绍，主要是介绍雾凇形成的具体过程，因为雾凇的美，他们都看在眼里，他们一定最想知道雾凇是怎样形成的。

生：给专家讲述时不仅要讲述雾凇的美，还要强调这是吉林特有的景观，其他地方没有，这样才能得到评委的认可。

生：给小弟弟讲，看着图片，告诉他这不是雪，而是雾凇，是挂在树上的雪。就可以了。

反思

李海林教授说："语言与语言运用是不同的，语言学家并不一定最会使用语言，说话可能比不上一个外交家、演讲家，写作可能比不上一个作家、文学家。"光积累，不运用，白忙活一场。语文教学，必须通过言语实践让学生使用"语言"，用这种"语言"说话。在习得文本语言的基础上，教师引导学生说话时注意交流对象个体特点，说话内容和形式与交流者身份相合宜，这样对方才会"乐于"倾听，说话者所说的才不会"白说"。经常进行这样训练，学生走向生活，用独特的体验感觉文本语言，内化之后进行个性化的表达。独辟蹊径的言语实践活动激活学生的思维，学会了说话的本领。

（二）用故事说话，说讲事实摆道理的话

片段：《诚实与信任》《珍珠鸟》《九色鹿》（苏教版四上）单元整合。

师：这一个单元的故事都是与诚信有关的故事，上段时间我们学习了《说勤奋》一课,还记得作者是怎样说的吗?

生:作者先说出自己的观点:勤奋是通往理想境界的桥梁;接着举了司马光和童第周的两个事例,一正一反,最后总结说只要勤奋就能有所成就。

师:你真是个会读书的孩子。现在,如果请你来"说诚信",你打算怎么说呢?

生:我先说诚信是比金钱还重要的东西。然后举"珍珠鸟"和"兄弟俩开酒店"的事例,一正一反,最后总结:诚信是做人的根本。

生:我和他的想法差不多,但是我想举"九色鹿"和"诚实与信任"的例子。

师:咱们学故事,不仅要会讲故事,还要学着用故事来告诫别人。现在,同桌合作,说一说诚信。

反思

中年段课标要求"能复述叙事性作品的大意",复述故事的目的是什么?笔者以为能用这个故事去劝别人,是言语表达的最高境界。"用事实说话"是小学阶段议论文最常用、最重要的论证方法。四年级学生学写议论文有些难度,但学着用"故事"来劝诫别人,常说,多说,就能练就"胸有成竹"的内功,与人谈到深刻的道理时,道理会因为有着鲜活的事例变得浅显易懂,便于听者接受。

(三) 用"名人"说话,说借名人来励志的话

片段:《厄运打不垮的信念》(苏教版五上)

师:这节课,我们读了《厄运打不垮的信念》《司马迁发愤写史记》。读了这两个故事,想想看这些名人的励志故事,还有刚才你们积累的名人名言,对我们有什么用呢?

生:当我遇到困难的时候,可以激励自己,可以激励同伴朋友。

师:是啊,这些故事可以激励自己,还可以激励别人,其实它还能帮助我们解决问题呢,快速读一读。出示:张雨辰励志长大做个音乐家,可是最近,爸爸遭车祸去世对他的打击太大了,他一蹶不振、心灰意冷,觉得理想也远离自己了,请你用自己阅读的故事劝劝他,让他重新振作起来,朝着自己的目标努力。

师:你可以用上今天学的这两个故事,还可以用上你刚才积累的名言,劝劝他。三分钟准备。

生:张雨辰,你不要难过了,不经历风雨怎么见彩虹。你知道吗?谈迁花了20多年的心血写成了鸿篇巨制,一夜间化为乌有,但是他没有被厄运打垮,他挣脱了命运的束缚,拖着年老体弱的身体,奋笔疾书,又历经了很多年,六十多岁的

他，完成了一部更加翔实、精彩的《国榷》，使他名垂青史。司马迁深受酷刑，却没有向命运低头，他以顽强的毅力完成了《史记》。你经历的这点挫折又算什么呢？振作起来，你会成为一名最优秀的音乐家的。

……

师：名人会给我们很多的启迪，这些名人故事，名人名言，不仅可以激励自己，还能帮助他人解决困难呢。

反思

当今社会，最让人信仰的是名人效应。苏教版教材中有大量古今中外的名人故事、名言警句，有意识地运用名人故事和名言警句来说话，既能训练学生提取信息的能力，又在"说话"这一言语运用过程中，使学生积累所得真正成为自己的东西。

二、怎样说话

口语表达要有条理、准确、流畅、生动，语文课程标准中先后提出了"较完整地讲述""简要讲述""清楚明白地讲述""表达要有条理，语气、语调适当"等口语表达的要求。说话容易，但是把话说好不容易，这也需要教师的指点。

（一）简洁概括有条理

片段：《滴水穿石的启示》（苏教版五上）

师：默读三个事例，思考：作者是怎样概括介绍这三个事例的（先写什么，再写什么，最后写什么），尝试概括成词语。

生：先写目标专一，再写持之以恒，最后写光辉成就。

师：这三个事例是不是都按照这个顺序写的。作者用同样的叙述方式，先写目标专一，再写持之以恒，最后写光辉成就。语言简洁凝练。如果用同样的方法再说一个事例，你想说谁？

生：爱迪生、谈迁、诺贝尔、刘翔、童第周。

师：那现在请你学习课文简洁准确地列举事例的写法，为课文再添一个事例，先和你的同桌说一说。

生：刘翔为了超越阿兰·约翰逊，成为世界110米跨栏的冠军。他不分昼夜超负荷训练。三年内，他跟约翰逊比赛近10次，没有一次超越约翰逊。但他没有灰心丧气，终于在2004年的国际田联大奖赛上实现了成为世界冠军的梦想。

一语天然万古新,繁华落尽见真淳:写作,我写故我在

师:了不起,以后在向别人介绍自己、介绍家乡等等表述自己的观点的时候,我们也要像他那样简洁凝练,有条理,让人一听就明了。

反 思

口语交际内容广泛,包括自我介绍、介绍朋友和宾客、介绍家庭、介绍家乡、介绍一张照片、介绍一处名胜古迹、介绍一种动物等等,这些介绍都需要有条理的表达。口语是同儿童生活世界紧密联系的,打通语文课程与儿童生活的通道要用好课文这个鲜活的例子。教师的教学为学生破解表达"密码"服务,鼓励他们从文本中发现作者表达的方法,进而结合日常生活中常见的事物让孩子运用这些方法,层层递进地训练,以有效地培养学生表述观点简洁凝练、有条理的能力。

(二)围绕中心说清楚

片段:《麋鹿》(苏教版六上第16课)

师:咦,第二节写麋鹿的样子,第三节也是写它的样子,去掉不行吗?
生:第二节是概括写,是中心段,第三节是围绕第二节具体写,不能去掉。
生:作者先总写,后分写,用了总分的写法,不能去掉。
师:先总说,后分说,说话也要这样严谨有序。刚才这头鹿是不是麋鹿呢?(出示图片)仔细观察它的样子,先做出判断,再说出理由,学习课文有条理地说一说,可以用上第一、第二……表示时间先后顺序的词语,别忘了用上作比较的方法让人一听就明白。
生:我认为它不是麋鹿。第一,它的角尖是指向前方的,而麋鹿的角尖是指向后方的;第二,它的脸不像马的脸,而麋鹿的脸像马脸;第三,它的蹄子不够宽大;第四,它的尾巴……
师:给他掌声。以后在做出判断的时候,也要像他这样,先摆出了自己的观点,然后按顺序具体说明,让我们一下子就明白了你的意思。

反 思

"他们运用语言靠的是本能,许多语法规则是在无意识状态下吸收的,而在充分意识到的情况下运用语法规则是促进人的理解力的最健康的方法之一。"教师引导学生关注作者写作的方法,给予学生明确的表达导向,围绕一个中心,用书上的话组织语言,用上表示先后顺序的词,有条理地表达自己的意思。通过一步一步地引导,学生学会了从文本中提取有用的信息,组织语

言进行说话。顺势总结说话的方法：在做判断时，一定先要摆明自己的观点，然后有顺序地说具体。

（三）有理有据让人服

片段：《九色鹿》（苏教版四上第21课）

师：如果九色鹿这样说，（出示：陛下，你真是个昏君，居然是非不分！你与这种灵魂肮脏的小人一起来残害我，还有人性吗？）和原文对比一下，你觉得哪种说法更好？

生：老师说得不好，老师说好像九色鹿在强词夺理，很没有礼貌，因为国王并不知道他和调达之间发生的事情。

生：九色鹿先是摆事实，他救了调达，调达忘恩负义，然后讲道理，这样才能让国王信服。而老师没有说清到底是什么事，我想国王应该会大发雷霆的。

师：是啊，九色鹿说的话很有智慧。他虽然很生气但不失礼貌，先和国王说清楚发生了什么事，再讲自己的理由。这样说话有理有据，怎能不让人信服呢？我们在辩论的时候，也要先摆事实，再说道理，这样才能先发制人。

反思

"大约九至十岁，孩子们的自我意识开始觉醒，能够把自己和外部世界区分开来，辨别不同事物和客观看待事物的能力增强了。"教者巧妙地通过对比，引导学生自己挖掘九色鹿的言语智慧：用摆事实、讲道理的方法，既痛斥了调达，又兼顾了国王的尊严。至此，教师的引导没有止步，继续深入，引导学生从文本走向生活，掌握说话的技巧：摆事实、讲道理，有理有据才能在辩论中取胜。

在平等对话的语文课堂中，教师不能忘记自己是对话中"首席"，时时铭记自己对学生负有组织、指导、引领的职责，积极营造一个良好的现场感，引领学生体验语言运用的规律，让学生在言语的海洋中自主遨游，在阅读与口语表达的结合中，在理解和运用的相融中，在听、说、读、写的语言事件中理性建构，真正地走向积极的"语言文字运用"之境界。

参考文献

[1][爱尔兰]吉尔伯特·蔡尔兹.做适合人的教育[M].王荣亭,译.北京：新世界出版社,2012.

博学而日参省，知明而行无过：
反思，我评故我在

著名教育家叶澜曾说："一位教师写一辈子教案不一定成为名师，但如果写三年教学反思则有可能成为名师。"学而不思则罔，思而不学则殆。教师要坚持在听课、反思、写作中成长。朱永新教授说："共读共写共同生活，才能拥有共同的语言、共同的价值和共同的愿景。"教师要坚持和学生一起阅读、反思、写作，把最美好的东西留给最美妙的童年。

课堂思素养，言意德共生

让阅读教学"贴地而舞"
——听宋运来老师执教《少年王冕》

叶圣陶说："语文课，就是老师在课堂上，借课本里的一篇篇课文做例子，教会我们的孩子说话和写作。"宋运来老师《少年王冕》一课的教学，弥漫着浓浓的语文气息，听起来着实是一种美的享受。他的引导无痕，似行云流水，又如春雨润物；他的语言质朴灵动，充满智慧。课堂上不仅有读、有悟的"保底"教学，还有阅读与写作方法渗透、言语实践等"发展性"的练习。

一、贴近儿童

热爱语文，就是热爱儿童。有了"儿童情怀"的语文教学，语文才变得那么可爱起来，学生才会喜爱语文。宋老师是在教"儿童的语文"，他幽默风趣的语言和深厚的文化底蕴构建了独特的、智慧的人格魅力，使得他的课堂轻松和谐，充满了童真童趣。

片段一：
师：上课前咱们先做个文字游戏好吗？看到"金"（板书）想到什么？
生：钱。金蛋。黄色。摇钱树。
师：（板书：玉）看到"玉"你想到什么？
生：玉石。玉佩。和田玉。
师：都是东西，还有不是东西的吗？（生大笑）
生：晶莹透亮。翠绿。贾宝玉。纯洁。

师：有没有想到与女孩有关的？

生：玉女。（生大笑）

师：是啊，金童玉女。不说金女。（生又大笑）

生：林黛玉。（生大笑）

师：大家非常会说话，想到了这么多美好的人、事、物。看下面句子，你理解吗？（出示：万般皆下品，唯有读书高）谁会猜，这句话是说什么的？

……

赏析

儿童有儿童的思维方式，有儿童的兴趣点。从儿童最感兴趣的内容与学习方式入手，他们将会全身心地投入到学习过程中。课始，宋老师并没有着急让学生走进课文，而是写下"金""玉"两个字，让学生分别联想，并用风趣的语言调动孩子们的参与热情，一步一步引导他们想象，然后到对"万般皆下品，唯有读书高"一句话的猜想，再过渡到对"富家不用买良田，书中自有千钟粟；安居不用架高堂，书中自有黄金屋；娶妻莫恨无良媒，书中自有颜如玉"一段话的体会。轻松有趣的文字游戏激发了学生学习的欲望和积极性，在春风化雨般的交流中，将古人知晓的道理——读书，就能创造美好人生——慢慢植入孩子们心里。看似与学课文无关，却处处指向课文学习，因为学生只有明白了读书对于古人的重要性，才能感受到王冕勤奋好学的不易……宋老师就是这样善用巧用教学资源，开启学生的心灵，滋养学生的心智，使学生在学习语言文字的过程中真切感受母语神奇的魅力。

二、贴近课标

《语文课程标准》指出："应使学生初步学会运用祖国语言文字进行交流沟通"，"引导学生丰富语言积累，培养语感，发展思维，初步掌握学习语文的基本方法，养成良好的学习习惯，具有适应实际生活需要的……口语交际能力，正确运用祖国语言文字。""初步学会运用口头语言，文明地进行人际沟通和社会交往。"可见对学生表达力的重视程度。

《少年王冕》课文语言平白，宋老师是如何巧妙地教学，告诉学生王冕是一个孝顺的儿子，而又不失语文味道呢？他没有逐句逐段地分析、理解、感悟，而是直奔言说的主题，让原本静止、精致的言语，变得鲜活起来。

片段二：

师：我告诉大家，王冕不仅是一个勤奋好学的孩子，他还是一个有孝心的孩子。王冕是如何孝顺母亲的呢？请围绕下面这句话来交流。

（出示） 王冕是个孝敬母亲的孩子。_____

师：我有理由相信：你讲第一遍时，一定有多余的话。建议你，说话时用上课文中的例子，试讲给同位同学听一听，然后再面向全班交流。

（生浏览课文，思考后交流。）

师：其他人注意倾听，如果别人和你说的一样，说明英雄所见略同。如果不一样，你可以补充。

生：王冕是个孝敬母亲的孩子。在秦家打工遇到秦家煮腌鱼腊肉，他就用荷叶包着带回家给母亲吃。挣到钱，在春光明媚的时候，他就用牛车载着母亲到河边走走。

师：为了说明王冕是个孝敬母亲的孩子，他举了几个例子？

生：两个。

师：我以为你只能举一个例子，了不起，掌声夸赞他。

师：这两处别人都能发现，只有一处藏得很深的，谁发现了？

生：王冕是一位孝顺母亲的孩子。他为了不让母亲担心，有意说，我在学堂闷得慌，不如帮人家放牛，还能补贴家用。

师：好厉害！事例被你挖掘出来啦。

……

师：看屏幕。我们今天学习了一种非常好的说话方式。第一句叫什么句？

生：中心句。

师：这句话有个最关键的词语是哪个？

生：孝顺。

师：一句话中有关键词，一段话中有一个关键句。如果老师请你这么说：少年王冕不仅是个勤奋学习的人还是个有孝心的人，会说吗？

……

赏析

翻译家傅雷说过：文学的根底是心灵，即使是伟大的文学作品也同样需仰仗心灵的渗透力，只有读者主动的源于心灵的深层解读，才能让作品的高洁芬芳浸染世界。宋老师教学时先出示了中心句,给予学生明确的表达导向,用书上的话组织语言,不要啰里啰嗦,要举事例。通过一步一步地引导,学生学会了从文本中提取有用的信息,组织语言进行说话。宋老师并没有满足于学生说话一定要精准,不能有漏洞,而是在此基础上,提高了说话要求:试着用自己的话说一说,既品评人物,又清楚表述自己的观点。顺势总结说话的方法:围绕中心句,中心词,举事例,这样写出来的文章、说出来的话才生动、具体。他的教学定位基于儿童的日常交往需要,基于课标的要求,通过层层递进地训练,培养学生"围绕一个意图"的意识,通过摆事实的方法,清楚明白、有条理而准确地表达自己的观点。口语是同儿童生活世界紧密联系的,打通语文课程与儿童生活的通道要用好课文这个鲜活的例子。

三、贴近作者

对读者而言,每一篇文字作品都有其独特的魅力,会产生积极的阅读召唤。受心智水平和阅读经验的制约,学生往往会在不经意间从文本表面滑过去。《儒林外史》,刻画了一群深受八股科举制度毒害的儒生形象,反映出当时世俗风气的败坏。王冕却是作者热情歌颂的少数人物之一,因为他坚持自我,自学成才,淡泊名利,寄情于山水,坚守对人性的守护,寄寓了作者的理想。阅读教学就要带着学生走进作者,于文本中看似学生已知已能的地方,发现实质上未知未能的教学着力点。

片段三:

师:读书非常重要。这个道理,这个古训,王冕的妈妈知道不知道呢?(生:知道。)不仅她知道。当时的老百姓是妇孺皆知啊。既然王冕的妈妈知道读书是那么重要,为什么不让自己的儿子在学堂继续读书呢?书上有一句话,妈妈是怎么说的呢?

(出示) 孩子呀,不是我要耽误你。这几年年成不好,只靠我做些针线活儿挣的这点钱,实在供不起你读书。如今只好让你到隔壁人家去放牛。

师:这句话是王冕妈妈对谁说的?
生:王冕。
师:是呀,王冕妈妈非常清楚,读书,特别是对一个男孩来说,非常非常重要。那是什么原因要自毁儿子的大好前程?让王冕回家不去读书了呢。
生:收成不好。
生:因为家境贫寒。

生：父亲去世早，没有了收入。

师：也就是说他家里很穷。那问问同学们，他家穷到什么地步呢？连孩子读书的钱都没有。

……

> **赏析**
>
> 叶圣陶在《语文教学二十韵》中说："作者思有路，遵路识斯真。作者胸有境，入境始与亲。"因此，读懂作者，把准文脉，是阅读教学设计的前提。这一环节，宋老师首先引导学生走进作者生活的年代——中国的封建社会，那时"万般皆下品，唯有读书高"的观点深入人心，自然王冕也需要通过读书改变自己的命运。然后引导学生紧紧围绕着读书的重要性展开讨论：读书这么重要，为什么妈妈不让王冕去学校读书？在讨论过程中，学生感受到王冕生活的贫穷，家徒四壁，食不果腹，吃了上顿没下顿，衣衫褴褛，用一个词概括就是"一贫如洗"。教学并没有至此止步，然后老师带着学生走进王冕十几年后的生活，感受他家的富裕：有牛，有车，空闲时候还能出去游玩。通过对比，让学生自然地明白勤奋学习的重要性。

四、贴近教者

教学《少年王冕》一课，教师们没有不抓住雨后荷花一段景色描写的，然而听起来味同嚼蜡，提不起学生的朗读兴趣，熟记这段文字往往要花费好长时间。那么，宋老师是如何创造性地解决此段教学的呢？

片段四：

师：王冕绘画的启蒙老师，非常非常厉害。她让一个从没画过画的孩子喜欢上了画画。她是谁呢？

生：大自然。

师：有没有更具体的说法。

生：山下树木葱茏，山下……

师：这位老师经常出来吗？

生：一阵大雨过后，天空中黑云边上镶着白云。阳……（出示）

师：这位老师多俊美啊。她头上戴的是什么？

生：天空中黑云边上镶着白云。

师：身上？

生：山上雾气缭绕，岩石掩映；山下树木葱茏，青翠欲滴。树枝像水洗过一般，绿得尤其可爱。

师：脚下？

生：湖里有十来枝荷花，花苞上雨水点点，荷叶上水珠晶莹透亮。

师：那我们一起再来打量一下这位可爱的启蒙老师。她穿着色彩斑斓的服装，有哪些颜色呢？

生：有黑色的云，白色的云，通红的湖水，青翠欲滴的树木，晶莹透亮的水珠。

师：其实，王冕面对的这位老师正是一幅美丽的画卷。在这幅画上有哪些景色呢？画的上部景色有？——中间有？——下面有？

生：有黑云，白云。有雾气、岩石，树木。有湖水，有荷花。

师：请把这幅画美美地读出来，开始吧。

师：挑战一下，她读的是一幅画，是挂在墙上的，谁能把画读活了？

（生声情并茂地朗读，掌声四起）

赏析

宋老师从儿童的立场出发，先把大自然比作神奇的老师，让学生从文本中提取信息，感受这位老师的神秘，再感知这么美的老师就是一幅美丽的画，让学生从上到下把这幅画读美，读活，最后留在自己的心底。如此教学，由表及里，披文入情，步步深入。学生欣赏了雨后景色的美丽，体会了作者遣词造句的精妙，感悟了环境描写的丰厚意蕴。茅盾说过："作品中的环境描写，不论是社会环境或自然环境，都不是可有可无的装饰品，而是密切联系着人物思想和行动。"通过对环境的描写，可达到"辞以情发，寓情于景"的目的。这就要求教师应该有自己的教材解读和设计的能力，对文本的解读要有深度，有宽度，有高度，要对文本教育价值有深刻的认识，要尽量多想一些，了解更多有关的背景，要与时俱进敢于创新，要有创造性，有属于自己的教学风格"。

在一次次的听课中，我感受到了课改的鲜活，甚至对一个个执教者在课上所追求的花样，精彩的表演，乃至于那非常动情的以至到了煽情的地步的表达，我都很羡慕。因此，我在课堂上也尝试着去模仿、应用。可听了宋老师的课之后，我恍然大悟,课堂一定要"贴地而舞",以一种动之以情、授之以趣的潜移默化的方法,组织学生进行有计划的系统的语言学习,使学生建立自己的话语系统,逐步学会用准确、流畅、连贯、富有感情的语言使自己的表达打动人,具有说服力,实现自己的言说意图。

英国哲学家维特根斯坦说过"我贴在地面步行,不在云端跳舞"。我想我们的阅读教学也应"贴地而舞"。

朗读　想象　悟情　表达

——现代诗歌教学策略初探暨听课有感

统编教材选入了不少现代诗歌,四下第三单元集中安排了《短诗三首》《绿》《白桦》和《在天晴了的时候》四篇现代诗歌,现代诗歌集中编排、独立组成一个单元是小学语文教材的首次呈现。

"诗歌,让我们用美丽的眼睛看世界。"是这个单元的人文主题。现代诗歌代表着现代人特有的现代意识、观念以及对现代生活的理解和感悟,诗歌的想象独特、情感充沛,给读者带来情感滋润和心灵震撼,符合现代人的审美意识。

《短诗三首》节选自冰心诗集《繁星》,带领学生走进诗歌,要建立在对作者及诗歌创作的背景了解基础上。《繁星》是冰心的第一部诗集,共有诗歌164首,写于1919年冬季到1921年秋季。教材选取了诗集的第71首、第131首和第159首。《繁星》中的诗作篇幅都不长,两三行、三五行,有的甚至只有一行,它的主要内容有三方面:对母爱与童真的歌颂;对大自然的崇拜与赞颂;对人生的思考和感悟。冰心创作的诗受泰戈尔的影响很大,冰心自己说:"我写《繁星》和《春水》的时候,并不是在写诗,只是受了泰戈尔的《飞鸟集》的影响,把自己平时写在笔记本上的三言两语——这些'零碎的思想'收集在一个集子里。"冰心的《繁星》是敏锐捕捉刹那间的灵感,以三言两语书写内心的感受与思考,形式短小却意味深长。语言清新淡雅,明白畅晓,情韵悠长,有独特的韵味。

《义务教育语文课程标准》第二学段的目标中指出:诵读优秀诗文,注意在诵读过程中体验情感,展开想象,领悟内容。小学课本中的现代诗内容浅白,行文流畅,韵律优美,小学生学习现代诗,就是要"诵读、体验、想象、领悟",通过反复诵读,让学生展开丰富想象,体会语言表达之妙,初步了解现代诗的特征:有节奏感、感受独特、想象丰富、语言独特、情感真挚等。在了解了诗人及教学目标的基础上,再观戴老师的课堂,她的课堂教学精妙之处在于紧扣课程标准,"三分诗,七分读",以"读"为主线,展开高效的学习活动,引领学生在读中想象、悟情、表达,使学生感受现代诗歌的魅力,感受现代诗歌的美。

一、读中想象

课堂上学生自由读、师生合作读(老师读前两行,学生读后三行)、生生合作读(再找两个学生,一个读打开思绪,一个读遐想,其他同学认真听,闭上眼睛,看看能不能带给学生画面)多种形式的读,聚焦诗歌中"藤萝的叶下""母亲的膝上"等内容,借助图画(读着读着,老师出示了插图,让学生想象藤萝的美,读出藤萝叶下的美好、温柔。只是温柔的美吗?不是,老师又相机出示了藤萝的照片,借助图片学生感受到壮观、蓬勃的生命力。再把自己的感受读出来)、借助资料、联系诗歌形式、联系生活启发学生想象,以问题"朗读传递情感,想象传递画面。此时,你脑海中一定浮现了画面"引导学生充分地想象。而想象最终是为朗读服务的,通过想象画面学生走进诗人的内心,体会诗人的情感,再通过朗读把自己理解的情感传递出去。朗读指导很有层次性,自由读,让学生读准字音,注意停顿,初步理解诗歌的内容;老师声情并茂地范读,让学生感悟诗的情之美与韵之美;师生对读、生生对读,学生读出自己对诗的理解和感受。在读中学生理解诗歌,互相交流、激起情感火花,激发学生探究诗歌情感美、意韵美的兴趣,开启美好的诗歌学习之旅。

二、读中悟情

教师借助音乐、图片及生动的语言描述为学生创设想象情境,在想象中体会诗歌情感,感受中心主旨,在朗读中与诗人、文本实现情感上的共鸣。悟诗情,戴老师引导学生在反复诵读中补白和勾连生活进行想象和联想。细读欣赏,戴老师先引导学生聚焦"藤萝的叶下",追问:"你看到了什么,听到了什么?"让学生打开各种感官想象说话,从而看到更立体的画面。这一环节引导学生借助想象,将文本语言还原成画面语言,进入诗歌所描绘的情境,体会作者想要表达的情感。既然要打开各种感官,手、耳朵和心也要打开,"摸到了什么,闻到了什么,心里想到了什么",这样,学生看到的画面更立体,更真实。接着教师聚焦"母亲的膝上"展开想象:"因为诗歌的限制,冰心不能还原和母亲在一起的温柔、朦胧的画面,可能是和母亲漫步海边,可能是和母亲……"这一想象和学生的生活紧密联系,学生有意想不到的生长:"潺潺的溪流,闪烁的星星,母亲的故事""日出的时候,和妈妈在长椅上,对着太阳微笑""月明的天空,星星的小路,母亲的怀里""温暖的大手,点点星光,长长的月影""这些事——是永不磨灭的回忆,昏暗的道路上,母亲佝偻的背上,母亲温柔的故事,而我却在妈妈的故事中安静地入睡了""金黄色的沙滩,牵着手的我和母亲,挨在一起的大大小小的脚印,是一道迷人的风景""红宝石般的果园,小巧的竹篮,玲珑的草莓,我和妈妈的欢笑声……啊!这不就是童年的快乐吗?"学生的想象是如此灵动,表达更是精彩纷呈。教者巧妙地引导学生由诗人的童年联想自己的童年,生活体验被调动起来,将自己的生活与诗人的生活勾连,进入诗歌情境,走进诗人的内心,与作者、文本产生更强烈的情感共鸣。

三、读中表达

温儒敏先生指出:现代诗教学要用美的语言、美的内容、美的形式、美的情感来浸润、陶冶学生的心灵。现代诗的教学也不能仅停留在诵读的层面上,引导学生走进诗人的心去想、去思,反复推敲、咀嚼诗歌中的富有新鲜感的语言和独特的表达形式,真正走进诗歌的世界。很多教师的现代诗教学都有机械的仿写训练,长期地诗歌仿写,学生的想象力被局限,无助于创意表达。戴老师的做法值得学习,她引导学生关注小诗的排列特点,发现"诗人眼睛像摄像机一样,从高高天空移到小院最后到母亲的膝下,这样一个特写镜头由远及近",接着把想象到的独特美通过朗读表现出来,学生读不出感觉,教师范读,"月是高的,声音要高昂一些""读出月的高远",这样想象着、读着、读着、想象着,学生慢慢地体会着诗的意境美、韵律美、节奏美。最后引导"写一写,可以用短句,可以是诗",学生的想象力被充分打开,创意思维被频频点燃,悟到诗中的情感,涵养了诗心,这本身就是一首美好的诗。小学生听着诗,读着诗,学会阅读欣赏,了解诗歌的特征,他们在心里播下了一颗诗歌的种子。

四、读中拓展

诗歌的学习不能局限于"这一首",借"一首诗"作桥梁,抛砖引玉,学习一组诗。课结尾处,戴老师适时隆重地推出了《繁星》诗集,让学生用今天学到的方法去阅读、创作现代诗。这样的拓展阅读,既丰富教学内容,又做到情感陶冶与语言积累。现代诗歌的教学,要像戴老师一样,着力于诵读、背诵,指导学生重在品味诗歌的语言,欣赏诗歌的意象、意境,体会诗歌的情感。

《义务教育语文课程标准》2021年征求意见稿指出:语文课程应引导学生热爱国家通用语言文字,在真实的语言运用情境中……积累丰厚的文化底蕴,继承和弘扬中华优秀文化……培育社会主义核心价值观、全面提升语文核心素养。语文学习,是要在真实的情境下进行的语文实践活动,直接指向语文核心素养,不能再单一地指向听说读写的语文知识,要指向审美、语言、文化、思维。薛法根老师倡导"转化'知识为纲'教人做题的设计理念为'素养为本'教人做事的教学理念"。戴老师课堂可以着眼于现代诗歌单元整体教学,创设"我来编一编、诵一诵诗歌"真实的情境,设计语文学习任务(素养导向的语文实践活动,即真实情境下的语言文字运用——崔允漷),学生在诵读、想象、悟情、表达过程中,了解现代诗歌想象独特、情感丰富等特点,感受现代诗歌的艺术魅力,培养审美鉴赏能力,提升语文素养,同时激发诵读、创作和传承现代诗歌的兴趣。这才是真正意义上的"育人"。

定准目标　开展活动

——听《搭船的鸟》

刚从华东师范大学毕业的小李,温婉内敛,课堂上活力四射,语言富有感染力。今天听她上三年级习作单元《搭船的鸟》,刚踏入工作岗位的新教师,习作单元安排的意图把握不够到位,提几点建议,仅供参考。

一、定准学习目标

统编教材编排了三个特殊的单元:策略单元、习作单元、综合实践单元,这是从前的教材没有的。习作单元,只有一个目标就是"写好单元作文"。习作单元安排的课文、习作例文、初试身手等等,都是为学生能写好单元作文服务的。习作单元的课文承载的任务不同于普通阅读单元的课文,习作单元的课文学习是指向写作的教学,学习作家的写法,学生完成自己的习作。学习目标,明确写在单元导读页上:体会作者是怎样留心观察周围事物的;仔细观察,把观察所得写下来。这节课的学习目标就三个:1. 依据情境识记、理解生字词。2. 学习作者留心观察周围事物的方法,养成留心观察的习惯。3. 学会把观察所得写下来。识字、写字、学词是语文教学的基础,这个基础不能丢,"字不离词,词不离句,句不离篇",生字词要在文境、语境、生活情境中去识记、理解,才能记得牢,写得好。即使是习作单元的课文,也要在达成识字、写字、学词的基础目标后,学习写法,运用写法。

二、开展学习活动

学生是课堂的主人,学习是学生自己经历的过程,体验、实践,习得知识和能力,形成语文素养。"学习金字塔"理论告诉我们"教师讲解,学生被动听讲,24小时后能记住的知识仅仅只有百分之五"。小组讨论、实作演练的学习效率是百分之七十五,学生转教别人或者立即应用的主动学习的学习效率为百分之九十。课堂上,老师讲得太多,学生学习效率几乎为零。开展学习活动,让学生读一读,画一画,圈一圈,议一议,讲一讲,写一写,让学生在语文实践中习得语言、运用语言。

我们来诊断一下小李老师课堂的学习活动:

活动一:喜欢看动物世界吗?喜欢动物吗?老师从小有个梦想做个动物学家,动物学家平时都做什么?那我们来做一回动物学家。仔细观察。

> **反思**
>
> 准确地说,这是导入环节,教师的一连串问题,为了引出仔细观察这个话题。新教师喜欢冗长的导入,针对性不强,五分钟过去了,还没有进入新课。特级教师于漪说:"在课堂教学中要培养、激发学生的兴趣,首先应抓住导入新课这一环节,一开始就把学生牢牢吸引住。"导入环节,要简洁、激趣,激发好奇心,带领学生快速地进入课文的学习。导入环节,可以质疑课文,让学生带着疑问走进课堂,唤醒学习的自省力,课堂学习起点是学困处、学疑处,学生不懂的,不会的,才是本节课学习的重点。导入环节,可以创设情境,让学生在真实的情境中展开学习,学习是为了解决生活、学习中的问题而学。导入环节,低段学生可以通过唱儿歌、表演、猜谜等,一下子把学生带入课文学习中。叶圣陶先生对"导"说得最为切中:"'导'者,多方设法,使学生能逐渐自求得之。"

活动二:复习字词——出示两组词语,齐读两遍。又出示两组短语,学生齐读两遍。

> **反思**
>
> "双减"政策之下,向课堂要质量,评价反馈就应在当堂。字词学生是否掌握,不是全班读一读能检测出来的,齐读使很多学生滥竽充数。可以同桌互相检查,不会读的,同桌当小老师教读,借助同伴的力量,让识字学词的检测真正落实。可以进行词语的听写,听写三四个容易错的词语,同桌互批订正,用时少,也扎实地落实了识字写字的目标。

活动三：鸟档案——为翠鸟画像，学生课前预习的时候，在预习单上给翠鸟涂颜色：翠绿的羽毛、蓝色的翅膀、红色的长嘴。教师没有发现问题，展示几位学生的图画后，让学生到文中找出描写颜色的词语。

> **反思**
>
> 语文是学习语言文字运用的综合性、实践性课程，所有的学习活动，最终指向的都是语言文字的学习。这一学习活动，语言文字的训练何在？对比一下作者的描写"它的羽毛是翠绿的，翅膀带着一些蓝色，比鹦鹉还漂亮。它还有一张红色的长嘴"，就会发现学生笔下的翠鸟画出蓝色的翅膀是不准确的。教师完全可以抓住这一契机，文字与画像对比，学生一下子就发现作家观察得很仔细，描写也很具体。教者还可以出示"它的羽毛是翠绿的，蓝色的翅膀，比鹦鹉还漂亮。它有一张红色的嘴。"文段和原文对比，让学生再一次感知作家观察细致，描写具体的写作奥秘。

活动四：学习捕鱼片段——学生读第三自然段，详写捕鱼的画面——看图猜"冲""飞""衔""吞"四个动作——播放视频观看翠鸟捕鱼。

> **反思**
>
> 翠鸟捕鱼这一片段作者观察仔细，写得更是传神。反复朗读，要让学生习得作家把一瞬间的情景写清楚的方法。先让学生观看视频，说说自己看到的画面，说说自己的感受。接着追问："眨眼间发生的事情，作家怎么写清楚呀？"这一问题会调动学生的好奇心，促使学生积极主动去发现作家写作的奥秘，教师顺势而导，学生发现四个动作词，悟得"瞬间动作写清楚可以分解动作"。而对于三个连接词"一下子""没一会儿""一口"学生可能会忽略，三个有瞬间意思的连接词，把分解的动作连起来，让读者读起来感觉更快了。继续追问："你还知道哪些瞬间意思的词语？"，归类积累词语，为迁移说话、写话打基础。

活动五：播放视频猫捕鱼片段，迁移说话、写话——播放视频后，PPT出示写猫的动作词，学生在小组内练说，说完开始写，选一优秀片段全班讲评。

> **反思**
>
> 猫捕鱼的视频，可以放两遍，一遍是瞬间的，一遍是慢镜头的，学生才能仔细观察。教者直接出示在PPT上的动作词，直接给予，学生很少关注，也

> 不会运用。不如让学生去发现"猫有哪些捕鱼的动作",说一说,然后把自己发现的动作写到黑板上,供同学们参考。
>
> 反馈环节,教师选取一个优秀片段进行展示评讲,并不能代表其他学生都会写。课堂上可以看到近一半的学生不知道写什么,也不知道怎么写。优秀片段的示范给大部分学生带来了压力,想得到老师的认可,必须写得这样好,太难了。评价反馈,一定要让每位学生都会写。可以发挥小组合作学习的优势,小组成员交互修改,评价标准降低:学生在原有的写作基础上有点滴进步,优秀;平日里能写一个词的,现在写了一句话,优秀;能写两句话的,现在写了三句话,优秀。

语文课堂要致力于培养学生的语言文字运用能力。语文课堂,要致力于站在学生角度,变讲堂为学堂,努力创设真实的情境,和学习情境巧妙勾连,开展学习活动,让学生感到学习有意思,学习、运用语言文字,在真实情境中解决问题,形成素养。

坚守文本意识,做一个会讲故事的人

——听《厄运打不垮的信念》《卢沟桥烽火》有感

寒冷的冬日,来到邱集小学,聆听了两位老师本真的语文课堂,给予我们春天般的温暖,唤醒孩子,也唤醒在座的每一位老师对祖国语言文字的热爱、追求。

崔峦理事长在第九届青年教师阅读课观摩会上明确地提到了文体意识:"……使所上的课是那个年段的,符合那一类课型的、符合那一种文体特点。"不同类的文体具有不同的教学功能,因此需要因文而异选择不同的教学内容和阅读方式,从不同问题的个性出发,突出不同文体的核心价值,才能真正带来学生阅读品质的提高。

今天两位老师执教的都是高年段的故事性文本,一个是历史励志故事,一个是战争故事。在故事类文本教学的课堂上,语文教师应该是个会讲故事的人。

"故事类文本"取广义概念,包括神话故事、传说故事、民间故事、生活故事(寓言、笑话等)、历史故事等,当代的故事特征较明显的叙事类散文篇目也可以纳入讨论。相比较中低年段以童话、寓言、传说等浅显的故事为主，篇幅大约占到三分之二，而高年段以成语故事、伊索寓言、民间传说、战争故事、历史励志故事、节选自经典名著的故事、外国小说等为主，体裁更多样，表达更形象，主题更鲜明，思想更深刻，篇幅约占一半。以高年段4册教材为例，成语故事《自相矛盾》《画龙点睛》，民间传说故事《嫦娥奔月》《牛郎织女》，历史励志故事《厄运打不垮的信念》《司马迁发愤写史记》《郑和远航》，寓言故事《伊索寓言》，说理历史故事《螳螂捕蝉》《最大的麦穗》，节选自名著的故事《林冲棒打洪教头》《三打白骨精》，战争故事《半截蜡烛》《卢沟桥的烽火》《彭德怀的大黑骡子》《大江保卫战》等等，外国名家小说《爱之链》《船长》。

课标对每个年段的故事类文本教学提出了明确的要求：

高年段"在阅读中了解文章的表达顺序，体会作者的思想感情，初步领悟文章的基本表达方法。在交流和讨论中，敢于提出看法，作出自己的判断。""阅读叙事性作品，了解事件梗概，能简单描述自己印象最深的场景、人物、细节，说出自己的喜爱、憎恶、崇敬、向往、同情等感受。"

中高年段的教学目标中，都指出要让学生学习复述故事。今天，两位教师都关注了故事这一文本体裁，都以引导学生学会复述故事为本课教学的重点，目标设定简单，明确，可测。课堂教学直奔重点，环节清晰，学生习得方法、习得语言、习得能力。

两位老师的课堂有异曲同工之妙，都是先带领学生理清故事的顺序，然后抓住关键词去复述故事，扎实有效地训练了学生复述故事的能力，同时也让学生习得了讲好故事的方法。

针对故事这样的文体，两位教师的教学处理有异曲同工之妙，先说说相同之处。

一、关注文体

两位教师都关注到，课文是故事类体裁，不约而同地把讲好故事定为教学重点。《厄运打不垮的信念》（以下简称《厄运》）重在指导学生理清顺序，抓住关键词把故事完整地、清楚地讲述出来；《卢沟桥烽火》（以下简称《卢沟桥》）重在指导学生按照时间的顺序把卢沟桥事变的经过绘声绘色地讲述出来。

片段一：《厄运》

师：这是个励志故事，也是个名人故事，要想把故事讲出来，首先要理清故事的顺序。(板书：理清顺序)老师这有三个问题，可以帮助我们理清顺序，自己读一读。

(出示) 谈迁遭受了怎样的厄运？他是如何面对的？结果怎样？

师：谁愿意读一读。
生：谈迁遭受了怎样的厄运？
师：这是故事的起因。(板书：起因)
生：他是如何面对的？
师：这是故事的经过。(板书：经过)
生：结果如何？
师：这是故事的结果。(板书：结果)

片段二：《卢沟桥》

师：同学们，我们已经学习了《卢沟桥烽火》这篇课文，作者按照时间顺序来记述这次事变的，上节课你们还把这些表示时间先后的词语找出来了。

(出示) "九一八"事变后　1937年7月7日深夜　第二天凌晨　当天晚上　卢沟桥事变的第二天

师：能不能用这些表示时间的词语，概括地说一说卢沟桥事变主要内容？
生："九一八"事变后，日军妄图把侵略的魔爪伸向全中国。7月7日深夜，他们袭击卢沟桥，第二天凌晨进攻宛平城，当天晚上我军反攻，事变第二天中国共产党通电全国，军民团结一致抗日。卢沟桥事变拉开了中国人民全面抗战的序幕。
师："九一八"事变后，日军妄图把侵略的魔爪伸向全中国，这是事变的起因。7月7日深夜，他们袭击卢沟桥，第二天凌晨进攻宛平城，当天晚上我军反攻，事变第二天中国共产党通电全国，军民团结一致抗日。这是事变的经过。卢沟桥事变拉开了中国人民全面抗战的序幕。这是事变的结果。

二、关注方法

两位教师都没有带领学生进行烦琐的品词析句的分析、品味，因为故事本来就很浅显，学生一读就懂的。他们实现了语文课堂从教内容到教方法的转变，两节课上，教师都有读书方法(一边想象画面一边读书；读书要像说话一样自然)、讲故事方法(理清顺序讲明白，抓住关键词讲清楚；加上表情、动作，加上想象，尽量用书上的语言)等方法的渗透。

片段三：《厄运》

师：故事的起因部分是不是讲出来了？想想看，我们刚才是用什么方法讲故事的？

生：理清顺序，抓住关键词讲。

师：抓住关键词是讲好故事的法宝。（板书：抓住关键词）试试看，你们能不能用这种方法自己练习讲述故事的经过、结果部分。

（生自由练习讲故事）

片段四：《卢沟桥烽火》

师：哪位同学愿意完整地把第2、3自然段读给大家听，能通过你的朗读让我们看出日军的丑恶行径和我军的英勇顽强。

生朗读。

师：太精彩了。能说一说你为什么读得这么好吗？

生：我一边读脑海中仿佛看到了当时激烈的战斗场面。

师：是啊，像他这样边读边想象画面是一种很好的读书方法。现在我们就像他这样，一边读一边想象画面，自由地练读4—8节，在你的脑海中也仿佛看到了日军的丑恶嘴脸，我军的勇敢顽强，再次重现出战争的激烈场面。

（生自由练习读课文）

三、关注学生

两位教师的课堂实现了从教会到学会的转变。在习得方法后，两位教师不约而同地放手让学生自己去读，去讲，学生的主观能动性，得到了充分的展现，他们才是语文课堂真正的主人。学生自学的过程中，教师不是旁观者，而是参与者，教师俯下身来全程关注学生的学习，要及时帮助学习有困难的学生。

四、关注语用

两位教师共同关注了读与说的训练。实现了从教内容到教运用的转变。听说读写都是语言文字实践能力的训练。

片段五：《厄运》

师：先交流第一个问题，谈迁遭受了怎样的厄运？《国榷》对谈迁来说，重要吗？什么原因？

生：他花费了二十多年的心血。

师：二十多年的心血意味着什么？人的一生有几个二十多年呢？四个就算长寿的,一般只有三个。除去前面三年懵懂无知,再除去后二十多年,体弱多病,力不从心,人生只有一个二十多年可以全力以赴地工作,可以说《国榷》对谈迁重要吗？

生：是他用整个生命写成的。

师：是啊,想想看谈迁用整个生命写成的《国榷》丢了,如果你是谈迁,此时你的心情怎样？

生：伤心。难过。痛不欲生。

师：现在你就练习读读这段话,让我们感受谈迁痛不欲生的心情。

片段六：《卢沟桥烽火》

师：刚才你们的朗读,使大家看到了中华儿女团结一致抗击日寇的感人场面——卢沟桥事变。因此值得讲给所有的中国人听！你们书读得这么好,相信也能把这次事变讲好。孩子们,对讲故事,还有什么好的建议吗？

生：加上动作。

生：表情要生动。

生：不要紧张,要像说话一样。

生：能加上自己的想象。

师：这些建议很有价值。下面这样,学习小组的成员配合一下。

(出示)学习要求：四人一小组,一人讲一部分,尽量用上书中的语言,如果能注意表情,加上动作,讲得绘声绘色就更好了。

五、关注了课内外阅读的结合

两位教师的教学都从课内走向课外,课外阅读课程化是理想的语文课堂教学模式。薛老师同时学习《司马迁发愤写史记》的构想,应该是这两个故事主题相同：面对厄运,我们要有打不垮的信念,就一定能取得成功。补充阅读这个故事,不仅检验了学生课上习得的讲故事方法是否掌握,更是对故事主题的升华、深化。而周老师,补充了《满江红·平倭》,不仅是为了升华孩子们的爱国情感,更是提升了学生的文化素养,帮助学生积累了更多的诗歌,提升了学生的语文素养,从而为学生的终身发展奠定扎实的语文功底。

片段七：《厄运》

师：咱们只用了二十五分钟就把这个故事完整、清楚、明白地讲出来了。我们是用什么方法讲出来的?

生：理清顺序，抓住关键词讲出来的。

师：现在我们就来试试看这个方法好不好用，自己读一读《司马迁发愤写史记》的故事，想一想故事的起因、经过、结果，圈出关键词，待会我请你来讲讲司马迁的故事。

（生自由练习）

师：谁能试着给大家讲这个故事了？

生：……

片段八：《卢沟桥烽火》

师：卢沟桥事变拉开了中国人民全面抗战的序幕。从此，一场长达八年的抗日战争便如火如荼地展开了。这期间，涌现了多少可歌可泣的英雄人物，发生了多少荡气回肠的抗日故事，因此，很多脍炙人口的歌颂抗日战争的作品也流传开来。在此，老师给大家带来其中的一篇——

满江红·平倭

滚滚狼烟，烽火连，倭（wō）奴犯边。禽兽军，如驱虎狼，累累血案！扬子江水尽赤染，金陵城下成鬼关，玉碎者，三千五百万，实可叹！

巨龙气，凌霄汉，倚长剑，出玉关！中华好儿女，共赴国难！昆仑关上震敌胆，狼牙山下易水寒。斩倭贼，扬我中华威，青云间！

（生自由练读）

师：谁愿意读给大家听听。

生：……

师：一起读一读。

（生齐读）

师：带着理解再来读一读。（出示解释）

六、关注人文主题

工具性与人文性是不可分离的，两位教师同样关注了两个故事要传达给学生们的情感教育的价值。《厄运打不垮的信念》的主题是，面对厄运的态度要勇敢、执着，就一定能取得成功。《卢沟桥烽火》的主题则是面对外来侵略的时候，中华儿女要团结一心，同仇敌忾，直到把敌人赶出中国，这样我们泱泱中华大国才能屹立在世界东方不倒。

片段九：《厄运》

师：刚才我们读了两个故事，你发现这两个故事都想告诉我们什么？

生：只要有厄运打不垮的信念，希望之光就会战胜黑暗。

生：只要坚持不懈就一定能取得成功。

师：从你们的发言中，我听出来你们面对厄运的态度。其实很多名人在面对厄运时，都像谈迁一样，勇敢面对，最终取得了成功。他们还这样告诫我们……（出示：名人名言）自由读一读，选择自己喜欢的背诵。

片段十：《卢沟桥》

师：读着这首词，我发现了藏在其中的故事：《南京大屠杀——真实的故事》《昆仑山血战》《狼牙山五壮士》。课后，找找这些故事，读一读，你将会更深刻地理解这首词，了解中华民族抗日的历史，在为那些战争中抛头颅洒热血的中华儿女自豪的同时，还会知道什么才是真正的爱国！

要说两位教师上课的不同之处，应该是依据了学情的不同，课堂上采取的教学方法和策略稍有不同。周老师的课，是一节六年级的课。他从学生的已知出发，抓住了表示时间先后顺序的词语，让学生先回忆故事的主要内容，唤起学生的旧知，为学习新课做了很好的知识铺垫，同时既是言语实践又是方法的引领。

在指导学生讲故事的时候，周老师侧重于指导学生先读好故事，抓住关键词"全副武装""挑衅""偷偷地摸来"，创设情境让学生走进故事，与文本中的人物、场景、事件对话，说出自己的喜爱、憎恶等感受，带着这种感受走进故事，想象画面，读好故事，然后再次走进故事，内化文本语言，讲述故事。这一过程，是学生的灵魂与语言文字的碰撞过程，故事中的人物、情节、事件深深印在学生心底，爱国的情感自然而然地在学生的心底萌芽、扎根。

薛老师执教的是五年级的课。他提炼出三个问题，帮助学生理清故事的起因、经过、结果。基于对学情的把握，薛老师一堂课都在带着学生去读、圈、写、讲，扎扎实实地落实了讲故事这一言语实践训练。

两位老师向我们展示的是高年段的故事类文本中最本真的教学课堂，两位老师都是会讲故事的人，在她们的引领下，我们的学生也学会了讲故事。

不管怎样的文体，怎样的课堂，怎样的学生，语文教学归根结蒂要落实语用的目标，让我们的语文课堂真正地以学生为本，以教材文本的特色为本，以言语实践为本。让我们的语文课堂真正实现从教课文到教语文的转变,从教理解到教方法的转变,从教内容到教运用的转变,从教过到学会的转变,从课内走向课外的转变,实现课外阅读课程化,课内外阅读有机结合。

读书思自我,教学创意生

阅读浸润人生
——读书让我和孩子们一起成长

> 没有一艘船能像一本书
> 也没有一匹骏马能像
> 一页跳跃着的诗行那样——
> 把人带往远方。
>
> 这条路最穷的人也能走
> 不必为通行税伤神
> 这是何等节俭的车——
> 承载着人的灵魂

每接到一个新的班级,我都会把狄金森的诗送给孩子们,我喜欢和学生一起读书。

对于童年,记忆最深的往往是热切渴望而无法满足的事情。童年的阅读面是那样匮乏,读小学、初中那阵子,我所读的课外书只有连环画和作文选。后来走进师范学校,学校内有一个不大的图书馆,但是藏书甚丰,那些大家之书如同一扇扇通往神秘世界的大门,魅力无穷,深深地吸引着我。那时候我也没有制定阅读计划的意识,只是如饥似渴地一本一本地读下去。于是,读文学名著就成了求学三年里我最大的嗜好和最开心的事情。现在每每回忆起来,这可以说是我在师范学校学习中最大的收获了。

走上三尺讲台之后,事情多了,读书就少了。忙忙碌碌一天又一天,忙碌让我的生活非常的充实,但有时候停下来却有一种莫名的失落。某个辗转难眠的夜晚,翻看我的毕业纪念册,看到老师的留言:"工作了,什么都可以丢,读书的好习惯可不能丢啊。"这才大彻大悟,原来劳碌的心灵是需要港湾的,辛勤付出的收获需要与书这个伙伴共享的。

于是,重新把书捡了起来,放在抽屉、床头,随手可及的地方;阳光明媚的清晨,细雨霏霏的午后,星光熠熠的深夜;家乡的小河边,学校的花径旁,他乡的旅馆里……书时时刻刻伴着我,如同我班级里那一个个纯真善良的学生一样,给我精神上的愉悦和净化。

一杯清茶,一抔书香,一抹斜阳,那是午后最惬意的时光;暖暖的灯光,浓浓的墨香,掩卷沉思的剪影,那是每个夜晚最美丽的回忆;沉浸在书本中的那一刻,心是纯净的,没有浮躁,没有杂念,这世界唯有书和我。

随着年龄和工作阅历的渐增,对读书有了更深刻的认识:作为一名教师,要爱读书,读好书,才能在教育工作中,以细水长流的悠然给孩子需要的滋养。教师就像原野,一片原野之所以美丽,是因为那里的小河清澈悠远,那里的花草美丽茂盛。如此,自然会吸引孩子畅游水草间,他们饥渴的心灵得到浇灌,他们无意沾染的世俗会被洗涤,他们那身心发展的健康道路也会越走越宽。而语文老师更需要读书,一位我非常敬仰的前辈曾语重心长地对我说:"语文老师不能止于读理论,更多是要读文学书籍。"是的,语文教师首先应该具备一定的文学素养。一直认为自己在读"闲书",不务正业呢,原来每日都在为自己做知识的储备和积淀。语文教学传承祖国的母语文化,大量的优秀文章会给老师送来源头活水,课上的出口成章,妙语佳句脱口而出,习作时的妙笔生花,引经据典信手拈来。学生在这样语言环境下,感受母语的美好,意畅辞达、增进文采,也就不是什么难事了。

读书范围既要宽,也要专。那些所谓的"杂书",我是读了不少,可是想成为一名优秀的语文教师,还要有更深层次的专业知识,才能自信地走入课堂。我深知外出学习的机会有限,要想提高自己,更切实的途径就是读书。我订阅了很多教学杂志如《小学语文教学》《小学语文教师》等,每天晚上静静坐在灯下读着,了解自己与名师的差距。继续读着《给教师的一百条建议》《爱弥儿》等,和专家进行心灵的交流。

我不是个聪明的人,读过的书,如果不再重温两三遍,是记不了多少的。因为"腹无诗书气自虚",所以我"笨鸟先飞"。

在能力范围内,我全力创造条件和平台引导学生读书。每次新学年到来之时,我会拟一个学生读书计划,然后每个月都按计划给学生推荐一些书目。我深知,我的阅读不能像大多数人那样,仅仅属于个人行为。要求学生们读的书,我都要读。为了拓展学生儿童文学的阅读视野,看起来和我心理年龄相距甚远的童话,我也津津有味地去读。只有这样,才能够真正在阅读课上与学生们倾心交流,把知识尽可能多地传输给学生。让他们从作品中,自然而然地获得美的熏陶、爱的情怀,感受思想家的思考,培养勇于探索的精神、气魄。这个过程,我与我的学生共同享受着,享受着儿童书籍那纯真的美好与丰厚的内蕴。随着情节认识了书中的小主人公,走进他/她的内心世界,进而由点及面,帮助我进一步去了解自己学生的心理成长历程。我在读书的路上激发、提升着学生的阅读兴趣和品位,引领着他们在知识的王国里翱翔,享受着读书的无限乐趣。

犹记得那些和学生们一起读书的酸甜苦辣……

写给佳仪宝贝:"今天,我们一起来读一读一个幼儿园的孩子和爸爸之间发生的故事——《我的爸爸叫焦尼》。"说完这句话,我后悔了,眼光看向你,你果然低着头,眼圈已经红了。对不起,孩子,我触痛了你。给你们讲故事的时候,我始终看着你,你开始小声地抽泣,我的泪也止不住地流,故事讲不下去了,只好让瞳瞳接着讲。你的头垂到了桌上,始终不敢看这本书。真想,帮你擦干脸上的泪水,可我没有勇气,怕走上前去,只会抱着你痛哭。故事讲完了,我哽咽着说:"孩子们,你们都有一个爸爸,爱你疼你,可佳仪的爸爸却永远地离开了她。""佳仪,别哭了,你看小焦尼爸爸也不能经常在身边,有妈妈的爱一样可以快乐成长的。"你的好朋友小小第一个走到你的身边,伸出手来帮你擦眼泪。"佳仪,我们都是你的好朋友,我们的爸爸就是你的爸爸,你要像焦尼学习,学习他的快乐和坚强。""佳仪,你真的好棒,你是班长,我们学习的榜样,你的爸爸曾经也是你的骄傲,将来你一定是爸爸的骄傲。别伤心,爸爸在天堂看了会难过的。"……同学们围到你的面前,不停地安慰你。终于看到你擦去脸上的泪水。"即使爸爸在很远的地方,很远很远的地方,他的爱,永远陪伴着你,他会找个天使替他去爱你的。"最后那段话,老师是说给你听的。你明白了,站起身来大声说:"我的爸爸一直都在我的心里。"看着小小的你,坚强的你,同学们给予了你最长久的掌声。

写给玉琳宝贝:"今天我们一起读《我的妈妈是精灵》,我家发生了惊天动地的大事,惊天动地的大事在没发生之前,常常就像每一个平静的日子一样……"我们又开始了故事之旅。"老师,我多么希望我的妈妈也是精灵啊。"下课时,调皮的你蹭到我身边,小声地对我说。"为什么呀?妈妈变成了精灵,早晚会离开你的呀。"我奇怪地望着你：这小家伙今天怎么了？"如果妈妈是精灵，她就不会去外地打工，只在家里做事情，能天天陪着我。我一定不会让妈妈离开我的，因为爸爸爱妈妈，妈妈也爱爸爸，我更爱爸爸妈妈。"傻孩子呀，原来是想妈妈了。呵呵，妈妈是精灵，多好。"你的妈妈会变成精灵飞回来看你的。"晚上，我给你的妈妈打电话了，跟她讲《我的妈妈是精灵》的故事，跟她说了你希望妈妈是精灵的话，妈妈在电话里哭了。过了两天，你又蹦又跳地跑到我身边，说："老师，我妈妈真的变成精灵飞回来了。""老师，我妈妈说不走了，她说她要做个精灵守护着我。"又过了两天，你开心地对我说。呵呵，我的宝贝，愿你永远幸福。

……

每天，每天，我和学生们沉浸在书香里，感受着温情，体验着真情，呵护着友情，享受着亲情，积淀着人生。

"阅读浸润人生"。我想，这人生是我的，也是我的学生们的。现在，在学生们最初的道路上，我是麦田守望者，守候着他们，静待花开，静待这阅读的雨露，浸润我们的人生。

我的作文教学革命从此扬帆起航

——读管建刚《作文教学革命》有感

很早就听说了管建刚，听说了他的作文革命。那时候，我就在想，是怎样一个三头六臂的高人，有七十二般本领，竟把自己的作文教学称为革命！一直在找寻他的"革命"足迹，终于五年后的一天，在博库书城看到他的《我的作文革命》一书。

错过了五年，百感交集。从书架上拿过书，跳过序，直奔重点，如饥似渴地读起来。

《在我的作文教学革命》这本书中，管建刚老师完整地介绍了作文革命的"骨构系统""动力系统""助力系统""保障系统""训练系统""理论系统"，这一系列系统的建构，主要在于唤醒学生的发表意识、读者意识和精品意识，使学生明白写作是与人对话、自我表达，主动地、愉快地学会写作文，创造性地写作文，享受作文。读罢这本书，我也有很强的冲动，跟管老师学一学，也来这样做一做，因为他的作文革命具有很强的操作性、实用性、可行性。

"写作是运用语言文字进行表达和交流的重要方式"，管老师的作文革命的基点，就在这里。他的作文革命说来很简单，办一份名叫《评价周报》的班级作周报,配一本"评价周记";"评价周记"又分两个部分,一是"每日简评",二是"每周一稿"。每个双休日,写稿件向《评价周报》投稿是学生的唯一语文作业;周一,从学生稿件中选取部分作文,由学生再次修改输入电脑,制成《评价周报》,周五出版。为了学生长期的写作动力,管老师依托《班级作文周报》开展了"等级评奖""积分活动""稿费活动"等系列活动,形成一个强大的写作场,学生徜徉其间,想写作,想把作文写好,想在《班级作文周报》上说话,说自己的话,说想说的话,他们对话,他们争鸣,他们感谢,他们批评,这是我们许多课堂作文所无法达到的理想目标,真正实现了"我手写我口,童年谈童心"的最高作文境界。

读到第四章——"我的作文教学革命"的保障系统,帮学生找"米"下锅一篇,心突然揪得紧紧的,我一直都坚持帮学生找"米"下锅,而且自认为做得很好,并在年级组中推广我的做法,难道我一直在做无用功?

向快乐进发

"瞧,这三年级的学生太懒了,星期天日记又有三分之一的人没写。"一老师气冲冲地走进办公室。"我班更多,一半的学生连交都没交。交上来的质量也差,看看,这么点儿!"另一老师举着一本所谓的"日记",也是一脸怒气。

每到星期一,总能听到老师们习惯性的怨言,我觉得很奇怪了:我班的孩子平时日记不能说喜欢,但星期天的日记绝对是他们的最爱。周五放学前,孩子们就围在我身边"叽叽喳喳"地问个不停了:"老师,这个星期又向什么'快乐'进发?"

孩子们口中的快乐,就是每周的"快乐日记"。快乐日记分为——快乐旅行:布置孩子们到田野、公园寻找春夏秋冬的足迹;长假游遍祖国的大好河山……快乐生活:布置孩子们买水果,品尝水果;天冷了,到自由市场经过讲价给自己买幅手套、买双袜子;清晨去菜场买菜;到银行存、取款……快乐动手:做水果拼盘,学习炒个拿手菜;整理自己的房间,当一天家;捡拾落叶,做树叶贴画、树叶书签;缝制沙包;用鸡蛋壳制作不倒翁……快乐实验——向科学进军:"鸡蛋从三楼摔下怎样才不会碎呢?""针不借助任何工具怎样才能让它浮在水面上呢?""鸡蛋在醋里泡上几天,会发生什么变化呢?"……快乐亲近大自然:养只鸽子、喂只松鼠、再养两只小兔来做伴;黄豆生豆芽,种下花生盼结果;捉只蜗牛来研究,逮只蚂蚱仔细看……还有快乐游戏、快乐交友……学生们有了这么多快乐的体验和感受后,立刻动笔写下来,星期天的日记何愁没话可说,没有真情可抒呢?

这不，天渐渐冷了，上周五我告诉孩子们，星期天到自由市场给自己买双手套，特别强调不能去超市，通过讲价把价钱压到最低。回家后，把自己买手套的经过写下来，周一"快乐交流会"上交流。

周一的晨会课就是"快乐交流会"——交流星期天完成快乐日记的收获。

"伙伴们，星期天我们又进行了一次快乐的生活'旅行'。瞧，我的手套漂亮不？这可是我自己买的，才花了1元5角。让我看看你们的手套吧，关于手套的'来历'，你们一定有好多话想说，那还等什么呢？快快说出来，让我们来分享你的快乐。"小主持人开场白刚落音，孩子们便七嘴八舌地说开了。"我的手套是天蓝色的，上面绣着两只可爱的小狗，那么多的手套中，我一眼就看中它了。于是我问卖东西的奶奶：'奶奶，这副手套多少钱。''4元。'我心想，临来时妈妈传授我讲价'秘诀'——卖东西的要10元，你只能给5元，要对半砍！想到这儿，我小声地问道：'2元，行吗？'因为是第一次讲价，我心里还是有些害怕。'2元就2元，看你是孩子，卖给你了！'听了奶奶的话，我开心极了，没想到第一次买东西就这么顺利！还是妈妈的'秘诀'管用！"小不点豆豆举着手套，得意地说。"我可没有你那么顺利，我的手套花了3元钱呢。卖手套的是个叔叔，他看我是孩子，好欺负，一张口就要10元钱，我可不上这个当。姐姐也在一旁帮忙，'叔叔，你这手套线太硬，你瞧瞧这边还有几个线头，看着质量就不太好。'姐姐拿起手套，竟挑手套的毛病。'这线头剪掉就行了，不碍事。'那个叔叔拿起剪刀，两三下把线头剪掉了。'我刚才在那个摊上看见和你这一样的手套，人家才要3元，可惜没有我喜欢的颜色。你看我们是小孩，要这贵，想讹我们呀。'我也不甘示弱，使出妈妈教我的'杀手锏'。'他那质量不如我这好。'叔叔的脸微微泛红。'3元卖不卖，不卖走了！'姐姐边说边朝我挤了挤眼，拉着我就走。'别走，别走，卖给你们！小孩子真能讲。'呵，我们胜利了。虽然花了十分钟，不过省下7元钱，挺合算。"真没想到这个貌不惊人的小耀龙讲价的计谋一套一套的。"我的妈妈亲自去现场指导我，她先说：'闺女，看妈的。'说完走到一个卖童装的摊子旁，经过一轮'口水战'，用40元买下了一条原价78元的裤子。看得我目瞪口呆，终于该我上场了，我学着妈妈的样子和卖手套的阿姨讲价，一开始有些紧张，阿姨要5元，我居然还她8元，妈妈气得直翻白眼。……"机灵鬼荧荧也有出错的时候，她的"手套故事"引得大家笑得前仰后合……

接下来，"战利品"手套和快乐日记并排放在桌子上，接受大家的"检阅"。孩子们一边欣赏伙伴们的佳作，一边学习、吸收别人的优点，紧接着回到座位修改自己的日记，然后在小组长的带领下进行二次修改，热闹、欢快的情绪又一次溢满每个孩子的心田。又几天的时间,编辑小组的成员忙碌开了,他们设计封面,对重新誊抄的日记进行排版,"快乐购物"日记集结成册了。最后,《快乐日记集——快乐购物》放在校园图书角最显眼的地方,哈哈,全校的同学都来分享我们的快乐!

叶圣陶先生认为:"惟有生活才是作文的源泉:生活充实,才会表白出、抒发出真实深厚的情思来。"

笔者多次的实践也证明孩子们对快乐日记乐此不疲。

所以说,亲爱的老师,当您在享受星期天的快乐时,不妨也让您的学生向"快乐"进发!写快乐日记,快乐地写日记,相信您和孩子们都会收获一份快乐!

以上是快乐日记的做法,除此以外,在作文课堂上,我也是想尽各种办法带着学生们做游戏:藏硬币、盲人摸人、青蛙跳……做实验:火山爆发、水中投硬币、有魔力的书……小品表演:《迟到了》《我的记性真差》《吵架》……然后一边做一边指导学生说话写话。

原以为我的做法帮助学生解决了"米"的问题,读了《我的作文教学革命》,才恍然大悟:我一直以所谓的"教学艺术"呈现素材,端到学生面前,想方设法让学生睁大眼睛去看,学生的看似有"米"下锅,有东西可写了,其实,这严重背离了真实的写作状态。被誉为培养出中国最年轻的专栏作家蒋方舟的母亲、作家尚爱兰女士说:"发现题材,是最最重要的写作才能。"现在明白了我挖空心思将准备好的"米"端到学生手中,而不是学生亲自去发现和摘取的,学生"搜集素材""选择材料"的能力,并没有实质性进展。这也解决了曾经有学生提出的、困惑我多年的问题:"老师,你这星期不布置任务,我都不知道写什么了。"

而管老师呢,只用了一个"每日简评"本就解决了"米"的问题。"每日简评",让学生每天"拳不离手,曲不离口"地动动笔,三五句话,记录事件发生时的日期、天气、心情,写上题目,接着简要记述事件的全过程,相当于概括全文;可以详写事件中的某个细节,有了这个细节,学生能够把整个事情回忆起来,对周六完成一篇习作更有帮助。

学生不是缺少素材,缺少的是发现。"老师,今天没有什么事情可写呢。"从前一布置日记,学生们都会这么问我,无奈之下我养成了帮孩子找"米"的习惯。管老师的做法让我眼前一亮,他教给了学生两个"发现"的方法:一是推想法。闭上眼睛,从早晨开始往后回忆,或从此刻向前推移到早晨,一节课一节课地想:今天我哭过了吗?今天我笑过了吗?今天我后悔了吗?今天我做错作业了吗?

今天我争论过吗？今天我学到新东西了吗？今天我见过陌生人吗？今天我遇到老朋友了吗？今天我的同桌有什么故事？我看见谁被表扬了吗？看见谁被欺负了吗？今天有谁过生日？今天有人生病吗？今天我做梦了吗？今天街上有引起我注意的事吗？今天看了什么书？今天我的心怦然一动了吗？凡是能捕捉到的问号，就是值得记下的。二是静默法：闭上眼睛，安静地坐着，只注意呼吸，不管其他。这跳出来的事，往往是心灵深处牵挂的事，有想法的事，值得记录的事。

多好的做法。从今日起，我也尝试复制他的"作文革命"，先从找"米"下锅开始，在这个过程中加入自己的想法，求新、求变，真正实现"把引导学生发现周围世界以及自我内心世界，作为作文教学的重要内容"，并且具体化为"发现大自然，发现自我，发现社会与发现大师"。尊重"儿童的本真生活""这个年龄的孩子应有的生活"，引导学生将收集写作素材的触角伸向他们自己的世界，"反映真实的生活，畅谈真实的认识，抒发真实的情感"。

第斯多惠说："教育不在于教给学生多少知识，而在于唤醒、激励和鼓舞。"管老师为此8年抗战，第一年先用"等级评奖"点燃、维持、激励学生的写作热情，第二年、第三年用"积分活动""'稿费'活动"不断地、持续地影响学生的情绪，影响学生的生活质量，影响着学生的生命尊严。在持续的、想得到它的追求中，获得持久而又新鲜的"我要写"的动力。同时辅以"佳句欣赏""故事争鸣""话题争鸣""心语港湾"等辅助动力，锦上添花地让学生真切感受到作文的有趣，作文活动的丰富诱人，以及卷入其中的作文生活的精彩。

在管老师的引领下，我的作文教学革命，现在扬帆起航。克服重重困难，坚持，坚持，再坚持，成就属于我的作文革命。

依托文本，课内小练笔策略探究

很多时候，我们让学生读书啊读书，书是读了不少，作文水平未见得提高。据不完全统计，仅一至十二册语文课本就学了7 000多个词汇量，上百篇的名家名篇，而小学六年级毕业只要求写400字的文章，都不尽如人意。要想克服当前的弊端，真正提高学生习作水平，就必须引导学生构建以写作为核心的阅读课堂，做好课内习作小练笔工作。

文本是进行阅读教学的主要载体，亦是进行习作教学的很好范例。小学语文教学的任务无外乎读读写写，但是如何充分挖掘语文教材中可供借鉴的习作方法、习作素材等，以实现阅读和习作的有机结合，我们都感到特别困惑。希望通过对这一课题研究，能充分利用文本，很好地引导学生对教材的内容进行多元解读，教会学生从写的角度来审视教材，从而提高学生的习作能力。

新课标指出："阅读教学是学生、教师、文本之间对话的过程。"文本是我们关于人类生活知识的主要源泉。从大教学观上讲，文本不仅仅是指课文，它还包括报纸、期刊、图书、电子出版物等等。利用文本语言，提高学生习作能力——是指以文本语言为阅读积累点，围绕文本语言、新课标要求，通过吸收、消化、运用文本语言，从而激发学生的写作兴趣，训练学生我手写我心、讲真话、抒真情小练笔，顾名思义围绕某一个重点或中心进行小篇幅的写作训练。"涓涓溪流汇聚浩瀚，滴滴微水蕴成大海"，它对于激发学生的习作兴趣，培养良好的写作状态，最终养成良好的作文习惯，提高学生的作文水平大有裨益。课内小练笔即教师充分挖掘课文中的习作要素，更好地帮助学生在阅读教学中理解文本内容、感悟人物形象、习得语言技巧的基础上，不失时机地引导学生习作，培养勤于动笔的良好习惯，逐步提升学生的习作水平。

我们尝试从文本语言入手，打破阅读教学只读不写的定式，实施课文为基点的辐射性教学，拓展教学视野，展示个体独特性，通过阅读教学有效拓展习作训练，教会学生阅读、写作、学会做人。通过对文本的欣赏、仿写，利用文本语言进行小练笔，帮助学生积累作文素材，培养学生写作的兴趣，更能引导学生思考生活，感悟生活，让学生在读写结合中升华情感，历练思维，学会阅读，乐于表达。从而提高学生写作水平，把写作当成是一件快乐的事情，让写作真正成为学生精神发展的需要，成为自我生命的内在要求，而不是成为自我生命不堪承受的负担。

叶圣陶老先生曾经说过："语文教材无非是个例子，凭这个例子要使学生能够举一反三，练习阅读与习作的技巧。"《新课标》要求我们凭借教材，创造性地使用教材，尤其在读写结合拓展习作训练上，我们力求拓宽学生思维的空间，让学生从思维的另一个角度看到一个新的天地，获得一种新的论证，打破思维定式，追求思维的独特性和求异性，为习作提供有效地借鉴对象和创造依据，使语言的学习与运用成为有源之水，有本之木。教师在阅读课上，要有练笔的意识和策略，从读学写，读写结合。在完成某一篇课文的阅读教学任务后，选择一处着笔点，并确定"话题"，让学生结合课文内容展开合理、丰富的联想或想象，或想象结果、改编故事，或添加内容、补充情节，或联想其他抒发感想，探究课内小练笔的策略。

1. 着眼篇章：转换人称变换叙述方式的改写；阅读延伸的续写；阅读后篇的模仿迁移写。

2. 着眼片段：学习文本结构方法，段的模仿迁移写；想象补白，创造性写话；资料拓展，续编结尾。

3. 着眼词句：学习句型，仿写句子；写感受、写批注、写质疑；概括文本内容。

怎样才能发挥文本语言的示范作用呢？如何依托文本，进行课内小练笔的有效练习呢？笔者通过研究，觉得可以从以下几个方面进行练笔。

一、从宏观上来看，要树立年段目标意识，掌握不同文本的语言表达规律

不同文体有不同的语言表达规律，同一文体的文章也存在不同的表达重点；不同年级有不同年级的训练目标，我们作为语文老师要有整体观念，把我们的教学任务放在本年段来看，放在整个小学教学阶段来看，放在整个基础教育阶段来看，深入解读文本，针对不同载体的文章，制定科学系统的训练计划，从而有效地指导学生从文本语言中学习语言表达。

(一) 着眼词句

1. 学习句型，仿写句子

对字词句的推敲是作文表达准确、细腻的基础，写好一句话是写好一篇作文的基础。一句话也要写好！

写好一句话的训练从仿写开始，能激活学生的语言积累，使学生感受炼字、写句的意趣。久而久之，学生就能养成作文时斟字酌句的严谨态度，文笔自然会变得纯净而优美。这是中低年级段的目标。

教学《开天辟地》一课，课文中有许多句式相同，字数相等的句子，我尝试着让学生写一写对偶句。

师：(出示) 读一读，你发现了什么？

头顶天，脚踏地。左手持凿，右手握斧。

天每天升高一丈，地每天加厚一丈。

左眼变成了光芒万丈的太阳，右眼变成了皎洁明媚的月亮。

轻而清的东西冉冉上升，变成了天；重而浊的东西慢慢下沉，变成了地。

生： 我发现这几个句子前后两个分句字数相等。

生： 我发现这几个句子前后两个分句句式相同，意思相对。

师：同学们都有一双火眼金睛，这样的句子就是对偶句。运用对偶的手法使句子显得层次分明、条理清晰，前后句鲜明的对比使句子意思一目了然。你能试着写几句吗？

(出示)（1）十_____，百_____。

（2）福如_____，寿比_____。

（3）_____，_____。

2. 写感受、写批注、写质疑

阅读教学中的理解，一是思想内容的理解，二是表达形式的理解。无论哪方面的理解，都是学生和作品、作者之间的对话，教师仅是两者的"红娘"，在学生错读误解、漏读潜解时，作必要的"介绍"，增加学生对作品、作者的了解，如此而已。因此，不妨让学生边读边作批注，将自己的理解和感受用简要的文字记录下来。批注是学生阅读思考的结果，又是学生阅读理解的心理过程，将阅读的思维暗箱变得可以看见，可以把握，有利于教学指导。

经常作阅读批注，学生能养成潜心阅读、会心感悟的习惯，提高阅读品质，语言表达能力会更加准确与凝练。批注既是思想的丰厚，也是对语言的涵泳。

3. 概括文本内容

《课标》(第二学段)目标中就明确指出：能初步把握文章的主要内容。经常进行这样的训练不仅能培养学生概括能力，还锻炼了学生说好一句话的能力。能说好，写好就不在话下了。

（二）着眼片段

1. 学习文本结构方法，段的模仿迁移写

《开天辟地》最后一个自然段写了盘古临死的时候，他的身躯化成了万物。这段文字用排比句式列举了盘古的身躯所化生出的风云、雷霆、日月等等，其中"轰隆的雷霆、光芒万丈的太阳、皎洁明媚的月亮"等几组形容词性短语让我们形象地感受到是盘古的伟大献身换来这美好的世界。教学时我抓住了这段的构段方式——排比的句式叠加让学生想象迁移仿写。

盘古的嘴巴变成了_____的_____；鼻孔变成了_____的_____；头发变成了_____的_____；汗毛变成了_____的_____；盘古的_____变成_____……

2. 想象补白,创造性写话

语文教材大部分作品都是名家名篇经典,很多作品中都留有空白,或含蓄、或简练,给学生的思维留下想象、延伸的空间,让学生根据潜伏信息去想象创造,达到了意境深远、妙趣横生的艺术境界,这就是空白艺术的精妙之处。学这样的文章,可以找准这些"空白",让学生把写得简练的地方写具体,把写得含蓄的地方补充出来。我们注意挖掘教材潜在的资源,为学生的练笔提供平台。

《普罗米修斯盗火》第四小节讲述了普罗米修斯把火种带到了人间,为了体会人们欣喜若狂的心情,我设计了如下的小练笔:

当火种来到人间,长期生活在困苦中的人们是什么样的心情?他们会说些什么,做些什么?男女老少会以怎样的方式来庆祝这一激动人心的时刻呢?

当普罗米修斯把火带到人间,人间烟火袅袅。人们_____；男人们_____；女人们_____；老人们_____；孩子们_____。

这个案例,填补了课文空白,使学生更深刻地感受、理解了普罗米修斯盗火给人们带来的好处。勇敢、不屈不挠、伟大的普罗米修斯的形象逐渐走进了学生的心灵。在这个练笔的过程中,学生积累语言、内化语言,并灵活地运用了语言,挖掘教材的潜在资源,培养了学生的感受、理解、积累和运用的能力,丰富了学生的语文素养,让每一位学生得到扎扎实实的训练。

3. 资料拓展,续编结尾

读完一篇好文章,常常会使人觉得意犹未尽,好像故事还没有结束,其感人的艺术魅力往往使人浮想联翩。这时教师因势利导,让学生大胆地去想象故事发展下去的结果可能是什么样的,让他们张开想象的翅膀,进行新奇大胆的设想来培养学生的创新精神。

《高尔基和他的儿子》这篇课文中高尔基这个伟大的作家通过书信这种特殊的方式,让他的儿子明白"给永远比拿愉快"。正当学生的情感体验达到高峰时,文章的结尾却戛然而止,给学生的习作留下想象的空间,因此,我创设了角色转换作文的契机:"我们做一回高尔基的儿子,给高尔基写一封回信。"

段的模仿训练,主要在中年级段进行,写好一段话也是中年级课标的要求。以上这个案例,创设了学生心灵与文本之间真诚的对话平台,学生在个性化地解读文本的基础上,通过合理的想象把结尾的悬念用自己的文字表达出来,变成了学生的作品了。这样的练笔,不仅使学生的身心走进了文本,而且培养了他们的语言表达能力和想象能力,可谓是一箭双雕。

(三)着眼篇章

1. 转换人称变换叙述方式的改写

课文有固定的叙述人称和顺序,如果转换一下人称与顺序,如果转换一下人称或者变换一下叙述的方式,就会让学生有一种新鲜感。

《祖父的园子》一课语言突出的特点,是自然真切地表现了孩子天真烂漫的心情。用字造句,充满儿童的稚气和欢愉。同样富有诗情画意,把世界在孩子心里的样子描绘出来了。"花开了,就像花睡醒了似的。鸟飞了,就像鸟上天似的。虫子叫了,就像虫子在说话似的……"等等,不似成人那样成熟老道,完全符合孩子的心理。我尝试着让学生把课文的内容重新组合,变成一首极有韵味的小诗,更真切地感受作者童年的快乐和自由。

祖父的园子

花儿是这样的充满活力,张开了笑脸。
鸟儿是这样的_____,_____。
连小小的虫子也_____,_____。
倭瓜有的_____,_____。
黄瓜有的_____,_____。
玉米梦想有一天能_____。
蝴蝶们_____。
在她的心里_____。
天_____。
地_____。

改写,不仅使学生愉快地投入到学习活动之中,有效巩固了这一节课所学内容,而且促进了学生语言表达能力的提高。

2. 阅读延伸的续写

"我们的语文教学,只有充分激活原本凝固的语言文字,才能使其变成生命的涌动。"《新课标》倡导的探究性学习,就是激活原本凝固的语言文字,因此在学习中,我都抓住学生意欲探究的内容,引导他们超越文本,展开研究,从而激活他们的学习潜能,随机进行练笔训练。

学完《神奇的克隆》一课后，学生并不满足书本上介绍的知识，我就鼓励他们在课后上图书馆、进入无边的网络世界，根据自己的喜好，去搜集有关克隆的知识，然后小组间交流，最后发挥自己的想象，写成一篇作文。

3. 阅读后篇的模仿迁移写

"古人作文作诗，多是模仿前人而作之，善学之既久，自然纯熟。"经常在阅读中模仿、运用语句、段落，就能在迁移性的练笔中逐渐体悟到其中的表达规律，并内化为学生自身的语言表达能力。从句到段然后到篇，模仿迁移，循序渐进地训练，何愁学生写不好作文？

教学《谈礼貌》时，我告诉学生这篇课文是说理文，告诉我们一个道理，为了说明这个道理，课文举了三个典型事例。这三个事例的选取非常合适，具有很强的说服力。而且每个事例又和随后的议论相应，有利于作者帮助他们说明自己的观点。课文简单明了、通俗易懂。怎样写说理文呢？先提出自己的观点，然后选择典型事例，能很好论证你的观点，注意写的时候要紧紧抓住人物的神态、动作、语言。要紧密结合事例的内容来谈说明的道理。最后可以小结一下你的看法。然后让学生动手写一写说理文。（以谈……或说……或议……为题。）通过这样的练笔，学生会写说理文了。

二、从微观上看，要深入解读教材，把握文本语言表达特点，寻找适切的语言表达范本

这是从大的方面把握文本的语言范式，寻求语言表达的规律。从小的方面来看，文本的语言表达范式不外乎存在以下四类：篇式，段式，句式，词类。刚才在分析的过程中将句段篇的形式略作了小结，现在再来看看词语的表达规律。我们知道，词是词语中能独立运用的最基本的语言单位，有了词语才能构成句段篇。我们也发现在口头表达中，词汇量丰富的学生思维也很敏捷，而那些词汇贫乏的学生思维就很迟钝。到写作中就体现为作文无话可写，或者叙述语言干涩，甚至重复使用词句等现象。这是因为很多老师都有积累词语的意识，但是不少人缺乏将积累的词语运用到语言表达运用训练中的意识，而这也恰恰是学生自能学习语言的习惯缺失。那么如何在阅读教学中帮助学生积累和学习运用词语呢？在《黄山奇松》一课教学中，我课初安排了对词语的积累检查，然后围绕这些词语进行深入地理解和感悟，课末写话时又要求学生尝试用上其中的一些词语描写自己最感兴趣的奇松。这样将词语的积累、理解、运用很巧妙地渗透在课文的学习中。我们现用的文本中，词语的规律不

少：从形式来看有"AABB""ABCC""ABAC""ABB"等；从词语表达的内容来看，比如《北大荒的秋天》一课有许多描写颜色的词语：银灰、橘黄、血红、绛紫等。我们就可以有意识地帮助学生积累不同形式的描写颜色的词语：这一类是由事物和颜色构成的，还有根据水果颜色构成的：葡萄紫、苹果绿、西瓜红、柠檬黄等，再有三个字的叠词：红彤彤、绿油油、白花花、黑黝黝等，四个字的描写色彩的词语：五彩缤纷、五颜六色、色彩斑斓、橙黄橘绿、绿肥红瘦、唇红齿白、白里透红等。当然，根据你的课堂教学需要来选择和教学。到了高年级，有心的老师可以归类一下要积累的成语类别，就会发觉每个单元都会出现一类的成语，这里不是指练习中"读读背背"所涉及的成语，而是在课文中出现的。比如五年级第一单元，第一课《师恩难忘》想到田老师就积累赞美老师的成语，表现一个人很有才华的《陶校长的演讲》学到"专心致志"积累描写学习很专心的成语，《变色龙》学到"指手画脚"就可以积累与人体器官有关的成语，"迅雷不及掩耳之势"就积累不同字数的成语等等。积累的同时，还应该培养学生在习作和课堂练笔中运用这些词语，这才是语文教学的根本。可以随时让学生仿写一段话用上词语，可以用每课的词语训练让他们概括课文内容，既巩固了生字词，同时还训练了表达与组织能力，一举多得。

如果在阅读教学中我们有效地依托文本，帮助学生养成词语的积累、感悟、迁移、运用的习惯，学生的词语就会丰富起来，语言表达的质量也会随之提升。

作为语文老师，如果我们不能系统地研究文本，不能深入地把握文本语言特点，就不能指导学生进行系统、科学的语言学习；那么，这无异于让学生实现语言的自能成长。这样语文教师的价值就不复存在了。因为，通过训练提高学生语言表达能力应该是语文教师的任务，这也要求我们不懈努力提升自身的专业水平。

笔者一直尝试着从文本语言入手，通过对文本的欣赏、仿写，利用文本语言进行小练笔，让学生在读写结合中升华情感，历练思维，学会阅读，乐于表达，从而提高学生写作水平。

当然，课堂小练笔的训练策略不止上述几种，还有很多方法也是行之有效的。只要我们将阅读教学与作文教学真正有机融合起来，就能将作文教学中的难题在阅读教学中悄悄破解。

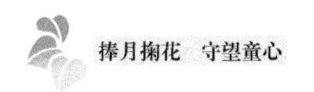

和学生一起读写的日子

一

你或许拥有无限财富,
一箱箱的珠宝与一柜柜的黄金,
但你永远不会比我富有,
我有一位读书给我听的妈妈。

——史斯克兰·吉利兰

"很少有孩子会主动喜欢上阅读,通常都必须有某个人引领他们进入书中的奇妙的世界。"(奥威尔·普瑞斯科特)要让孩子爱上读书,老师、家长就要大声读书给孩子听。一项对 15 万名四年级学生的全球调查显示,父母经常在家为孩子朗读的学生,比那些父母只是偶尔为他们朗读的学生,成绩要高出三十分。大声读书给孩子听,孩子才能爱上读书。

新学期,我们开始读《爱的教育》。《爱的教育》是意大利作家埃迪蒙托·德·亚米契斯创作的一部日记体小说,出版于 1886 年。该书中文版的译者是夏丏尊先生曾写道:"我在四年前选择此书的日译本,记得曾流着泪三日夜读毕,就是后来在翻译或随便阅读时,还深深地感到刺激,不觉眼睛润湿。这不是悲哀的眼泪,乃是惭愧和感激的眼泪。""书中叙述亲子之爱,师生之情,朋友之义,乡国之感,社会之同情,都已近于理想的世界。"全书充满了爱,所以他把书名起名为《爱的教育》。

为学生朗读整本书,是我近十几年来一直坚持的事情,每节课前五分钟读,每天午休后读,每周的阅读课读。每一次朗读,我和学生的心都会受到震撼,沉浸在人物的命运之中,有时哭,有时笑,有时痛,有时乐。

阅读课,我朗读了《十月十七日、十八日》的故事。十月是开学季,安利柯上四年级了,换了新老师,和学生的学习生活是如此接近。"把自己当作故事中的安利柯去读,你就能读懂这个故事。"

十月十七日,开学第一天,安利柯又回到了学校,校门口热闹非凡,安利柯的弟弟上一年级,安利柯上四年级。他换了新老师,可是他更喜欢三年级的老师。

十月十八日,安利柯在新的班级,和新的老师在一起,感觉这位老师可爱极了。因为这位新老师也是个有爱的老师,读到"大家听我说!我们从此要同处一年,让我们好好地过这一年吧!大家要用功,要规矩。我没有一个家属,你们就是我的家属。去年以前我还有母亲,母亲死了以后我只有一个人了。你们以外,我没有别的家属在世界上,除了你们,我没有可爱的人!你们是我的儿子,我爱你们,请你们也喜欢我!我一个都不愿责罚你们,请将你们的真心给我看看!请你们全班成为一家,给我慰藉,给我荣耀!现在并不让你们用口来答应我,我确已知道你们已在心里答应我,'愿意'了,我感谢你们。"我把最后一段话重读了一遍,问学生:"你们愿意全班成为一家,给我慰藉,给我荣耀吗?""愿意。"学生的声音响亮而整齐。真希望时光就此停留,留在美好的时刻,就这样做一个有爱的老师,就这样伴着秋风给同学们读《爱的故事》,就这样让每位学生都变成有爱的人。

读到"上学来的时候,有一个一年级的小学生忽然松开了母亲的手,倒在街上了。这时,街车正往他倒下的地方驶来。洛佩蒂眼见这小孩将被车子轧伤,大胆地跳了过去,把他拖救出来。"我的心揪在了一起,课堂上鸦雀无声。"洛佩蒂到底做了非拄了杖不能行走的人了。"我的声音开始哽咽,眼泪夺眶而出,前排的女同学在啜泣……下课铃声响起了,今天的故事就先讲到这里。教室里静悄悄的,原来是好多学生捧起《爱的教育》在忘我地阅读。自习课,没有老师,教室里静悄悄的,原来是好多学生捧起《爱的教育》沉浸式阅读。

不爱学习的巫允在当天的日记中写下这样一段话:"老师给我们读《爱的教育》的故事,听着听着,我的脑海中浮现了书中的画面,他们的故事和我们的故事居然那么相像。故事读完了,我才从想象的世界中走出来,查查老师可真是个读书大王呀。我对这本书感兴趣了,打开书,一页一页地读起来,时间过得飞快,一转眼就下课了。"

最美妙的朗读,应该是家长为孩子朗读。王晓柔在日记中写道:"妈妈笑着说,她也有作业。说完就拉着我的手,让我坐在她的旁边,拿起《爱的教育》,我们一起读了几章。因为是和妈妈一起读的,故事在脑海中留下了深刻的印象。妈妈说,她要像安利柯的妈妈学习,努力做一个充满爱的妈妈。谢谢妈妈陪我一起读书。"

在爱的世界里,在爱的教育下,安利柯成长为一个善良温柔,懂得感恩的人,而每一个读过这本书的孩子也将会成为"安利柯"。

二

周一的电影课,我们一起看了《狗狗与我的十个约定》,这部 2008 年由日本导演本木克英根据川口晴的小说《我和狗狗的十个约定》改编的电影,讲述了十四岁少女齐藤明莉的故事。她生长在北海道的函馆,明莉每天都过得很快乐,要说不顺心的事只有一件——那就是爸爸工作太忙,老见不着他。一天,明莉遇见了一只流浪的小狗狗,收养了它。明莉给它起名为索克斯,并与它定下了十个约定。后来妈妈去世,爸爸成了名医,工作越发繁忙,陪伴明莉的只有索克斯。由于爸爸工作调动,明莉只得把索克斯寄养在了朋友星进家。后来爸爸自觉欠女儿太多,回到函馆开起了小诊所,索克斯也重回明莉身边……

看到爸爸为了明莉毅然地辞职陪伴他成长,我的心不禁颤了一下,找到了明天的家长开放日和学生、家长分享的主题——绘本故事《我的爸爸是焦尼》。

"平日里爸爸和我们在一起的时间很少,你还记得和爸爸在一起的印象最深的事情吗?"和爸爸在一起的话题聊起,很多学生没有和爸爸的故事。

"今天我们来读一个故事,一个幼儿园的小朋友狄姆和爸爸在一起的故事。"开放日,我给学生和家长们讲述《我的爸爸是焦尼》绘本故事。

"……爸爸是个成年人,他深深地爱着焦尼,他的爱深深地藏在心底,藏在'举''抱''搂''牵'这些简单的动作里。"翻开绘本故事,跟随着一幅幅感人的画面,走进一个个感人的瞬间。

故事读完了,"此时此刻,你一定有很多话想说,对自己,对狄姆,对焦尼,对自己的爸爸,赶快把你想说的写下来吧。"教室里很安静,只有学生在便利贴上奋笔疾书的声音。

父爱是无限的,虽然相隔千里,但也能感受到彼此的思念和爱。亲情不会被时间和距离所冲淡。故事的最后,是狄姆和妈妈站在火车站台上的一张合照,照片的形状是圆形的,我想狄姆一定是特别希望爸爸妈妈能永远在一起,希望在千里之外的爸爸也能享受到这个夜晚的月光。火车虽然开远了,但铁轨似乎还在咚咚咚地响,而狄姆对爸爸的爱仿佛这长长的铁轨远远看不到尽头……

——林子琪

你永远是我最心爱的人,不是时间和距离能改变的。——罗子轩

开心的时候,很多人陪着;难过的时候,只有父母可以依靠。——曾子妍

不管爸爸身在何处,我的心永远跟随着他。——林染彤

世上不可能事事顺心,但只要不退缩就会有勇气。——罗景正

虽然狄姆没有跟爸爸住在一起,但父子俩的感情特别深。我很高兴有一位能陪在我身边、爱我、懂我的好爸爸。——刘辰乐

这是一个充满爱的故事,爱连着心,温暖着心,爱是永不过期的车票,带着我们向幸福出发。——钟俊安

爱会一直在狄姆身边!狄姆爱爸爸,只要他想爸爸,爸爸就会来到他身边。爸爸无论在哪里,都会爱着我们。——刘智琳

爸爸只离开一段时间,他还是会想我的,他一定会回来见我的!爸爸肯定会回来的,和我一起做事,带我去各个地方,就算爸爸不回来,他的爱永远守护我。

——陈培瀚

教育没有说教,只是一个绘本故事;教育不用说教,带着学生走进一本本书。懂得学习的意义,获取了大量的知识,知道做人的准则,在该学习的年龄都主动学习,努力做谦谦君子。

可惜时间有限,课堂上没有让家长写下他们的感受。下午收到学生妈妈的留言:

"亲爱的垚垚老师,今天参加家长开放日活动,感受颇深。先是看到了宝贝写给我的信,既欣慰又内疚,后面又认真听了您的课,再次感动不已。于我而言,今天的家长开放日活动也是一堂深刻的亲子教育课。今天听了您的课,您教育孩子们,家长的爱,也许不在嘴上,而在行动里,在心底,我也边听边流泪,心底最柔软的地方被触动。您的课引人入胜,引人共鸣!……"

一本书而已,胜过千万次的说教。亲爱的老师们,带着学生读书吧。亲爱的家长们,带着孩子读书吧。

当所有的孩子爱上读书,每周能在图书馆静静地读书一天,中国未来可期。

三

一切教育的不幸,是我们不理解今天的儿童。

《我要做个好孩子》,是江苏作家黄蓓佳的作品,讲述了小学六年级学生金铃的成长故事。金铃是一个学习成绩中等的女孩子,但机敏、善良、正直。为了做一个让家长、老师满意的"好孩子",她付出了艰辛的努力;为了保留心中那一份天真、纯洁,她又和家长、老师做了许多"抗争"。最后,她和同学们一起充满信心地走进升学考试的考场……

"金铃"十一岁,我的学生也十一岁,金铃的故事能引起他们的共鸣。读这本书的初衷,是希望能点燃每位学生心中"做个好孩子"的愿望,自发地努力读书学习。边读边思考如何做个"好孩子",顺便把作家写作的秘诀转变为学生的写作经验,一举两得,岂不妙哉?

先从封面读起,封面上画着可爱、胖乎乎的金玲,写着这本书获得的荣誉:"全国精神文明建设'五个一'工程奖""全国优秀儿童文学奖""宋庆龄儿童文学奖""江苏省优秀图书奖""全行业优秀畅销品种"。

封面读完,看扉页,作家简介及作家在世界各地交流和读者的合影,学生"哇"声一片,"做一个作家真好幸福,可以周游世界。"是呀,作家用自己的笔书写自己的故事,本身就是件幸福的事,成为作家还可以在世界各地免费旅行,多好呀!我告诉学生们:"成为作家不难,坚持写,写自己的故事,就能成为作家。《我要做个好孩子》这本书写的就是金铃的生活故事。"

然后浏览目录,找出自己最想读的故事,说一说理由。浏览目录时,学生发现了作家"起题目"的奥秘:1. 用成语、俗语或者改造的成语、俗语做题目,如《病急乱投医》《小人得志和君子报仇》《种瓜得豆,而且是颗金豆》。2. 用歌词或者改歌词做题目,如《天上掉下来的小妹妹》改自《天上掉下个林妹妹》歌曲。3. 夸张的题目,如《要命的数学》《获奖专业户》。4. 幽默的题目,如《狼狈的模拟考试》《为女儿减肥,减瘦了爸爸和妈妈》。5. 带标点的题目,如《跑吧,孩子,冲刺吧》《好学校,坏学校》《好孩子,坏孩子》《外婆家,奶奶家》。6. 对称的题目,如《好学校,坏学校》《好孩子,坏孩子》《外婆家,奶奶家》。发现了作家"起题目"的奥秘后,让学生去修改自己的日记题目:《咔嚓——》象声词做题目;《猛》一个字的题目;《我说老妈怎么可以这么不讲道理呢》长长的一个题目。题目是文章的眼睛,一个闪亮的题目,为文章增色很多。

接下来给学生读了第一章《关于主人公简短和必要的介绍》,作家开门见山地介绍金玲,语言风趣幽默,突出了人物特点。现学现用,学习作家的写法,写同桌和老师。精彩呈现——

沈誉杭,男,身高1.45米,体重62斤,瘦巴巴的像根光秃秃的树枝,皮肤黝黑。(夸大写)——钟鸣羽

同桌王晨喜欢唱歌,不论什么时间,什么地点,他总是哼着"抖音"神曲,身子跟着节奏摇摆,两脚打着拍子,脖子上的钥匙随着节拍"跳舞"。我"预测",他将来会成为一名流行歌手。(性格怪异)——林染彤

她长得又瘦又高,总是坐在最后一排。一头黄发,是天生的哦。她的好奇心非常强!有一次,我穿了一双白色、上面点着红珠珠的小鞋子,她边点着我的小鞋边问:"这是什么呀?"(性格怪异)——万筱晓

郭恩沂,女,刚过11岁生日,在本市实验学校读五年级。身高1米57,体重48公斤,比标准的重量级选手瘦点儿。手肥肥的,肉肉的,连眼皮都是肉肉的,笑起来是双下巴。跟她握手,就像握一个肉垫,可舒服了!(特点放大)——朱钰涵

汪笑,一个高高瘦瘦的小女孩。肉嘟嘟的蘑菇鼻,贼大贼亮的眼睛,经常瞪着我。(缺点也可爱)——占大为

她不仅长得像男孩,举动也像男孩。一年级时,老师不让爬教室的窗户,我们都顺从地点点头,她当然也点头了。可是一下课,她马上拉着我爬窗户,可把我吓坏了。(性格变异)——林子琪

张浩宇,天天都穿着运动鞋,好像家里没有凉鞋一样。大耳朵,听力很好,每次站队,他都能把说话的人揪出来。一张大嘴,时而像大炮"嘭"大吼一声,时而像机关枪"哒哒哒"唠叨个不停,能把死人说活,把活人说死。(性格奇特)——张翘楚

邓善熙,男,11岁,脸是棕色的,在黑暗里几乎看不到他的脸。长得很瘦,感觉皮包骨,一点也没有男子汉样。(夸大缺点)——余筱晴

时间过得真快,四十分钟阅读课结束了,大家都意犹未尽。只能回家继续阅读,画一张人物关系图,画出所有与"好孩子"有关的语句。读书不带有功利性才好,但有趣味性的读书任务,会带领学生走向阅读更深处,需要教师引导。

第二节课,我们讨论"什么是好孩子"。读这本书之前,每位学生心中都有一个"好孩子"的标准,"我不是好孩子,我的语文成绩不好,数学、英语还凑合。"乐于助人、善良可爱、性格开朗的乐乐,绝对是个好孩子,只是因为语文成绩不够理想,她认为自己不是好孩子。我安慰她:"一个能写出好文章的学生,凭什么不能称为'好孩子'呢?好孩子的内涵太丰富,它不全是由'100'分组成的。老师相信你将来像金铃一样,能做成了不起的事。"

读完这本书后,学生心中"好孩子"的标准发生了变化——

"好孩子"首先要善良,能让别人感到幸福。读过很多书,走过很多地方,看过很多风景,对人、对事宽容大度。——余抒函

"好孩子"会犯错,犯了错勇于承认并改正;"好孩子"会和同学吵架,吵完架

就和好了;"好孩子"偶尔会不听老师的话,她认为自己的想法更有创意。——李晨希

"好孩子",在合适的场合做合适的事情,比如上课不乱讲话,课间不奔跑追逐。"好孩子"心中有偶像,我的偶像是为了中华之崛起而读书的周恩来总理。"好孩子"不骄傲,永远在努力学习的路上。——吴昊

四

这本书,每一届学生我都要跟他们一起读,每届学生都要读上五遍以上。这本书,我已经读了很多遍,很多内容能背诵了。这本书就是获得美国纽伯瑞儿童文学奖的《亲爱的汉修先生》。书中讲述了雷伊在小学二年级时读了一本课外读物,他很喜欢那本书的作者汉修先生,便写信同他联系。通过和汉修先生的书信往来,雷伊不但学会了应该如何面对生活,理解了父母无法共处的原因,体会到了父母对他的关爱,而且还练就了一手好文笔。一篇描写他和爸爸坐卡车出游的文章使他获得了小作家征文的荣誉入围奖,同时也更加坚定了他要成为名作家的决心。

"一本《亲爱的汉修先生》胜过所有的作文书!"这样一本书给予小学语文教师很多启示:写信,学生有倾诉对象,有明确的读者,"写给谁""写什么""怎么写"也就清楚了;写信,就像和亲人、朋友聊天,有什么说什么,想说什么就说什么,放飞心灵,无拘无束,尽是肺腑之言,表达的都是最真切的情感,绝无假话、套话、空话;写信,大多是为了诉说学习、生活中遇到的问题寻求帮助或者分享自己的快乐,是学生学习、生活的必需,而不是老师要"我"写,为了考试而写的习作。这样思来,这确实是一本胜过所有作文书的书!

叶圣陶先生说:"关于作文教学,我想,大概得想想学生为什么要学作文。要回答似乎并不难,当然是:人在生活中,在工作中随时需要作文,所以要学作文。在以前并不是人人需要,在今天却人人需要。写封信,打个报告,写个总结,起草个发言稿,写一份说明书,写一篇研究论文,诸如此类,不是各行各业的人经常要做的事吗?"

是呀,习作就是为了更好地为学习、生活、工作服务。语文课程标准指出:"写作是认识世界、认识自我、创造性表达的过程。"基于生活,基于交际的习作才是解决习作难题的根本途径。统编教材加大了"应用文"的编排,如通知、日记、书信、解说词、演讲稿、倡议书、简单的研究性报告,让学生的习作努力与生活接

轨,唤醒学生内心深处想要表达的欲望,非说不可,还担心学生无话可说,无话可写吗?重视语言文字在实际社会生活中的表达运用,培养学生通过语言文字解决社会生活问题,将学生的表达视野与外界生活的沟通与交流,这不也正是核心素养的最终目标——做一个完整的人。

笔者特别喜欢书信,女儿到了叛逆期,娘俩的沟通就是通过书信,很好地避开了正面冲突。教学中,我亦常用书信。新学期第一课,新老师、新同学见面,我会给学生写信,接下来用非常非常期待的眼神看着他们,嘱咐他们给我回信;去外地讲学上课,是认识新朋友的绝佳机会,我的学生给外地的学生写信介绍家乡、介绍自己,给外地的老师写信介绍学校、介绍美食;考试结束后或者和爸爸妈妈意见有分歧,学生会给家长写信,只为了打动家长,免受皮肉之苦;看到社会、学校不文明的现象,学生会给县长、城管局长、校长等写信……于永正老师提倡"课堂,首先是生活,其次才是教学。"习作教学就应该是一个极富生活气息的场景。

今年九月一日开学又迎来一个新的班级,50 名学生来自 17 个班级,那么多陌生的面孔。我"故伎"重演,提前写了一封信,发到新建的班级微信群,期待着学生的回信。

课前,学习委员把回信收了上来,只收上来八封,这很正常,班级群是新建的,有的学生看见了,有的学生没看见。八封足矣,我浏览了一下,发现了共性问题:1. 格式不正确。2. 不知道写什么。3. 不知道怎么写。呵呵,经过一个暑假,学生不会写作了。

格式不正确,不是本节课教学的重点,五年级的学生学过了写信,不常写,忘记了,把正确的格式投影到大屏上,学生借鉴,再多练几次,格式自然不会错。不知道写什么,不知道怎么写,这两点,我决定第一节课只解决一个问题——"写什么","怎么写"等学生写了再找切入点。找准目标后,我开始设计开学第一课。

回信"写什么",先要读懂来信的内容,根据来信的内容确定回信写什么。课伊始,我声情并茂地朗读了自己的信(学生人手一份),并提出要求:一边听,一边想:根据老师的信,回信重点写什么。念完信后,头脑风暴,每位学生都来说说自己的想法:1. 初次见面,要像老师一样简单地介绍一下自己,才能让老师认识自己(有四位从三年级就跟着我学习的学生就不用介绍了)。2. 要回复老师对我的期望和要求。3. 可以写一写自己新学期的愿望。4. 可以回忆和老师发生过的那些美好的事(适用于上面那四位同学)。

内容确定了,学生动笔写,想怎么写就怎么写,比一比谁的回信能让老师一下子就爱上你。我一直认为,表达真情实感,述说真实感受的习作,就是最好的习作。

记住你们啦……

这样的自我介绍，真的是让为师想忘记你们都难：

我叫李米欧，曾经是四(12)班的"学草"。我不爱说话，好像只在学校里是这样；在家里就变成了"话痨"，说个不停。一直以来，我的语文成绩只是良好，都是作文惹的祸，因为我写的作文不仅有错字，还语句不通，每回考试扣十分都是少的。读了您的信，我会认真执行您对我们下达的"命令"，坚定不移地向"学霸"进军。——李米欧

很高兴能成为您的学生，我叫段伊诺，今年十岁半，四年级的时候在(7)班！我喜欢游泳，看课外书，更喜欢写作，因为在老师同学面前我会紧张得说不出话来，可是在纸上就不一样了，我能把想说的全写出来。——段伊诺

我是一个活泼开朗的小女孩，暑假前，是四(7)班的一员。在同学们的眼中，我是个超级学霸，每次考试成绩都是遥遥领先，特别是语文，我敢说能超过我的人还没出生呢。我是谁？老师您猜到了吧，卞译瑶。——卞译瑶

我叫陈炯霓，来自四年级七班，是一个阳光开朗，大大咧咧的"疯丫头"。您可别以为我是口出狂言的"疯丫头"，我只是喜欢和男孩疯跑玩游戏……所以，人送我外号"疯丫头"。——陈炯霓

原来有校长的庇护，你我才有缘再续师生情：

新学期分班了，我每天在心里祈祷：我要跟垚垚老师，我要跟垚垚老师。或许我的诚意感动了校长，(妈妈说这个时候求上帝是没用的)，我居然真的中奖了！十八分之一的概率哦！垚垚老师，再见面的感觉就像夏天吃了冰凉透心的甜筒，又甜又爽。——曹子骏

老师的教导记心上，做个新时代的好少年：

读了您的信我明白了，写作并不难，要读好书，好读书，读书不能走马观花，要积累好词好句，平常注意积累素材，这样写好作文就不在话下了。我的字不太好，从今天起我天天晚上描一页字帖，日积月累，我一定能写一手漂亮的中国字。——李子楚

亲爱的垚垚老师：

您好！

我是刚刚加入五(4)班的新成员：李妍，从前是四(7)班的学生。我喜欢游泳和唱歌，学习不好也不坏，可是我的人缘特别好。

怀着好奇又激动的心情认真地读了您的来信,还未谋面就觉温暖,信中您说:"如果你会了,掌握了,可以申请不写作业",我偷偷地笑了,我多么想成为那个幸运的学生,哈哈……

我还读到了您列举的古今中外名人名言和事例,深受触动。不瞒您说,很惭愧,这个暑假我读的课外书屈指可数;但从现在开始,我决定要写好字,多读书,积累背诵经典古文,为做一名有根的中华少年而努力。

脑海中已经浮现知识渊博,可敬可亲的您的样子了,非常期待与您相遇哦!

您的学生:李妍
2019年9月1日

平日里,给爸爸妈妈写信,不敢和爸爸妈妈说的话,在心中吐槽,避免了正面交流的尴尬,又解决了烦恼。

热切等待表扬的妈妈:

您好!

好吧,我服了,我就认了我是个大宝宝吧!哈哈哈!本来不太想回信了,可是您的信写得太好了,不舍得不回。

看了开头,我失落极了,没想到您看了我写的信,非但不愉悦,反而失望起来了,或许这封信伤了您的心。

妈妈,我想跟您讨论一下我的想法,我在您的回信里看到了这样一句话:"妈妈没想到你会认为你在生活方面给爸爸妈妈增加负担,这个肯定是妈妈哪里说错或者做错给你造成误解了,有可能是妈妈督促你成长的方式不对,对不起。"妈妈,我觉得我还是给您增加负担了。弟弟还小,需要您的照顾,而我晚上却总是拖拖拉拉,让您心里火急火燎的。我常常和弟弟在餐桌吵得不可开交,肯定也使您心烦意乱了,因为您曾经说过:"我不是讨厌吃饭,而是讨厌吃饭时吵的人。"就这样的我,一个拖拖拉拉、不务正业的我,您还觉得没错?从您的信中,我知道了,您的一次次催促声的背后藏着的都是满满的爱,您的管理没有丝毫错误。该说对不起的是我。

我以前以为"臭然""大宝宝"和"吞金兽"这三个外号是在说我不爱干净、人大心眼小和爱乱花钱这几个我根本没有的缺点,读了信才知道,原来这竟是您表达爱的方式。

其次,承认一下身为文盲的事实:我看不懂"共勉共勉哈"的意思,请您告诉我好吗?

您的署名不是"热切等待你表扬的妈妈"嘛,现在就来迎接一场彩虹屁吧!今天,垚垚老师说"我看到一位家长的署名是'热切等待你表扬的妈妈',她好可爱哦!"我自豪地站了起来,说:"是我妈!"

最后我想说:妈妈,您是独一无二的,可爱极了!

祝您工作愉快!

手快要断掉的女儿:陈然
2021年3月20日

毕业季我们给校长写信。毕业啦,为了能给小学生活留下一段难忘的美好回忆,大家决定举行一个"优秀作文展"。这个主意不错,每位同学都忙得不亦乐乎,写作、策划、布展。展在哪里呢?当然是学校大门旁的长廊啦,全校师生必经之地。可是,这事,垚垚老师说了不算呢?谁说了算?校长!那就先给校长写封信吧!

尊敬的杨校长:

您好!

我们是六(6)班的三名学生代表——张子仲、赵千慧、黄司雨。

时光荏苒,我们已从刚入学时和老师腰齐平的懵懂小孩变成了与老师肩同高的翩翩少年。六年的时间一晃而过,我们在充满温馨和友爱的母校——龙岗实验学校度过了美好的童年。

记得一年级时,学校有张报纸,上面刊登了大哥哥大姐姐们的优秀作文,小小的我们特别羡慕他们,想着自己什么时候才能把作文写得跟他们一样好。现在我们做到了,可是已经没有这份报纸了。

著名作家黄蓓佳曾经在文章里写过:"永远感谢我的老师,感谢母校的报栏。"若是没有这个报栏的话,黄蓓佳可能还没有想过要这么尽心地投入写作。我们校园里面的宣传栏,是不是也可以成为未来"大作家的"摇篮呢?

要是我们的作文能被放在那里该多好啊!第一,可以让同学们找到自信,展示最优秀的自己;第二,可以让全校同学们都知道写作的快乐,从而爱上写作。

垚垚老师常跟我们说:"各行各业凡是有大成就的人,几乎都是会写作的人。"毛主席是个大诗人、大作家;鲁迅先生弃医从文,成了中国现代文学的奠基人;您一定也是个爱写作的人,才成为一名卓越的校长。您一定希望我们也能成为优秀的人,今天我们因为实验学校而自豪,未来实验学校因我们而骄傲。

这个夏天,我们即将毕业,在临别之际,如果我们的文章能在宣传栏展示,也必将成为我们小学时代美好的回忆,还能成为母校一道亮丽的风景线,再次恳请您能在学校的长廊开辟一个园地,展示我们的优秀作文。

我们代表六(6)班全体向您保证以下几点:

一、作品展示区的布置绝对大方美观。

二、学生作品绝对的高质量。

期盼您能在百忙之中帮我们实现这个愿望!

敬祝身体健康,工作顺利!

六(6)班:张子仲　赵千慧　黄司雨
2020年6月13日